TELEKOLLEG MULTIMEDIAL

Betriebswirtschaftslehre

Thomas Bartscher

unter Mitarbeit von
Anne Mattivi

TELEKOLLEG MULTIMEDIAL

TELEKOLLEG MULTIMEDIAL wird veranstaltet von den Bildungs- bzw. Kultusministerien von Bayern, Brandenburg und Rheinland-Pfalz sowie vom Bayerischen Rundfunk (BR).

Dieser Band enthält das Arbeitsmaterial zu den vom Bayerischen Rundfunk im Jahr 2003 produzierten Sendungen.

Nähere Informationen zu TELEKOLLEG MULTIMEDIAL:
www.telekolleg.de

3., unveränderte Auflage 2013

Satz: Ursula Hilbert München
Umschlaggestaltung: Daniela Eisenreich, München
Gesamtherstellung: Auer Buch + Medien GmbH, Donauwörth
ISBN 978-3-941282-49-0

Inhalt

Einführung 5

1 Grundlagen der Betriebswirtschaftslehre 7

1.1 Aufgaben des Wirtschaftens 7
1.2 Betrieb, Markt, Unternehmen 10
1.3 Unternehmer sein heißt Entscheidungen treffen 12

2 Unternehmensführung 17

2.1 Aufgaben und Ebenen des Managements 17
2.2 Organisation 20
2.3 Informationsmanagement 23

3 Unternehmenspolitik 26

3.1 Einführung in die Unternehmenspolitik 26
3.2 Einflussfaktoren auf die Unternehmenspolitik 28

4 Von der Vision zur Unternehmensplanung 32

4.1 Zielsystem von Unternehmen 32
4.2 Bedeutung von Visionen, Zielen und Strategien 35
4.3 Unternehmensplanung 37

5 Konstitutive Unternehmensentscheidungen 43

5.1 Standortwahl 43
5.2 Wahl der Rechtsform 46
5.3 Verbindungen mit anderen Unternehmen 51

6 Zukunftsgerichtete Unternehmensentscheidungen 55

6.1 Existenzgründung 55
6.2 Unternehmensnachfolge 57
6.3 Kapitalbeschaffung 58

7 Die betriebliche Wertschöpfungskette 62

7.1 Die Materialwirtschaft 63
7.2 Die Produktion 69
7.3 Marketing und Absatz 73

8 Finanzierung und Investition 79

8.1 Finanzierung 79
8.2 Investition 84

9 **Entscheidungen im Personalmanagement** ... 87
9.1 Personalplanung ... 87
9.2 Personalbeschaffung ... 88
9.3 Personalentwicklung ... 92
9.4 Personalabbau ... 93
9.5 Personalentlohnung ... 95
9.6 Personalführung ... 97

10 **Externes Rechnungswesen** ... 100
10.1 Bilanz ... 100
10.2 Buchführung ... 103
10.3 Inventur ... 109
10.4 Gewinn- und Verlustrechnung (GuV) ... 109
10.5 Anhang und Lagebericht ... 110

11 **Internes Rechnungswesen** ... 112
11.1 Begriffsklärungen und Abgrenzungen ... 112
11.2 Kostenartenrechnung ... 117
11.3 Kostenstellenrechnung ... 118
11.4 Kostenträgerrechnung ... 120

12 **Entscheidungsunterstützung durch das Controlling** ... 124
12.1 Strategisches Controlling ... 125
12.2 Operatives Controlling ... 127

13 **Entscheidungshilfen durch Kennzahlen** ... 131
13.1 Eigenkapitalrentabilität (EKR) ... 132
13.2 Gesamtkapitalrentabilität (GKR) ... 134
13.3 Umsatzrentabilität (UR) ... 135
13.4 Kapitalumschlagshäufigkeit (KU) ... 136
13.5 Return on Investment (ROI) ... 137

Lösungshinweise ... 140

Register ... 156

Einführung

Aufgaben und Ziele der Betriebswirtschaftslehre

Die Betriebswirtschaftslehre ist der Teil der Wirtschaftswissenschaften, der sich mit dem wirtschaftlichen Geschehen in Unternehmen beschäftigt. Das wirtschaftliche Geschehen wird jedoch nicht vom Unternehmen selbst, sondern von den Menschen, die in und für Unternehmen tätig sind, bestimmt. Wirtschaftliches Handeln bedeutet, so zu agieren und zu entscheiden, dass das Wohl des gesamten Unternehmens im Vordergrund steht. Der zentrale Entscheidungsträger ist hier der Unternehmer, denn seine Entscheidungen betreffen nicht nur seine Person, sondern auch seine Mitarbeiter, Geschäftspartner, Kunden und Lieferanten. Darum wollen seine Entscheidungen gut überlegt und genau abgewogen sein. Als Wissensgrundlage benötigt ein Unternehmer hierfür genaue betriebswirtschaftliche Kenntnisse. Mit diesem Buch lernen Sie die grundlegenden Funktionsweisen eines Betriebes kennen und setzen sich mit den unterschiedlichsten Faktoren auseinander, die ein Unternehmer bei seinen vielfältigen Entscheidungen zu berücksichtigen hat. Denn eine wichtige Maxime der Wirtschaft zieht sich als roter Faden durch das gesamte Buch: Unternehmer sein heißt Entscheidungen treffen.

Hinweise zum Kurs und zur Arbeit mit dem Buch

Der BWL-Kurs des Telekolleg MultiMedial ist ein Lernprogramm im Medienverbund. Bausteine dieses Verbunds sind die Fernsehsendungen, das Lehrbuch und der Direktunterricht an den Kollegtagen. Diese Bausteine haben einen jeweils eigenen Stellenwert und ergänzen sich gegenseitig. So werden in den Sendungen die Themen vorgestellt, und es erfolgt ein erster Überblick. Aufgabe des Buches ist es, die Lerninhalte, die Sie auch für die Prüfung benötigen, systematisch aufzubereiten. Wir empfehlen Ihnen, sich zuerst die Sendungen anzusehen und im Anschluss daran den Lernstoff im Begleitmaterial sorgfältig durchzuarbeiten. Hier sehen Sie einen Fahrplan, mit dessen Hilfe Sie immer die richtige Sendung zur richtigen Lektion finden:

Lektion	TV-Folge
1. Grundlagen der BWL	1. Der Alltag eines Unternehmers
2. Unternehmensführung 3. Unternehmenspolitik	2. Unternehmenspolitik und Unternehmensführung
4. Von der Vision zur Unternehmensplanung	3. Visionen, Ziele, Strategien
5. Konstitutive Unternehmensentscheidungen 6. Zukunftsgerichtete Unternehmensentscheidungen	4. Konstitutive Unternehmensentscheidungen
7. Die betriebliche Wertschöpfungskette 8. Finanzierung und Investition 9. Entscheidungen im Personalmanagement	5. Betriebliche Funktionen
10. Externes Rechnungswesen 11. Internes Rechnungswesen	6. Betriebliches Rechnungswesen
12. Entscheidungsunterstützung durch das Controlling 13. Entscheidungshilfen durch Kennzahlen	7. Controlling

Und hier noch ein paar Anmerkungen zum Lehrbuch:

- Zu Beginn eines jeden Abschnitts finden Sie die Schlüsselbegriffe, die im Folgenden erläutert werden. Diese Begriffe ziehen sich wie ein Leitfaden durch die Darstellung. Sie werden im Text im Zusammenhang mit ihrer Definition nochmals erläutert, ebenso wie eine Reihe anderer zentraler Begriffe, die für den jeweiligen Sachverhalt große Bedeutung haben.

- Zur Vertiefung der Lerninhalte sind im Text Merksätze aufgeführt. Diese Merksätze heben die Kernaussagen des jeweiligen Abschnitts hervor und stellen somit die Lernziele dar. Zusammen mit den zentralen Begriffen bieten die Merksätze insbesondere bei der Wiederholung des Lernstoffes eine wichtige Orientierungshilfe.

- Am Ende jeder Lektion gibt es Lernzielkontrollen, Lösungsvorschläge dazu finden Sie ab Seite 140. Versuchen Sie, nicht zu mogeln, indem Sie einfach aus dem Text der Lektion abschreiben oder gleich bei den Lösungen nachsehen. Probieren Sie, die Antworten mit Ihren eigenen Worten zu formulieren. Und wenn Ihnen das gelingt, dann haben auch wir unser Ziel erreicht.

Unser besonderer Dank gilt an dieser Stelle Frau Inga Dopatka, die das Buch als Lektorin begleitete und Frau Ingrid Bügler, die uns unterstützend zur Seite stand.

Für die Erreichung Ihrer Lernziele wünschen wir bereits jetzt:
Viel Erfolg !

Thomas Bartscher
Anne Mattivi

1 Grundlagen der Betriebswirtschaftslehre

1

Untersuchungsgegenstand der Betriebswirtschaftslehre ist das **wirtschaftliche Handeln** von Menschen in und für **Unternehmen**. Wirtschaftliches Handeln setzt bei Menschen die Fähigkeit zu bewusstem Handeln voraus. **Bewusst handeln** heißt, dass sich ein Mensch, bevor er handelt, überlegt, auf welche Art und Weise er handeln möchte. Er wird sich zunächst fragen: Welche Handlungsmöglichkeiten habe ich überhaupt? Meist kann ein Mensch unter mehreren Handlungsalternativen auswählen. Letztlich muss er sich also für eine **entscheiden**. Bevor er dies tut, wird er jedoch abwägen, wie sich die jeweilige Handlung im Ergebnis für ihn auswirkt. Im Konzept des wirtschaftlichen Handelns geht man davon aus, dass sich ein Mensch für die Handlung entscheidet, die ihm persönlich am nützlichsten erscheint.

Unternehmer sein heißt daher, **nützliche Entscheidungen** für sich und sein Unternehmen treffen zu können. In den Grundlagen der Betriebswirtschaftslehre geht es darum um diese Fragen:

- Welche Entscheidungen werden in Unternehmen getroffen?
- Was ist hierbei alles zu berücksichtigen?

Bevor wir jedoch auf die **Entscheidungsfindung** in Unternehmen eingehen, wollen wir herausfinden, was genau unter dem Begriff „Unternehmen“ zu verstehen ist. Des Weiteren geht es darum zu verstehen, was mit „nützlichen Entscheidungen“ gemeint ist. Einige Begriffe dieser Lektion werden Ihnen dabei bereits aus den Grundlagen der Volkswirtschaftslehre vertraut sein. Diese Begriffe werden noch einmal aufgegriffen, um die betriebswirtschaftliche Sichtweise zu verstehen.

1.1 Aufgaben des Wirtschaftens

Begriffe ***Wirtschaften • Bedürfnis • Bedarf • Nachfrage • ökonomisches Prinzip***

Was tun Menschen, wenn sie wirtschaften? Schauen wir uns z.B. den Wirtschaftsteil von Tageszeitungen an. Hier finden wir Nachrichten über Menschen, die von anderen Menschen in einem Unternehmen beschäftigt werden. Verkürzt ist zu lesen: Das Unternehmen beschäftigt Menschen, produziert Waren, bietet Dienstleistungen an, erzielt Gewinne, muss Verluste in Kauf nehmen. Menschen wirtschaften aber nicht nur in Unternehmen, sondern auch im Privaten. So haben Menschen monatlich meist nur eine bestimmte Summe an Geld zur Verfügung, mit der sie wirtschaften müssen.

Was bedeutet **Wirtschaften** nun für unseren Zusammenhang? Hier zunächst eine Definition:

> ***Den Einsatz knapper Mittel zur Befriedigung menschlicher Bedürfnisse bezeichnet man als Wirtschaften.***

Wenn wir von **knappen Mitteln** bzw. **Gütern** sprechen, meinen wir **wirtschaftliche Güter**. Sie sind nur in begrenztem Maße vorhanden und müssen meist unter Einsatz menschlicher Arbeitsleistung gewonnen werden. Wer diese Güter erwerben will, muss eine **Gegenleistung** erbringen, heutzutage in der Regel durch Geld. Knappe Güter sind z.B. Nahrung, Haushaltsgeräte, aber auch Dienstleistungen wie z.B. Transportleistungen, Finanzdienstleistungen und vieles mehr. Im Gegensatz zu knappen Gütern sind **freie Güter** grundsätzlich unbegrenzt verfügbar und für jedermann ohne Leistung oder Gegenleistung zugänglich. Freie Güter sind beispielsweise das Sonnenlicht oder die Luft. Sie sind für das Wirtschaften im Sinne der Betriebswirtschaftslehre nicht bedeutsam.

Jeder Mensch hat **Bedürfnisse**. Etwa das Bedürfnis nach Essen und Trinken, das Bedürfnis nach sozialer Anerkennung und vieles mehr. Bedürfnisse drücken dabei einen Zustand des Mangels aus. Wir Menschen sind bestrebt, diesen Mangel zu beseitigen, also unsere Bedürfnisse zu befriedigen.

Bedürfnisse sind Mangelzustände, die beseitigt werden wollen.

Bedürfnisse kann man in nicht wirtschaftliche und wirtschaftliche Bedürfnisse unterteilen:

- **Nicht wirtschaftliche Bedürfnisse** werden durch **freie Güter** befriedigt.
- **Wirtschaftliche Bedürfnisse** hingegen werden durch **knappe Güter** befriedigt, die nur über Leistung oder Gegenleistung erlangt werden können.

Prinzipiell darf nun aber angenommen werden, dass Menschen so viele wirtschaftliche Bedürfnisse haben, dass diese nicht alle und zudem nicht alle gleichzeitig durch knappe Güter zu befriedigen sind. Menschen müssen sich also entscheiden, welche ihrer wirtschaftlichen Bedürfnisse durch die ihnen zur Verfügung stehenden knappen Güter gerade befriedigt werden sollen.

Verfügt ein Mensch über knappe Mittel und ist er bereit, diese einzusetzen, um ein wirtschaftliches Bedürfnis zu befriedigen, konkretisiert sich das Bedürfnis zum **Bedarf** nach einem knappen Gut. Aus dem Mangelzustand Hunger entsteht bei Herrn Meier z.B. das Bedürfnis nach Essen. Sein Entschluss, das Bedürfnis Essen mit einem Schweinebraten zu befriedigen, lässt bei ihm einen konkreten Bedarf, nämlich den nach Schweinebraten entstehen. Ist Herr Meier nun z.B. Landwirt, kann er diesen Bedarf dadurch decken, indem er eines seiner Schweine schlachtet. Besitzt Herr Meier keine Schweine, muss er etwas besitzen, womit er einen Schweinebraten eintauschen kann. Meist wird dieser Tausch über Geld, d.h. **Kaufkraft** getätigt. Der Bedarf nach wirtschaftlichen Gütern erfordert also auch die Bereitschaft und die Möglichkeit, einen Gegenwert anbieten zu können.

Die mit Kaufkraft ausgestatteten Bedürfnisse nennt man Bedarf.

Zur Befriedigung ihres Bedarfs können Menschen Gegenwerte (z.B. Geld) anbieten. Nicht nur Menschen wollen ihren Bedarf befriedigen. Alle Wirtschaftssubjekte verfolgen dieses Ziel. Bei den Wirtschaftssubjekten handelt es sich um private Haushalte, Unternehmen und den Staat.

Sind die Gegenwerte, die ein Wirtschaftssubjekt anbieten kann, ausreichend dafür, dass ein anderes Wirtschaftssubjekt in einen Tausch mit knappen Gütern einwilligen würde, spricht man von **Nachfrage**. Übertragen auf unser Beispiel heißt das, dass der Bedarf von Herrn Meier erst dann zur Nachfrage nach Schweinebraten wird, wenn er genügend Geld besitzt, um sich etwa im Landgasthof „Grüne Heide“ einen solchen leisten zu können.

Nachfrage nach knappen Gütern entsteht, wenn Wirtschaftssubjekte über Gegenwerte (z.B. Geld) verfügen, die sie anderen Wirtschaftssubjekten zum Tausch für diese knappen Güter anbieten können.

Was bedeuten diese Überlegungen nun für das wirtschaftliche Handeln von Menschen? Zunächst: **Wirtschaftliches Handeln** ist im engeren Sinn **nachfrageorientiert**. Menschen versuchen knappe Güter zu erlangen, um damit Bedürfnisse zu befriedigen. Dies ist meist nur über Tausch möglich. Will man ein knappes Gut erwerben, muss man eine Gegenleistung anbieten können (z.B. Arbeitskraft, Geld, Vermögenswerte). Hierbei ist zu beobachten, dass Menschen zu typischen Verhaltensweisen neigen, die unter dem Begriff des **ökonomischen Prinzips** zusammengefasst werden können.

Das ökonomische Prinzip

Ausgangspunkt des ökonomischen Prinzips ist die Annahme, dass Menschen rational (rein verstandesorientiert) handeln und sich lediglich am eigenen Nutzen orientieren. Man spricht in diesem Zusammenhang auch vom **homo oeconomicus**. Laut ökonomischem Prinzip handeln Menschen entweder nach dem **Minimalprinzip** oder nach dem **Maximalprinzip**.

Nach dem Minimalprinzip soll ein bestimmtes Ergebnis oder Ziel mit dem geringstmöglichen Einsatz an Mitteln erreicht werden.

Nach dem Maximalprinzip ist mit gegebenen Mitteln ein größtmöglicher Erfolg zu erzielen.

Angewendet auf unser Beispiel mit dem Schweinebraten heißt das, dass Herr Meier beim Minimalprinzip versuchen würde, so wenig Geld wie möglich für den Schweinebraten zu bezahlen.

Beim Maximalprinzip würde Herr Meier versuchen, für den Preis, den er im Landgasthof „Grüne Heide“ bezahlen muss, so viel Schweinebraten wie möglich zu erhalten.

Das ökonomische Prinzip überzeichnet sicherlich die menschliche Verhaltensweise des Wirtschaftens, es macht jedoch auch zweierlei deutlich:

- Wenn Menschen sich entscheiden, knappe Güter nachzufragen, müssen sie in der Lage sein, eine Gegenleistung anzubieten.
- Sind Menschen in der Lage, Gegenleistungen für knappe Güter anzubieten, müssen sie immer noch einmal abwägen, ob sich dieser Tausch für sie wirklich lohnt.

1.2 Betrieb, Markt, Unternehmen

Begriffe **Betrieb • Beschaffungsmarkt • Absatzmarkt • Produktionsbetriebe • Dienstleistungsunternehmen • Unternehmen**

Ein Betrieb erzeugt Produkte oder erstellt Dienstleistungen und deckt dadurch die Bedürfnisse der Menschen. Diese Aufgabe wird nach dem ökonomischen Prinzip verfolgt. In einem Betrieb arbeiten Menschen, die ihre Aufgaben in Arbeitsteilung organisieren. Von seiner Umwelt wird der Betrieb als **selbstständig handelnde Wirtschaftseinheit** wahrgenommen, die **eigenverantwortlich Entscheidungen** trifft, und für diese das Risiko übernimmt. Wir werden später noch feststellen, dass nicht der Betrieb Entscheidungen trifft, sondern die Menschen, die in einem Betrieb arbeiten.

Vereinfacht können wir feststellen:

Ein Betrieb ist eine zweckgerichtete, organisierte, soziale, technische und umweltbezogene Wirtschaftseinheit. Es lassen sich zwei Phasen beobachten: Leistungserstellung (Produktion) und Leistungsverwertung (Absatz).

Betrachten wir diese zwei Leistungsphasen genauer:

- **Leistungserstellung (Produktion)**

  Bei der Leistungserstellung werden die einzelnen Produktionsfaktoren Arbeit, Boden, Bildung und Kapital miteinander kombiniert. In Produktionsbetrieben sprechen wir von der Produktion. In Dienstleistungsbetrieben von der Leistungserstellung. Der vollständige Ablauf dieser Phase ist der **Produktions-** oder **Leistungserstellungsprozess**. Die wesentlichen Merkmale dieses Prozesses zeigt Abb. 1.1.

  Zu Beginn des Produktionsprozesses wird ein **Input** in Form von **Produktionsfaktoren** wie Arbeitsleistung oder Maschinen zur Verfügung gestellt. Die Produktionsfaktoren durchlaufen einen **Transformationsprozess**. Bei diesem Transformationsprozess werden die eingesetzten Rohstoffe und Waren mithilfe von Arbeitsleistung und Maschinen verändert. Der **Output**, also das Ergebnis dieses Prozesses, sind die verschiedenen Güter oder Dienstleistungen. Bei der betrieblichen Leistungserstellung kann es z.B. um die Gewinnung von Rohstoffen, die Herstellung von Gütern oder die Bereitstellung von Dienstleistungen gehen.

Abb. 1.1 Der Produktions- bzw. Leistungserstellungsprozess

- **Leistungsverwertung (Absatz)**

  Die Leistungsverwertung ist der Bereich eines Betriebes, in dem die Produkte bzw. Dienstleistungen tatsächlich verkauft werden. Es müssen sich nun genügend Kunden finden, die die Güter oder Dienstleistungen zu einem entsprechenden Preis nachfragen.

Den Ort, an dem die Unternehmen ihre Wirtschaftsgüter anbieten und die Konsumenten deren Produkte nachfragen, nennt man **Markt**. Am Markt treffen also **Angebot** und **Nachfrage** aufeinander. Den Markt und die Größen, die ihn beeinflussen, haben Sie bereits in der Volkswirtschaftslehre kennen gelernt.

Am Markt treffen Angebot und Nachfrage zusammen und bilden die Preise.

Ein Markt in einem modernen Wirtschaftssystem ist jedoch kein fester Ort, an dem Handel betrieben wird. Ein Markt aus heutiger Sicht ist vielmehr ein Gebiet, in dem Anbieter vergleichbarer Wirtschaftsgüter gegeneinander **konkurrieren**. Je nachdem, welche **Reichweite** das Gebiet des Marktes umfasst, sprechen wir von einem **regionalen**, einem **überregionalen** oder einem **internationalen Markt**. Allgemein gesprochen sind Unternehmen von zwei wesentlichen Märkten abhängig: dem Beschaffungsmarkt und dem Absatzmarkt. Am **Beschaffungsmarkt** sind die Unternehmen die **Nachfrager** nach Inputfaktoren wie Maschinen, Büromitteln, aber auch Personal. Am **Absatzmarkt** sind die Unternehmen die **Anbieter** ihrer Produkte.

Der Markt, an dem das Unternehmen den Input für die Leistungserstellung einkauft, heißt Beschaffungsmarkt.

Der Markt, an dem das Unternehmen seinen Output zum Verkauf anbietet, nennt man Absatzmarkt.

Je nachdem, welchen Output ein Betrieb erzeugt, können Betriebe in Produktionsbetriebe und Dienstleistungsbetriebe unterteilt werden:

- **Produktionsbetriebe** stellen Konsumgüter oder Investitionsgüter her.

  Unter **Konsumgütern** verstehen wir Güter, die für den privaten Konsum der Menschen bestimmt sind wie Zahnpasta, Limonade oder Pkws. **Investitionsgüter** hingegen sind Güter, die für den Verbrauch in anderen Wirtschaftsbetrieben bestimmt sind wie etwa Maschinen. Konsumgüter und Investitionsgüter sind **materielle**, d.h. greifbare Güter.

- **Dienstleistungsbetriebe** stellen Dienstleistungen bzw. immaterielle Güter zur Verfügung.

  Dienstleistungen sind **immaterielle Leistungen**. Das heißt, sie sind nicht stofflich und lassen sich deshalb auch nicht mit der Hand greifen. Ein Taxifahrer ist z.B. ein typischer Dienstleister. Die Fahrt von einem Ort zum anderen kann man nicht greifen. Für den Kunden zählt, dass er an seinem Ziel angekommen ist.

  Immer mehr Unternehmen bieten zusätzlich zu den Konsum- und Investitionsgütern, die sie herstellen, auch Dienstleistungen an. Ein Unternehmen, das PCs produziert, bietet z.B. gleichzeitig auch den Service der Software-Installation an. Dieser Trend wird sich zukünftig noch verstärken. Man spricht daher von einer **Dienstleistungsgesellschaft**.

Betriebe können unabhängig davon, welche Produkte sie anbieten, für den **Fremdbedarf**, aber auch für den **Eigenbedarf** produzieren. Sie produzieren entweder für die Befriedigung fremder oder eigener Bedürfnisse. Der Begriff „Betrieb“ ist also im eigentlichen Sinn ein Überbegriff für alle Wirtschaftseinheiten, deren Handeln auf die Befriedigung von Bedürfnissen ausgerichtet ist.

Private Haushalte sind z.B. Betriebe, deren Produktion für die **Eigenbedarfsdeckung** bestimmt ist. Eine Hausfrau backt einen Kuchen z.B. für ihre Familie, der sie damit eine Freude bereiten möchte. Sie hat nicht die Absicht, diesen Kuchen zu verkaufen. Ein **Unternehmen** (auch **Unternehmung** genannt) hingegen ist ein Betrieb, der speziell auf die **Fremdbedarfsdeckung** ausgerichtet ist. Auch ein Bäckereibetrieb backt Kuchen. Die Bäckerei möchte die Kuchen jedoch absetzen und damit den Bedarf ihrer Kunden decken. Letztlich ist es das Ziel der Bäckerei, Gewinn zu erwirtschaften. Im Folgenden verwenden wir die Begriffe „Betrieb“ und „Unternehmen“ gleichbedeutend, wobei hier immer Betriebe gemeint sind, die der Fremdbedarfsdeckung dienen.

1.3 Unternehmer sein heißt Entscheidungen treffen

Begriffe *Nicht konstitutive Entscheidungen • konstitutive Entscheidungen • Entscheidungsfaktoren*

Zu Beginn dieser Lektion haben wir festgestellt, dass die Basis aller Handlungen eines Unternehmens Entscheidungen sind. Wie wichtig Entscheidungen sind, können wir bereits in unserem alltäglichen Leben beobachten. Jeden Tag müssen wir Entscheidungen treffen. Sei es nur, welche Zahnpasta wir kaufen oder in welcher Werkstatt wir unser Auto reparieren lassen.

Bereits der gewöhnliche Alltag eines Menschen kann ohne Entscheidungen also nicht funktionieren. Ohne Entscheidungen geht nichts vorwärts, sie sind allerdings mit **Risiken** verbunden. Auch in Unternehmen müssen ständig Entscheidungen getroffen werden. Bei seinen Entscheidungen steht der Unternehmer häufig unter Druck. Zum einen drängt meist die Zeit, zum anderen muss er sich bewusst sein, dass seine Entscheidungen nicht nur ihn persönlich betreffen, sondern sich auch auf seine Mitarbeiter, seine Kunden oder sein Unternehmen als Ganzes auswirken. Daher ist es notwendig zu verstehen, wie es zu Entscheidungen kommt, von welchen Größen Entscheidungen beeinflusst werden und wie ein Unternehmer möglichst zuverlässige Entscheidungen treffen kann. Letztlich können Entscheidungen immer nur von *einer* Person getroffen werden, auch wenn mehrere Personen an der Entscheidungsfindung beteiligt sein mögen. Diese Person ist der Unternehmer, und seine Hauptaufgabe ist, Entscheidungen zu treffen.

Entscheidungsfindung im Unternehmen

1

Im Wesentlichen muss der Unternehmer:

- **Planen** = Entscheidungen vorbereiten,
- **Umsetzen** und **Koordinieren** = Entscheidungen treffen und ausführen,
- **Kontrollieren** = Erfolgswirksamkeit der Entscheidungen überprüfen.

Den Unternehmer kann man sich wie einen Kapitän vorstellen, der das Unternehmen wie ein Schiff steuert, und zwar indem er **grundlegende Entscheidungen** trifft. Er entscheidet maßgeblich, in welche Richtung die Reise gehen soll. Um Entscheidungen treffen zu können, muss der Unternehmer **entscheidungsfähig** sein. Das erfordert die notwendige Erfahrung, aber auch das notwendige Wissen. Betriebswirtschaftliches Wissen ist ein gutes Fundament, das einen Unternehmer befähigt, adäquate Entscheidungen zu treffen. **Manager** und **Führungskräfte**, die in diesem Zusammenhang oft genannt werden, sind dabei als Offiziere des Schiffs zu verstehen. Sie **übersetzen die Entscheidungen** des Unternehmers **in konkrete Handlungen**.

Im Alltag wird ein Unternehmer immer wieder vor Fragen gestellt, z.B. soll ein neues Produkt eingeführt werden oder sollte es eher bis zum nächsten Jahr warten? Ist es sinnvoll, den Bewerber einzustellen oder erfüllt er die Anforderungen der Stelle doch nicht? Ist der Preis eines bestimmten Produktes angemessen oder ist er zu hoch? Wenn der Unternehmer diese Fragen beantworten möchte, muss er Entscheidungen treffen, diese basieren immer auf mehreren Handlungsalternativen. Bei einer Entscheidung ist eine dieser **Handlungsalternativen** auszuwählen.

Eine Entscheidung ist die Auswahl einer von mehreren möglichen Handlungsalternativen.

Eine echte **Entscheidungssituation** zeichnet sich insbesondere durch folgende **drei Merkmale** aus:

- Es muss eine wirkliche Wahlsituation gegeben sein. Das bedeutet, dem Entscheidungsträger (Person, die entscheidet) stehen **mindestens zwei Handlungsalternativen** zur Auswahl.
- Die **Auswahl** der Handlungsalternativen muss vom Entscheidungsträger **bewusst** erfolgen. Damit ist gemeint, dass er die Entscheidung nicht aus dem Bauch, sondern aus Überlegung heraus trifft.
- Der Entscheidungsträger muss sich **verpflichtet fühlen**, die ausgewählte Entscheidung auch **tatsächlich umzusetzen**. Deshalb darf er in den Entscheidungsprozess keine Handlungsalternativen einbeziehen, deren Umsetzung für ihn von vornherein ausgeschlossen ist.

Es lassen sich zwei Arten von Entscheidungen feststellen:

- **Nicht konstitutive Entscheidungen** eines Unternehmers bestimmen seinen Unternehmensalltag. Diese Entscheidungen sind von **kurz-** und **mittelfristigem** Charakter. Der Unternehmer muss sich z.B. fragen:
  - Wie gehe ich mit dieser Kundenbeschwerde um?
  - Wann besuche ich meinen Kunden zum nächsten Mal?

Diese Entscheidungen sind **alltägliche Entscheidungen**. Sie kehren immer wieder und der Unternehmer kann hier von den Erfahrungen früherer Entscheidungen lernen.

- **Konstitutive Entscheidungen** sind **grundlegende Entscheidungen** eines Unternehmers, die **langfristig** wesentliche Auswirkungen auf den Unternehmenserfolg haben können. Sie müssen deshalb sorgfältig geplant werden und durchdacht sein. Beispiele hierfür sind:
  - Welche Rechtsform soll mein Unternehmen haben?
  - An welchem Ort eröffne ich meine Filiale?
  - Mit welchen Lieferanten will ich zusammenarbeiten?

Konstitutive Entscheidungen sind die grundlegenden, zukunftsweisenden Entscheidungen eines Unternehmens.

Einige konstitutive Entscheidungen trifft ein Unternehmer nur einmal – wie etwa die Wahl der Rechtsform oder des Standortes. Die Unsicherheit und das Risiko sind bei diesen Entscheidungen recht hoch. Wir werden in Lektion 5 ausführlich auf konstitutive Entscheidungen eingehen.

Entscheidungsfaktoren

Ein Unternehmer, der vor einer Entscheidung steht, versucht also, die beste **Entscheidungsalternative** zu finden. Er wird sich Gedanken über die verschiedenen **Faktoren** machen, die seine Entscheidung **beeinflussen**. Diese Faktoren sind:

❶ **Handlungsalternativen** sind verschiedene Lösungsmöglichkeiten, um ein bestimmtes Ziel zu erreichen. Wichtig ist, dass die Handlungsalternativen voneinander unabhängig sind. Das bedeutet, dass jede Alternative eine völlig eigenständige Möglichkeit darstellt. Aus mehreren Handlungsalternativen muss die bestmögliche ausgewählt werden.

❷ **Umweltbedingungen** bezeichnen reale Sachverhalte, die der Entscheidungsträger nicht beeinflussen kann, wie z.B. das Wetter oder die konjunkturelle Entwicklung. Auch wenn wir die Umweltbedingungen nicht beeinflussen können, wirken sie sich auf das Ergebnis der Handlungsalternativen und folglich auf unsere Entscheidungen aus. Ein Entscheidungsträger benötigt Informationen aus und über seine Umwelt, die das Ergebnis der Handlungsalternativen beeinflussen. Ein typisches Beispiel für den Einfluss von Umweltbedingungen ist die Gesetzgebung.

❸ **Ziele** treffen Aussagen über **erwünschte Zustände**, die als **Ergebnis von Entscheidungen** eintreten sollen. Ziele steuern somit die Alternativenauswahl. Das meist genannte Unternehmensziel ist die Gewinn- oder Nutzenmaximierung. Dieses Ziel ist jedoch unerreichbar, da der höchste Gewinn nicht erreicht werden kann. Die formulierten Ziele müssen jedoch erreichbar, präzise und vollständig sein. Um die Ziele in die Handlungen einbeziehen zu können, müssen sie in **messbare Entscheidungskriterien** umformuliert werden. Für das Ziel Kundentreue könnte man so beispielsweise mit der Anzahl der wiederkehrenden Kunden ein messbares Entscheidungskriterium formulieren.

❹ Die Entscheidungskriterien und die Alternativen führen unter Berücksichtigung der Situationen zu bestimmten Ergebnissen. **Ergebnisse** sind Handlungskonsequenzen, die bei der Wahl einer bestimmten Handlungsalternative und beim Eintreten eines bestimmten Umweltzustandes vorliegen. Für die Auswertung der Ergebnisse greift man auf eine **Ergebnismatrix** zurück.

Entscheidungskriterien	Geschmack der Eissorte mit Note 1 aus einer Befragung von 100 Personen	Herstellungskosten pro Stück
Alternativen		
a) Vanilletraum	40	1,25 Euro
b) Himbeerzauber	25	1,20 Euro
c) Schokoüberraschung	35	1,25 Euro

Abb. 1.2 Ergebnismatrix der Firma Süß

Ein Beispiel für eine solche Matrix zeigt Abb. 1.2. Sie beruht auf dem Entscheidungsproblem der Firma Süß, die eine neue Eissorte auf den Markt bringen möchte. Es gibt drei Produkte zur Auswahl, dargestellt in den Alternativen a) bis c). Die Ziele, welche die Firma Süß mit dem Produkt verfolgt, sind **Kundenzufriedenheit** und ein **geringer Kostenaufwand**. Das Ziel der Kostenreduktion lässt sich leicht als messbares Entscheidungskriterium formulieren, z.B. als Herstellungskosten pro Stück. Um das Ziel der Kundenzufriedenheit messbar zu machen, befragte die Firma Süß 100 Personen zu ihren Geschmackspräferenzen. Die Testpersonen sollten die Eissorte, die ihnen am besten schmeckt, mit der Schulnote Eins bewerten. Die Ergebnisse wurden in die Matrix eingetragen.

In unserem Beispiel würde man sich vermutlich für die Alternative a) entscheiden. Hier liegen die Herstellkosten pro Stück zwar höher als bei Alternative b), dem Großteil der Kunden schmeckt die Sorte jedoch am besten. Daher ist damit zu rechnen, dass die Firma Süß eine große Menge dieser Eissorte absetzen kann.

Aus den Handlungsalternativen ist die bestmögliche auszuwählen.

Die Umweltbedingungen kann der Entscheidungsträger nicht beeinflussen.

Die Ziele sind in messbare Entscheidungskriterien umzuformulieren.

Ergebnisse sind Handlungskonsequenzen, die bei der Wahl einer Handlungsalternative und unter Einfluss eines bestimmten Umweltzustands eintreten.

Für die Entscheidungsfindung eines Unternehmers können die oben erläuterten Punkte ❶ bis ❹ eine große Hilfe bieten. Letztlich ist niemals sicher, ob eine Entscheidung eine gute oder eine schlechte ist. Ohne Entscheidungen und ohne Entscheider kann ein Betrieb jedoch nicht bestehen.

Aufgaben zur Lernkontrolle

1. *Definieren Sie den Begriff „Wirtschaft" mit Ihren eigenen Worten.*

2. *Erklären Sie kurz, was unter dem ökonomischen Prinzip zu verstehen ist.*

3. *Nennen Sie die wesentlichen Leistungsphasen eines Betriebes.*

4. *Erläutern Sie kurz die Grundzüge eines Marktes und benennen Sie die zwei Märkte, die ein Unternehmen im Wesentlichen bestimmen.*

5. *Warum sind Entscheidungen für ein Unternehmen von so großer Bedeutung?*

6. *Erläutern Sie die Begriffe konstitutive und nicht konstitutive Unternehmensentscheidung und finden Sie je ein passendes Beispiel.*

7. *Stellen Sie kurz die vier Faktoren dar, die eine Entscheidung beeinflussen.*

2 Unternehmensführung

2

In einem Unternehmen arbeiten verschiedene Menschen an unterschiedlichen Arbeitsplätzen. Sie alle sollen mit ihrer täglichen Arbeit dazu beitragen, die Ziele zu erreichen, die sich das Unternehmen gesetzt hat. Dazu bedarf es einer zielgerichteten Führung. Allgemein versteht man unter **Führen** das Lenken, Steuern und Beeinflussen einer Person, eines Gegenstandes oder eines Prozesses. Führen heißt in diesem Zusammenhang auch immer die Vorgabe einer bestimmten **Richtung**, in die das Unternehmen gehen will.

> ***Unternehmensführung bedeutet die Gestaltung, Steuerung und Entwicklung eines Unternehmens unter Berücksichtigung der angestrebten Unternehmensziele.***

Das grundlegende Ziel eines Unternehmens ist es, **Gewinne** zu erwirtschaften. Um Gewinn zu erzielen, müssen bestimmte Voraussetzungen erfüllt sein. Dazu gehören beispielsweise Kunden, die Produkte kaufen oder Dienstleistungen nachfragen. Auch bedarf es geeigneter betrieblicher Abläufe, die zeit- und kostensparend organisiert sind. Die **Unternehmensführung** setzt sich mit diesen Voraussetzungen auseinander und versucht, sie zu erfüllen. Das bedeutet, dass Antworten auf folgende Fragen gesucht werden müssen: Welche Aufgaben muss das Management erfüllen? Wie müssen Abläufe und Strukturen des Unternehmens organisiert werden, um den Mitarbeitern bei ihrer Leistungserstellung entgegenzukommen? Welche Art von Informationen werden benötigt, um adäquate Entscheidungen treffen zu können? In den folgenden Abschnitten werden wir näher auf diese Fragen eingehen. Zunächst aber betrachten wir die Aufgaben des Unternehmensmanagements und die Ebenen, in die es eingeteilt werden kann.

2.1 Aufgaben und Ebenen des Managements

> **Begriffe** ***Sachbezogene Dimension • personenbezogene Dimension • öffentlich-soziale Dimension • obere Führungsebene (Top Management) • mittlere Führungsebene (Middle Management) • untere Führungsebene (Lower Management)***

Manager stehen mit Aktenkoffern an Flughäfen und reisen von einem wichtigen Termin zum nächsten. Sie tragen feine Anzüge und Krawatten, trinken Unmengen Mineralwasser und telefonieren ununterbrochen mit Geschäftspartnern und Kunden. Selten kommen sie zur Ruhe, auch nicht in ihrem Büro, wo wichtige Unterlagen durchgesehen werden müssen und Mitarbeiter auf Anweisungen oder auf ein Gespräch warten. Manager sind Menschen ohne Gesicht und ohne Zeit. Das ist wohl die gängige, klischeehafte Vorstellung von dieser Berufsgruppe. Was genau **Management** bedeutet und welche Aufgaben damit verbunden sind, wissen die wenigsten.

Der Begriff „Managen" leitet sich vom lateinischen „manus agere" ab, was soviel heißt wie „an der Hand führen". Managen ist also sinnverwandt mit **Führen**. Deshalb werden die Begriffe „Management" und „Unternehmensführung" gern bedeutungsgleich verwendet. So auch in diesem Buch.

Die Aufgaben des Managements

Bei der Führung bzw. dem Management eines Unternehmens müssen ganz bestimmte Aufgaben wahrgenommen werden. Diese lassen sich in drei grundlegende Dimensionen einteilen:

❶ Die sachbezogene Dimension

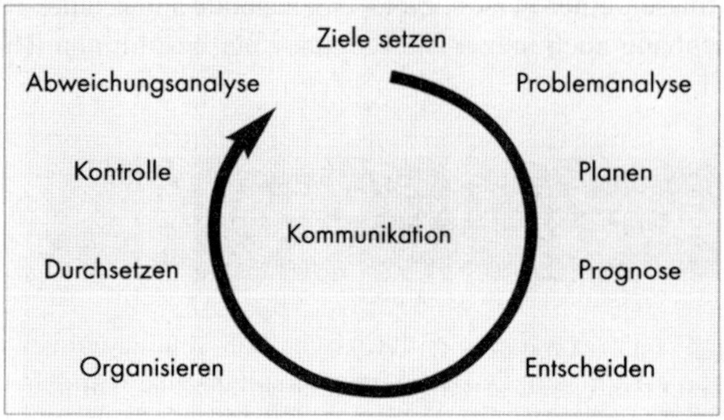

Abb. 2.1 Sachbezogene Aufgaben des Managements

Diese Dimension umfasst Entscheidungen, die sowohl das aktuelle Geschehen als auch die weitere Entwicklung des gesamten Unternehmens oder auch nur einzelner Abteilungen betreffen können. Darunter fallen auch Entscheidungen darüber, wie man Strukturen und Abläufe im Unternehmen organisieren soll. Abbildung 2.1 zeigt die Abfolge der einzelnen Aufgaben, die ein Manager in seinem Handeln und Entscheiden zu erfüllen hat. Im Zentrum der abgebildeten Managementaufgaben steht die Kommunikation. Unter **Kommunikation** versteht man die Übertragung bzw. den Austausch von Informationen. Die Kommunikation und damit die Information ist eine Grundlage der Unternehmensführung. Ohne den Austausch von Informationen kann ein Manager nicht handeln, wie wir in Abschnitt 2.3 noch genauer sehen werden.

❷ Die personenbezogene Dimension

Sie beschreibt die Aufgaben des Managers im Umgang mit Menschen. Im Vordergrund der personenbezogenen Aufgaben stehen die **Führung der Mitarbeiter** und die Gestaltung zwischenmenschlicher Beziehungen. Die Aufgabe des Managements besteht unter anderem darin, die Mitarbeiter

- anzuleiten,
- zu informieren,
- zu motivieren und
- zu kontrollieren.

Dabei geht es in der personenbezogenen Dimension insbesondere darum, die Mitarbeiter so zu beeinflussen, dass sie eine gute Leistung erzielen. Diese Art der Führung wird auch Personalführung genannt. Oftmals wird die **Personalführung** als die eigentliche Aufgabe der Unternehmensführung bezeichnet. In Abschnitt 9.5 werden wir näher darauf eingehen.

❸ Die öffentlich-soziale Dimension

Sie beinhaltet diejenigen Aufgaben, die das Management im Rahmen der **gesellschaftlichen Verantwortung** erfüllen muss. Aspekte, die dabei eine große Rolle spielen, sind der Umweltschutz, der Erhalt von Arbeitsplätzen oder soziale Maßnahmen des Unternehmens, z.B. die Unterstützung gemeinnütziger Zwecke. Das Management hat eine Verantwortung gegenüber seiner Umwelt und somit auch die Aufgabe, die Umwelt in sein Handeln einzubeziehen.

In der Realität lassen sich die Aufgaben des Managements nicht so einfach trennen. Die drei Dimensionen gehen ineinander über und sind eng miteinander verwoben.

Die Ebenen des Managements

Die Berufswelt ist voll von Managern. Es gibt Projektmanager, Produktmanager, Key-Account-Manager, Zeitmanager, Kundenmanager. So mancher ist heute zum „Manager“ erhoben, der vorher einfach ein Projektleiter oder ein Kundenbetreuer gewesen ist. Manager ist also nicht gleich Manager, man muss sie nach ihren Aufgaben und nach ihrer Stellung in der **Unternehmenshierarchie** beurteilen. Hierarchie bezeichnet in diesem Zusammenhang die Über- und Unterordnungsverhältnisse in einem Unternehmen. Grundsätzlich lassen sich drei Managementebenen bzw. Führungsebenen unterscheiden:

❶ **Obere Führungsebene (Top Management)**

Diese Führungsebene entspricht der obersten Unternehmensleitung, z.B. dem Vorstand oder dem Geschäftsführer. Darunter fällt auch der Unternehmer, von dem wir in Abschnitt 1.3 als Kapitän sprachen, der das Unternehmen mit seinen Entscheidungen steuert. Dies ist auch die Aufgabe des Top Managements. Es legt die Richtung, d.h. die **wesentlichen Ziele** und **Grundsätze** fest, nach denen sich das Unternehmen ausrichten und handeln soll. Die grundlegenden Aufgaben der oberen Führungsebene sind z.B. die langfristige Festlegung der Unternehmenspolitik, die Koordinierung der großen betrieblichen Teilbereiche und die Besetzung der Führungspositionen.

❷ **Mittlere Führungsebene (Middle Management)**

Dieser Führungsebene gehören z.B. Abteilungsleiter und Werksleiter an. Ihre zentrale Aufgabe ist es, die formulierten Ziele und Grundsätze des Top Managements in Programme, Regeln und konkrete Vorgaben zu übersetzen. Sie sorgen für die Umsetzung besagter Vorgaben und stellen sicher, dass sie von den untergeordneten Ebenen eingehalten werden. Zu den untergeordneten Ebenen zählen beispielsweise die Mitarbeiter der unteren Führungsebene.

❸ **Untere Führungsebene (Lower Management)**

Diese Ebene ist das Bindeglied zwischen den oberen beiden Führungsebenen und den ausführenden Mitarbeitern. Eine typische Position ist die des Teamleiters. Aufgabe der unteren Führungsebene ist es hauptsächlich, die Mitarbeiter im alltäglichen Ablauf zu führen.

So unterschiedlich die Bedeutsamkeit der Manager sein kann, sie alle müssen bestimmte Fähigkeiten besitzen:

- Sie müssen im **sozialen Umgang** mit Menschen gewandt sein. Dazu gehört z.B. dass sie kommunikativ, konflikt- und kritikfähig sind.
- Sie benötigen **Fachwissen**, um ihre Aufgaben bewältigen zu können.
- Sie müssen **konzeptionell denken** können, d.h. in Gesamtzusammenhängen denken und daraus Handlungsstrategien ableiten können.

2.2 Organisation

In Unternehmen fallen viele Aufgaben an, die von unterschiedlichen Mitarbeitern erfüllt werden. Deshalb ist eine **Arbeitsteilung** notwendig, also die Zuordnung der einzelnen Aufgaben auf mehrere Personen. Unternehmen beschäftigen darum Mitarbeiter, die unterschiedliche Tätigkeiten verrichten, z.B. Finanzbuchhalter, Marketingfachleute, Entwicklungsingenieure und Manager. Man kann sich vorstellen, dass all die unterschiedlichen Tätigkeiten eines Unternehmens der Ordnung bedürfen. Jeder Mitarbeiter muss wissen,

- **was** (Aufgabe) er
- **woran** (Objekt),
- **wie** (Tätigkeit),
- **womit** (Arbeitsmittel, z.B. Maschinen, Werkzeuge, PC),
- **wo** (Ort) und
- **wann** (Zeit) tun muss.

Dabei ist es wichtig, die einzelnen Tätigkeiten zu ordnen, sie in Beziehung zueinander zu setzten, Strukturen zu schaffen und den Ablauf der einzelnen Arbeitsprozesse vorzugeben. Kurz gesagt: Ein Unternehmen muss **organisiert** werden. Organisation ist von entscheidender Bedeutung für ein Unternehmen und ist somit Aufgabe der Unternehmensführung.

Organisation ist die bewusste Gestaltung von Beziehungen zwischen den anfallenden Aufgaben, den Mitarbeitern und den unterstützenden Arbeitsmitteln.

Die Organisation eines Unternehmens untergliedert sich im Wesentlichen in zwei Aspekte: Zum einen in die **Aufbauorganisation**, die sich mit der grundlegenden Struktur eines Unternehmens beschäftigt. Zum anderen in die **Ablauforganisation**, welche die Handlungsabläufe eines Unternehmens steuert.

2.2.1 Die Aufbauorganisation

Begriffe ***Stelleninhaber • Arbeitsplatz • Umsetzungskompetenz • Leistungskompetenz • Stellenbeschreibung • Abteilung • Abteilungsleiter • Leitungsstelle • Organigramm***

Die Aufbauorganisation **gliedert** das Unternehmen in **organisatorische Teilbereiche** und verteilt die im Unternehmen anfallenden Aufgaben. Sie legt also den **Ordnungsrahmen** für die Beziehungen der einzelnen Unternehmensmitglieder zueinander fest. Ein wichtiger Schritt zur Gestaltung der Aufbauorganisation eines Unternehmens ist das Aufstellen eines Plans mit den benötigten **Stellen**.

Eine Stelle ist die kleinste organisatorische Einheit eines Unternehmens. Sie ist das Basiselement der Aufbauorganisation und entsteht durch die Zuordnung von Teilaufgaben auf eine oder mehrere gedachte Personen.

Zu den wichtigsten Aufgaben eines Unternehmers gehört, seine Produkte zu verkaufen. Diese Aufgabe kann man in viele einzelne Teilaufgaben gliedern. Aus der Untergliederung in Teilaufgaben ergeben sich die einzelnen Stellen. Eine mögliche Stelle wäre die eines Online-Redakteurs für die Gestaltung des hauseigenen Internetauftritts. Eine andere Stelle wäre die eines Verkäufers. Die Personen, die diese Stellen besetzen, sind zunächst nur theoretisch vorhanden. Sie können z.B. durch eine Stellenausschreibung in einer Tageszeitung gefunden werden. Die Person, die eine Stelle übertragen bekommt, nennt man **Stelleninhaber**. Der Ort an dem der Stelleninhaber seine Aufgaben tatsächlich ausführt ist der **Arbeitsplatz**. Die Verteilung der verschiedenen Stellen einer Organisation erfolgt im Wesentlichen anhand von drei Kriterien:

2

❶ Zuständigkeit

Für die einzelnen Stellen werden Zuständigkeiten vergeben, d.h. man legt fest, welchen Aufgabenbereich der Stelleninhaber zu erfüllen hat.

❷ Kompetenz

Rechte und Befugnisse, die dem Stelleninhaber übertragen werden, bezeichnet man als Kompetenzen. Grundsätzlich lassen sich zwei große Kompetenzbereiche unterscheiden: die Umsetzungskompetenzen und die Leitungskompetenzen. Die **Umsetzungskompetenzen** ermöglichen dem Stelleninhaber, seine Aufgabe zu bewältigen. Die **Leitungskompetenzen** legen fest, inwieweit der Stelleninhaber Einfluss auf andere Stellen nehmen darf. Sie beeinflussen damit die hierarchische Ordnung der Stellen.

Umsetzungskompetenzen	Leitungskompetenzen
Ausführungskompetenz = Recht, über Arbeitsmethode, Ausführungsrhythmus usw. zu bestimmen	**Fremdentscheidungskompetenz** = Recht, verbindliche Entscheidungen für andere Stellen zu treffen
Verfügungskompetenz = Recht, Arbeitsmittel, Finanzmittel und Informationen anzufordern	**Weisungskompetenz** = Recht, anderen Stellen Anordnungen zu erteilen
Antragskompetenz = Recht, Anträge an anderer Stelle einzureichen	**Kontrollkompetenz** = Recht, die Arbeitsergebnisse und Arbeitsveläufe anderer Stellen zu überwachen
Entscheidungskompetenz = Recht, selbstständig Entscheidungen im Rahmen des Aufgabengebietes der Stelle zu treffen	**Richtlinienkompetenz** = Recht, anderen Stellen Richtlinien vorzuschreiben, wie sie sich zu verhalten haben oder wie sie bei bestimmten Arbeitsverläufen vorzugehen haben

Abb. 2.2 Die Kompetenzbereiche eines Stelleninhabers

❸ Verantwortung

Verantwortung ist die Pflicht, für die **Folgen von Entscheidungen** und **Handlungen** einzustehen. Ein Stelleninhaber, der im Rahmen seiner Aufgabenerfüllung Fehler begeht, muss dafür gerade stehen und die Konsequenzen tragen. Darum ist bei der Einstellung eines neuen Mitarbeiters darauf zu achten, dass die Verantwortung, die er zu tragen hat, seiner Aufgabenstellung und seinen Kompetenzen **angemessen** ist.

Die Merkmale einer Stelle werden in einer **Stellenbeschreibung** festgehalten. Diese enthält die Aufgaben, Zuständigkeiten, Kompetenzen und die Verantwortung einer Stelle sowie die Anforderungen an den Stelleninhaber. Eine weitere Aufgabe der Aufbauorganisation ist es, die geschaffenen Stellen in Beziehung zueinander zu setzten. Die Stellen werden deshalb anhand bestimmter Kriterien zu **Abteilungen** zusammengefasst.

Eine Abteilung entsteht, wenn man mehrere Stellen einer gemeinsamen Leitungsstelle zuordnet.

Eine **Leitungsstelle** ist mit einer Person besetzt, die für die Aufgabenerfüllung der gesamten Abteilung verantwortlich ist und **Führungsaufgaben** bezüglich der untergeordneten Stellen übernimmt. Die Leitungskompetenzen dieser Stelle sind also in hohem Maße ausgeprägt. Man bezeichnet die Person, mit der die Leitungsstelle einer Abteilung besetzt ist, auch als **Abteilungsleiter**.

Je größer das Unternehmen ist, desto komplexer wird auch die damit verbundene Organisation der Stellen. So werden wiederum Abteilungen zu Hauptabteilungen und Hauptabteilungen zu Bereichen usw. zusammengefasst. Die durch die Organisation der Stellen entstandene Struktur des Unternehmens wird häufig in einem so genannten **Organigramm** (Organisationsschaubild) veranschaulicht:

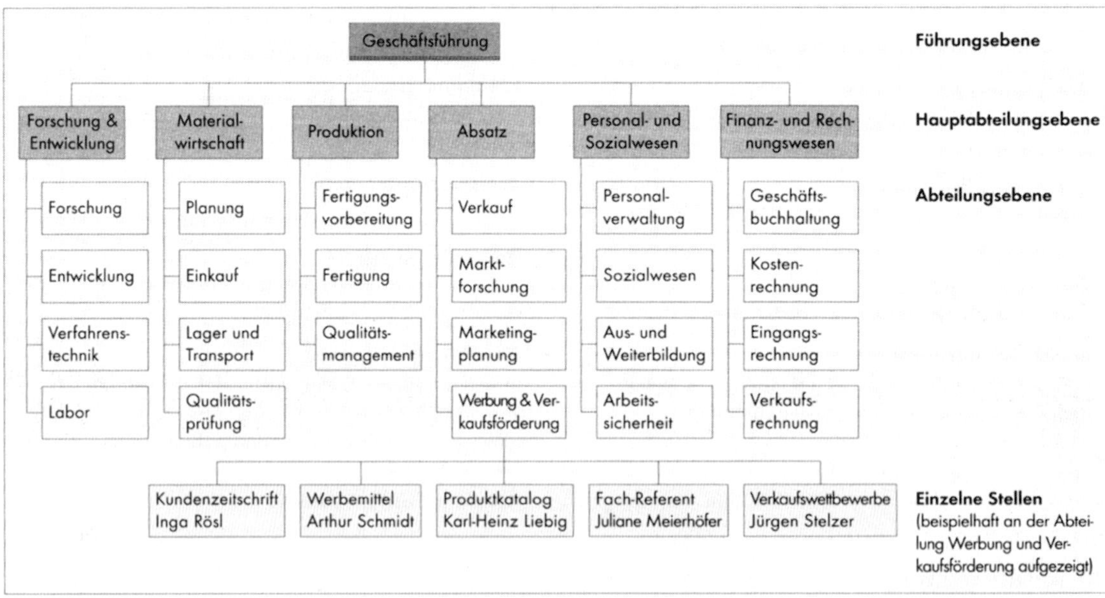

Abb. 2.3 Organigramm einer Unternehmung

2.2.3 Die Ablauforganisation

Begriffe *Arbeitsprozess • Arbeitsinhalt • Arbeitszeit • Arbeitsplatz*

2

Die Ablauforganisation **strukturiert** die Arbeitsabläufe (Arbeitsprozesse) eines Unternehmens. Unter einem **Arbeitsprozess** versteht man die Folge von einzelnen Arbeitsleistungen, die eine bestimmte Aufgabe verfolgen. Der Arbeitsablauf wird bestimmt vom **Arbeitsinhalt**, von der **Arbeitszeit**, dem **Arbeitsort** und der **Zuordnung** der Aufgaben auf bestimmte **Personen**.

- Der **Arbeitsinhalt** besteht aus den Tätigkeiten, die mit der Aufgabe verbunden sind. Die Art der Aufgabe bestimmt auch die dazugehörigen Arbeitsmittel.
- Die **Arbeitszeit** ist die Zeit, die zur Erledigung der einzelnen Aufgaben benötigt wird. Für eine optimale Arbeitszeitfestlegung ist es wichtig, eine sinnvolle ökonomische Reihenfolge der einzelnen Arbeitsschritte und Tätigkeiten zu wählen.
- Mit der Festlegung des **Arbeitsortes** werden die einzelnen Tätigkeiten bestimmten Orten zugeordnet. Damit ist der **Arbeitsplatz** gemeint. Also der Ort, an dem die Tätigkeit ausgeübt wird. Das kann z.B. der Schreibtisch einer Sekretärin oder der Lkw eines Fernfahrers sein.
- Schließlich müssen den einzelnen Teilaufgaben – und damit den Stellen – noch **konkrete Personen zugeordnet werden**. Diese Personen müssen die Anforderungen erfüllen, die die Positionen an sie stellen.

Aufbau- und Ablauforganisation verfolgen das gleiche Ziel auf zwei unterschiedlichen Wegen: Sie sollen dafür sorgen, dass das Unternehmen optimal funktioniert. Zum einen durch die **Gestaltung der Unternehmensstruktur**, zum anderen durch die **Optimierung der Abläufe**. Beide sind voneinander abhängig und beeinflussen sich gegenseitig. Abläufe benötigen eine bestimmte Aufbauorganisation, um funktionieren zu können.

2.3 Informationsmanagement

Begriffe *Informationsmanagement • Informationsprozess • Informationsbeschaffung • Informationsverarbeitung • Informationsbedarf*

Informationen bilden die Grundlage für Entscheidungen und Handlungen der Unternehmensführung. Ein Unternehmer benötigt sehr vielfältige Informationen, z.B. über Konkurrenzprodukte und deren Preise, über Marktanteile des eigenen Unternehmens und der Konkurrenz sowie über Ausbildung und Qualifikation eines Mitarbeiters. Was genau aber ist **Information**?

> ***Information ist zweckorientiertes oder zielgerichtetes Wissen. Man spricht erst von Information, wenn das Wissen zur Erfüllung bzw. zur Lösung von Aufgaben tatsächlich erforderlich ist.***

Ein Manager eines Unternehmens, das Waschmittel herstellt, findet bei seiner morgendlichen Lektüre der Tageszeitung im Sportteil keine relevanten Informationen. Die Sportnachrichten sind nicht bedeutsam für seine Aufgabe als Manager. Liest er hingegen den Wirtschaftsteil der Zeitung, erhält er Wissen, das ihn bei seiner Aufgabenerfüllung als Manager hilfreich ist. Dieses zweckgerichtete Wissen stellt Information dar. Der Manager eines Fußballvereins hingegen erhält durchaus zweckgerichtetes Wissen aus dem Sportteil der Zeitung. Was Information ist, hängt also auch immer vom Berufsfeld ab.

Anforderungen an Informationen

Informationen sollen den Empfänger so gut wie möglich bei seinen Entscheidungen unterstützen. Darum müssen Informationen

- die **richtige Qualität** haben, d.h. sie sollen aktuell, vollständig, verständlich und fehlerfrei sein,
- in der **richtigen Menge** übermittelt werden. Sie sollen also an die Bedürfnisse des Empfängers angepasst sein,
- zur **richtigen Zeit** den Empfänger erreichen, d.h. sie sollen schnell und vor allem rechtzeitig ankommen,
- am **richtigen Ort** sein, also beim richtigen Empfänger ankommen.

Um die Anforderungen an Informationen auch umsetzen zu können, bedarf es eines **Informationsmanagements**.

Informationsmanagement umfasst alle Managementaufgaben, die im Zusammenhang mit der Beschaffung, Verarbeitung und Übermittlung von Informationen stehen und die dazu dienen, die Unternehmensziele zu erreichen.

Moderne Informations- und Kommunikationssysteme

Eine wichtige Rolle beim Managen des **Informationsprozesses** spielen die modernen Informations- und Kommunikationssysteme wie Computer, Internet und Fax. Ohne den Einsatz dieser modernen Technologien ist ein wirtschaftlicher Informationsprozess in Unternehmen nicht mehr denkbar. Vor allem können dadurch **mehr** und **aktuellere Informationen** vermittelt werden, und sie sind **schneller** zu beschaffen, zu verarbeiten und weiterzuleiten. Zur **Informationsbeschaffung** dienen heute beispielsweise das Internet oder Datenbanken, in denen eine Vielzahl von Informationen gespeichert sind. Zur **Informationsverarbeitung** stehen den Unternehmen Computerprogramme zur Verfügung, die Entscheidungen vorbereiten und unterstützen. Zur **Informationsweiterleitung** dienen z.B. E-Mail oder Kommunikationssysteme wie Fax und Telefon.

Informationen sind nicht nur für das Management eines Unternehmens unabdingbar. Auch jeder einzelne Mitarbeiter ist auf Informationen angewiesen, damit er die ihm übertragenen Aufgaben bestmöglich ausführen kann. Die Mitarbeiter haben somit einen **Informationsbedarf**. Dieser

Bedarf kann durch geeignete Informationen gedeckt werden. Das Management muss dafür sorgen, dass jeder Mitarbeiter genau die Informationen zur Verfügung hat, die er zur Erfüllung seiner Aufgabe benötigt. Das kann auf verschiedene Weisen geschehen:

- über persönliche Gespräche,
- Bekanntmachungen in der Betriebszeitung,
- Informationen am „Schwarzen Brett“,
- E-Mail,
- Intranet,
- Internetauftritt.

Wichtig ist auch der Informationsaustausch der Mitarbeiter untereinander, wenn es z.B. um wichtige betriebliche Ereignisse und Erfolge des Unternehmens geht oder um bedeutende Entscheidungen. Informationen müssen **zuverlässig** und **vollständig** sein und **rechtzeitig** beim Adressaten ankommen. Das trägt dazu bei, dass sich die Mitarbeiter ernst genommen fühlen – eine wichtige Voraussetzung für die Motivation.

Eine wichtige Aufgabe der Unternehmensführung ist, die Mitarbeiter rechtzeitig und vollständig zu informieren.

Aufgaben zur Lernkontrolle

1. *Erklären Sie in ein bis zwei Sätzen, was Unternehmensführung bedeutet.*

2. *Erläutern Sie die Aufgaben des Managements.*

3. *Erläutern Sie kurz die drei unterschiedlichen Führungsebenen.*

4. *Erklären Sie mit Ihren eigenen Worten, was Organisation bedeutet.*

5. *Was ist unter Aufbau- und Ablauforganisation eines Unternehmens zu verstehen?*

6. *Was ist Information?*

7. *Welche Anforderungen muss Information erfüllen, um Grundlage von Entscheidungen und Handlungen sein zu können?*

3 Unternehmenspolitik

Mit Politik verbinden sich Begriffe wie „Führung“, „Entscheidung“ und „Gesetz“. Der Begriff „Politik“ leitet sich aus dem griechischen „polis“ ab, was übersetzt „Stadtstaat“ bedeutet. Seit der Antike schreibt man politisches Handeln dem Staat zu. Doch auch in einem Unternehmen ist Politik nicht nur möglich, sondern auch nötig. Ein Unternehmen ist einem Staat nämlich nicht unähnlich. Auch Unternehmen müssen geführt werden. Dies geschieht natürlich in kleinerem Rahmen als beim Staat. Im Folgenden klären wir, was unter **Unternehmenspolitik** zu verstehen ist und welche Einflussfaktoren auf sie einwirken.

3.1 Einführung in die Unternehmenspolitik

Begriffe *Existenzsicherung • Leitlinie der Unternehmenspolitik • Führungsstile • Umwelt • Unternehmensleitbild*

Ziel der Unternehmenspolitik ist es, den unternehmerischen Erfolg zu gewährleisten. Dies erreicht ein Unternehmer, indem er grundlegende Entscheidungen für die Entwicklung des Unternehmens trifft. Diese Entscheidungen müssen für eine **innere Ordnung** sorgen, d.h. eine grobe Gesetzgebung hervorbringen, die dem Unternehmen **Stabilität** verleiht und ihren Mitgliedern z.B. in Form von **Richtlinien** mitgeteilt wird. Formuliert und durchgesetzt wird die Unternehmenspolitik vom **Top Management**. Um genauer zu verstehen, was Unternehmenspolitik bedeutet, betrachten wir folgende Definition:

> ***Unternehmenspolitik umfasst alle Entscheidungen und Ziele, die die wesentliche Orientierung der zukünftigen Unternehmensentwicklung festlegen, sowie die grundsätzlichen Verhaltensweisen zur Durchsetzung politischer Interessen. Dabei muss sich die Unternehmenspolitik an die sich verändernde Umwelt anpassen.***

Unternehmenspolitik umfasst also drei wesentliche Aspekte:

❶ Unternehmenspolitik bedeutet, grundsätzliche **Entscheidungen** zu treffen und wesentliche **Ziele** zu formulieren. Dies ist der Ausgangspunkt aller nachfolgenden Entscheidungen und Handlungen. Die unternehmenspolitischen Entscheidungen und Zielsetzungen geben den **Handlungs-** bzw. **Ordnungsrahmen** vor, innerhalb dessen sich das Unternehmen bewegt. Dieser Aspekt der Unternehmenspolitik wird mit dem Begriff **Leitlinie der Unternehmenspolitik** umschrieben.

❷ Ebenso schließt Unternehmenspolitik die **Verhaltensweisen** bei der politischen Entscheidungsfindung und Zielsetzung ein. Die zentrale Frage lautet hier: *Wie* kommt es zu einer Entscheidung? Die Qualität der Entscheidungen hängt davon ab, ob z.B. demokratisch abgestimmt wird und jeder seine Meinung einbringen kann oder ob nur die Stärkeren ihre Interessen durchsetzen. Treffen viele verschiedene Vorstellungen aufeinander, kommt es zu Konflikten und ein

Kompromiss muss gefunden werden, d.h. eine Lösung, die die Zustimmung aller Beteiligten erfährt. Unternehmenspolitik bedeutet also auch **Konflikt** und **Macht**. Die Art und Weise, wie die Entscheidungsfindung und Zielsetzung erfolgt, wird mit dem Begriff **Führungsstil** umschrieben.

❸ Unternehmenspolitik ist nicht statisch (stillstehend), sondern in Bewegung. Die Unternehmensumwelt ist einem ständigen **Wandel** unterworfen. Das Unternehmen muss sich den **Veränderungen** seiner Umwelt **anpassen** und politische Zielsetzungen und Entscheidungen zeitgemäß formulieren und fällen.

Die Unternehmenspolitik wird schriftlich festgehalten und veröffentlicht. Dies geschieht im **Unternehmensleitbild**.

> ***Ein Unternehmensleitbild enthält die allgemeinen unternehmenspolitischen Entscheidungen und Zielsetzungen. Sie bilden die Grundlage für das Verhalten aller Führungskräfte und Mitarbeiter.***

Das Unternehmensleitbild ist allgemein zugänglich und als eine **unternehmenspolitische Ziel-** und **Grundsatzerklärung** zu verstehen. Es fasst die zahlreichen Entscheidungen und Ziele in wenigen Sätzen zusammen. Unternehmensleitbilder vermitteln Mitarbeitern und Außenstehenden, in welche Richtung sich das Unternehmen entwickeln will. Es macht auch deutlich, welches Verhalten das Unternehmen von den Mitarbeitern erwartet. Das Beispiel in Abb. 3.1 hebt ökologisches (umweltbewusstes) Handeln hervor. Von seinen Mitarbeitern fordert das Unternehmen deshalb, keine Ressourcen zu verschwenden.

UNSER LEITBILD

Zukunft fängt heute an!
Unser Finanzierungs- und Anlagegeschäft hat Auswirkungen auf Mensch und Umwelt. Wir orientieren uns an gesellschaftlichen Erwartungen. Deswegen bringen wir unseren wirtschaftlichen Erfolg in Einklang mit ökologischen und sozialen Standards.

Nachhaltigkeit
Nachhaltig wirtschaftende Unternehmen sind auf Dauer erfolgreicher als andere. Nachhaltigkeit dient also unseren Kunden, Aktionären und Mitarbeitern.

Jeder verpflichtet sich!
- Bei Finanzierungen achten wir auf Umweltchancen und -risiken. Die Standards internationaler Institutionen, wie zum Beispiel der Weltbank, sind unsere Maßstäbe.
- Wir unterstützen unsere Immobilienkunden insbesondere beim gesunden und umweltverträglichen Bauen.
- Wir wollen unseren Kunden renditestarke Anlagen anbieten, die ökologischen und sozialen Anforderungen entsprechen.
- Wir gehen effizient mit Ressourcen um und sparen damit Kosten. Jeder Mitarbeiter trägt an seinem Arbeitsplatz dazu bei.
- Leistungsfähige Mitarbeiter sind die Voraussetzung für unseren Unternehmenserfolg. Als eine Grundlage schafft die Bank ein gesundes, umweltverträgliches Arbeitsumfeld.

Abb. 3.1 Leitbild der Hypovereinsbank

3.2 Einflussfaktoren auf die Unternehmenspolitik

Begriffe ***Gegenwärtiger Zustand des Unternehmens • Entwicklung der Unternehmensumwelt • Wertvorstellungen • Stakeholder • strategische Erfolgsfaktoren***

Die Unternehmenspolitik sollte Aussagen beinhalten, die

- allgemeingültig,
- klar,
- auf das Wesentliche beschränkt,
- langfristig gültig und
- realistisch sind.

Damit dies gewährleistet werden kann, ist es notwendig, die vielfältigen Einflüsse auf das Unternehmen und seinen Erfolg zu kennen. Diese Einflussfaktoren können dann bewusst im Rahmen der politischen Handlungen des Unternehmens berücksichtigt werden. Bedeutende Einflussfaktoren zeigt folgende Abbildung:

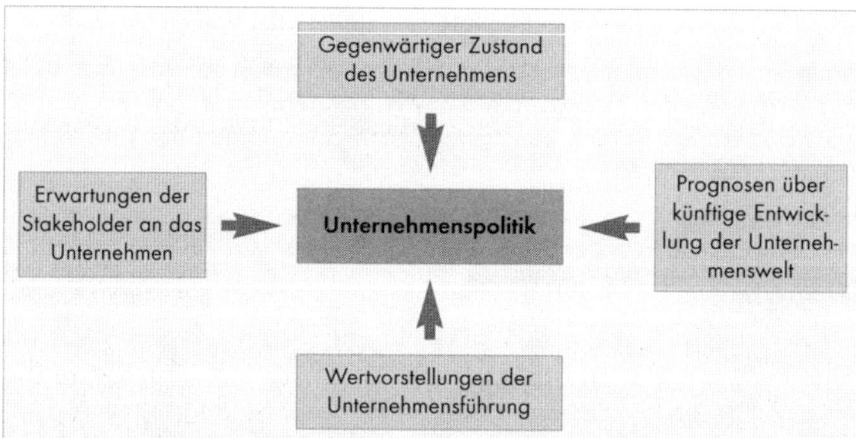

Abb. 3.2 Einflussfaktoren auf die Unternehmenspolitik

Diese vier Einflussfaktoren muss ein Unternehmen berücksichtigen. Das bedeutet, dass es sich selbst und seine Umwelt genau betrachten und kennen muss. Erst dann ist eine konkrete Unternehmenspolitik möglich.

Gegenwärtiger Zustand des Unternehmens

Wesentlichen Einfluss auf die Unternehmenspolitik nimmt das aktuelle Unternehmensgeschehen. Der erste Schritt zur Ausgestaltung der Politik ist deshalb eine gründliche Untersuchung der gegenwärtigen Situation. Das Top Management muss sich bei der unternehmenspolitischen Entscheidungsfindung im Klaren darüber sein, welche **Stärken** und **Schwächen** das Unternehmen hat.

Wichtige Ergebnisse der Unternehmensanalyse sind die strategischen Erfolgsfaktoren. **Strategische Erfolgsfaktoren** sind Größen, die den Unternehmenserfolg erheblich beeinflussen. Beispiele hierfür sind eine günstige Markt- und Wettbewerbsposition, eine gut durchdachte Organisation der Arbeitsabläufe, Innovationsfähigkeit, das Image des Unternehmens oder eine hohe Motivation der Mitarbeiter. Aufgabe der Unternehmensleitung ist es, mit ihrer Politik die erkannten strategischen Erfolgsfaktoren zu unterstützen und auszubauen und so die Wettbewerbsfähigkeit des Unternehmens zu stärken.

Prognosen über künftige Entwicklung der Unternehmensumwelt

Unternehmenspolitik muss sich auch an die Entwicklung ihrer Umwelt anpassen, um wettbewerbsfähig zu bleiben. Darum ist es wichtig, die **mögliche Entwicklung der Umweltfaktoren**, die auf das Unternehmen einwirken, zu untersuchen. Im Unternehmensleitbild in Abb. 3.1 haben wir z.B. gesehen, dass die Entwicklung der ökologischen Umwelt Einfluss auf die Politik eines Unternehmens nehmen kann. Immer mehr Unternehmen haben aufgrund der zunehmenden Umweltverschmutzung das unternehmenspolitische Ziel, die Natur zu erhalten und zu bewahren. Die Schwierigkeit beim Analysieren der zukünftigen Umweltbedingungen besteht jedoch darin, dass sich diese nur bedingt vorhersagen lassen. Denn jede Vorhersage (Prognose) ist mit Ungewissheit verbunden. Je weiter sie in die Zukunft reicht, desto unsicherer werden die Ergebnisse der Analyse.

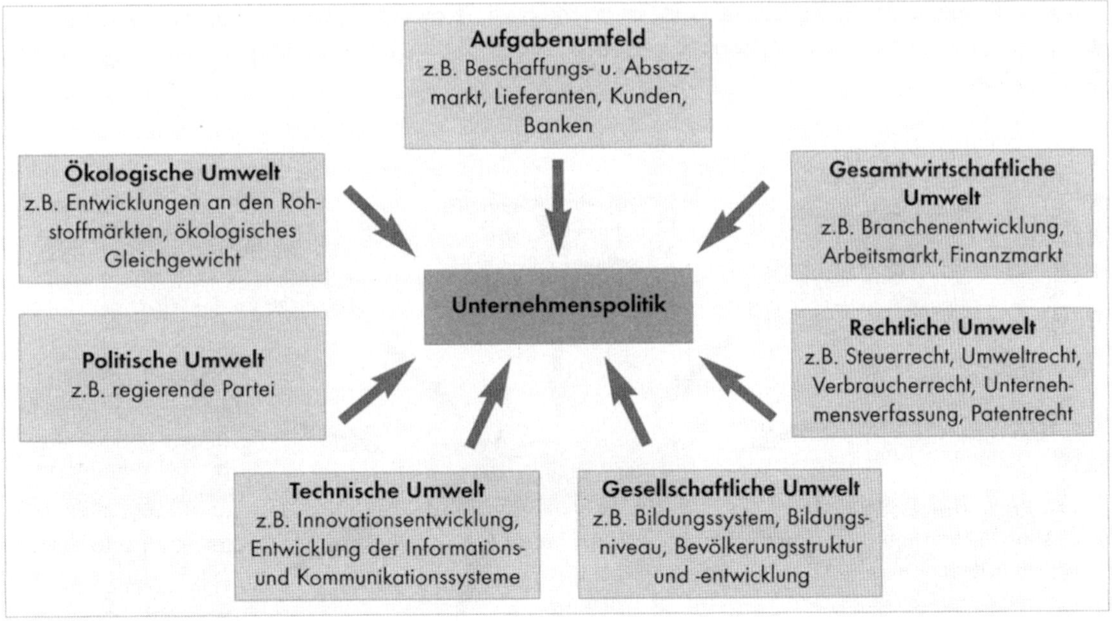

Abb. 3.3 Einflüsse auf die Unternehmenspolitik aus der Unternehmensumwelt

Wertvorstellungen der Unternehmensführung

Meist sind an der Entwicklung der Unternehmenspolitik mehrere Personen aus der Unternehmensführung beteiligt, die unterschiedliche Wertvorstellungen besitzen. Unter **Wertvorstellun-**

gen sind in diesem Zusammenhang Maßstäbe zu verstehen, anhand derer Unternehmen ihr Handeln ausrichten und beurteilen. Werte sind z.B. Gerechtigkeit, Menschlichkeit, Selbstverwirklichung oder Umweltschutz. Diese Wertvorstellungen können z.B. den Menschen, das Unternehmen oder die Wirtschafts- und Gesellschaftsordnung betreffen. Die Unternehmensführung muss sich dabei auf gemeinsame Wertvorstellungen einigen, die dann in der Unternehmenspolitik zum Ausdruck kommen.

Erwartungen der Stakeholder an das Unternehmen

Dem Unternehmen stehen verschiedene Anspruchsgruppen gegenüber, deren Interessen das Unternehmen berücksichtigen muss. Diese Anspruchsgruppen werden auch als **Stakeholder** bezeichnet.

Stakeholder sind Anspruchsgruppen, die auf die Unternehmenspolitik mit ihren Interessen und Erwartungen Einfluss nehmen.

Eine dieser Anspruchsgruppen sind beispielsweise die Kunden. Sie erheben gegenüber dem Unternehmen den Anspruch auf gute Produktqualität. Das Unternehmen richtet die Unternehmenspolitik auch an den Erwartungen der Stakeholder aus. Schließlich sind es die Kunden, die den Erfolg des Unternehmens sichern, indem sie dessen Produkte kaufen.

Für den **Erfolg** eines Unternehmens ist es wichtig, die **Erwartungen** der Anspruchsgruppen in die Unternehmenspolitik einzubeziehen. Abb. 3.3 zeigt die wichtigsten Anspruchsgruppen für ein Unternehmen.

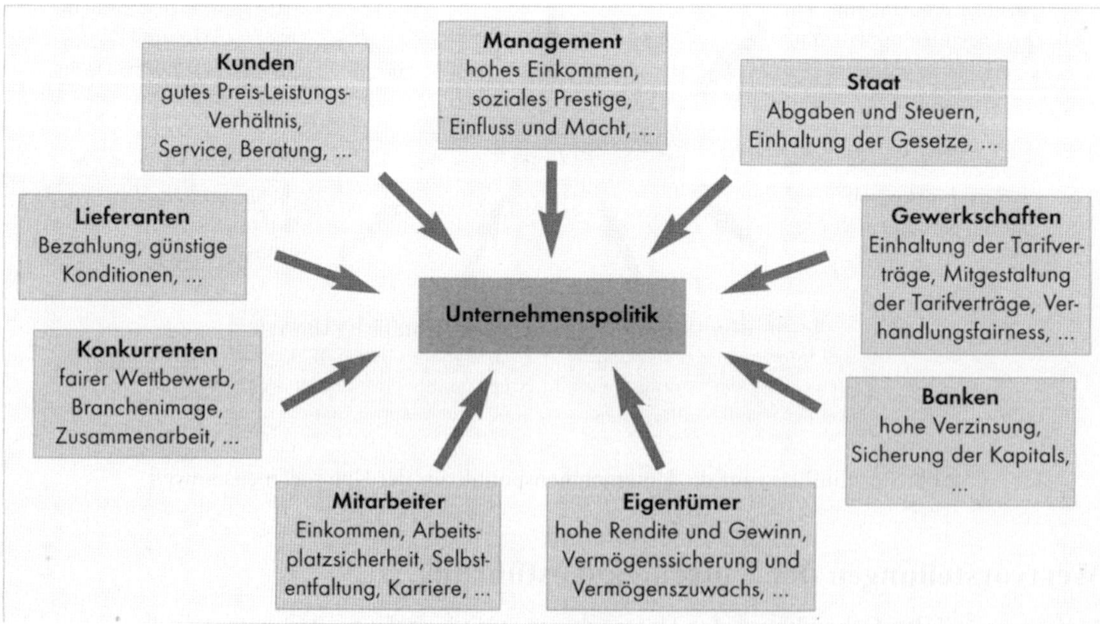

Abb. 3.4 Erwartungen der Stakeholder an die Unternehmenspolitik

Aufgaben zur Lernkontrolle

1. *Welches sind die wesentlichen Aspekte der Unternehmenspolitik?*
2. *Was ist ein Unternehmensleitbild?*
3. *Welche Einflussfaktoren muss ein Unternehmen bei der Gestaltung seiner Politik berücksichtigen? Warum ist das wichtig?*
4. *Erklären Sie, was unter strategischen Erfolgsfaktoren zu verstehen ist und führen Sie Beispiele an.*
5. *Welche Umwelteinflüsse können auf die Politik eines Unternehmens einwirken?*
6. *Was sind Stakeholder? Erklären Sie in Ihren eigenen Worten.*

4 Von der Vision zur Unternehmensplanung

Für das Funktionieren eines Unternehmens ist es sehr wichtig, dass alle Mitarbeiter auf ein gemeinsames Ziel hinarbeiten. Gäbe es kein gemeinsames Ziel, würde Chaos herrschen. Niemand wüsste, warum er seine Aufgaben erfüllen soll und welches Ergebnis letztlich von ihm erwartet wird. Darum gehört zu den wichtigsten Aufgaben der Unternehmensführung die Festsetzung der Unternehmensziele und die Entscheidung, durch welche Maßnahmen diese festgesetzten Ziele erreicht werden können. Nicht zuletzt spielen Vision, Ziele und Strategien bei der Unternehmensplanung eine wesentliche Rolle.

4.1 Zielsystem von Unternehmen

Begriffe *Zielhierarchie • Zielfunktion • Teilziele • Gewinnmaximierung • Zielsystem • Oberziele • Unterziele • Zieltypen • monetäre Ziele • nicht monetäre Ziele • Unternehmensleitbild • Unternehmenskultur*

Bei der Vielzahl der Ziele, die ein Unternehmen anstreben kann, stellt sich die Frage, in welcher Reihenfolge die einzelnen Ziele erreicht werden sollen. Um diese Frage zu beantworten ist es notwendig, eine **Zielhierarchie** zu entwickeln, die zwischen Ober- und Teilzielen bzw. Unterzielen unterscheidet: Die oberste Aufgabe der Unternehmensführung ist es, eine **Zielfunktion** zu formulieren, die alle Oberziele und Teilziele enthält, die ein Unternehmen erreichen will. **Oberziele** sind die wichtigsten Ziele eines Unternehmens. Sie lassen sich jedoch nicht auf direktem Wege erreichen. Darum werden **Teilziele** (auch **Unterziele** genannt) formuliert, die direkt realisierbar sind. Ein langfristiges Oberziel ist z.B. die Gewinnmaximierung. Um es zu erreichen, müssen zuvor die Teilziele von 30 Prozent Marktanteil, 20 Prozent Umsatzsteigerung und 12 Prozent Kostenreduzierung erreicht werden. Teilziele wirken sich also auf das Gesamtziel aus.

Ein Unternehmen verfolgt immer mehrere Ziele gleichzeitig, die sich in einem **Zielsystem** niederschlagen. Nicht alle Ziele haben die gleiche Bedeutung. Es gibt Ziele, die für ein Unternehmen wichtiger sind und andere Ziele, die nur zweitrangig verfolgt werden. Es lassen sich drei **Zieltypen** unterscheiden:

- **Unternehmensziele**
  gelten für das gesamte Unternehmen. Beispiele: Gewinn-, Umsatz-, Wachstumsziele.

- **Bereichsziele**
  beziehen sich auf Teilbereiche des Unternehmens. Es kann sich dabei um einzelne Abteilungen, Hierarchieebenen (mittlere Führungsebene) oder andere organisatorische Einheiten handeln wie Teams oder Arbeitsgruppen.

- **Mitarbeiterziele**
  gelten für den einzelnen Mitarbeiter. Das können Vorgaben von Vorgesetzten sein oder sie werden mit den Mitarbeitern gemeinsam erarbeitet.

Das wichtigste Ziel eines Unternehmens ist das Oberziel, das nicht direkt erreichbar ist, sondern nur über Teilziele realisiert werden kann. Teilziele setzen sich zusammen aus Bereichs- und Mitarbeiterzielen.

Für Unternehmen steht aber nicht einzig und allein die Gewinnmaximierung im Vordergrund. Nicht jede Gewinnchance muss unbedingt ausgenutzt werden. Aufgabe der Unternehmensführung ist auch, **Risiken** und **Chancen abzuwägen**. Im konkreten Fall kann das bedeuten, dass sich die Unternehmensführung gegen ein Geschäft mit hoher Gewinnchance entscheidet, weil z.B. zu hohe Sicherheitsbedenken oder ökologische Risiken damit verbunden sind. Unternehmen streben also nicht grundsätzlich und ausschließlich eine Maximierung der Gewinne an.

4

Die Führungsmannschaft von Unternehmen verfolgt auch nicht in jedem Unternehmensbereich genau dieselben Ziele: In der Produktionsabteilung werden andere Ziele formuliert und verfolgt als z.B. in der Marketingabteilung. Für ein reibungsloses Zusammenspiel ist hier wichtig, die einzelnen **Ziele aufeinander abzustimmen**.

Zielvorstellungen

Die unterschiedlichen Zielvorstellungen, die in einem Zielsystem enthalten sind, lassen sich in zwei Gruppen einteilen (vgl. auch Abb. 4.1):

- **Monetäre Ziele**
  lassen sich in Geldeinheiten messen. Dazu gehören das Streben nach Gewinn und Umsatz. Sie werden meist für ein oder zwei Geschäftsjahre formuliert.
- **Nicht monetäre Ziele**
  können einen wirtschaftlichen oder nicht wirtschaftlichen Bezug haben. Das Streben nach einem bestimmten Marktanteil hat einen wirtschaftlichen Bezug. Nicht wirtschaftliche Ziele können ethischer, politischer, ökologischer oder sozialer Art sein. Verfolgt ein Unternehmen das Ziel, die Umweltverschmutzung zu vermindern oder eine bestimmte Tradition aufrechtzuerhalten, so sind diese Ziele nicht wirtschaftlicher Art. Diese Ziele sind meist langfristig angelegt.

Die Ziele eines Unternehmens lassen sich in monetäre und nicht monetäre Ziele unterscheiden.

Konkrete Ziele, die für Unternehmen wichtig sein können, sind:

- langfristige Gewinnerzielung
- Mitarbeiterzufriedenheit
- Kundenzufriedenheit
- Produktivitätssteigerung
- Qualität der angebotenen Produkte und Dienstleistungen
- Wettbewerbsfähigkeit
- Kosteneinsparungen
- finanzielle Unabhängigkeit
- Erhaltung/Schaffung von Arbeitsplätzen
- Umweltschutz

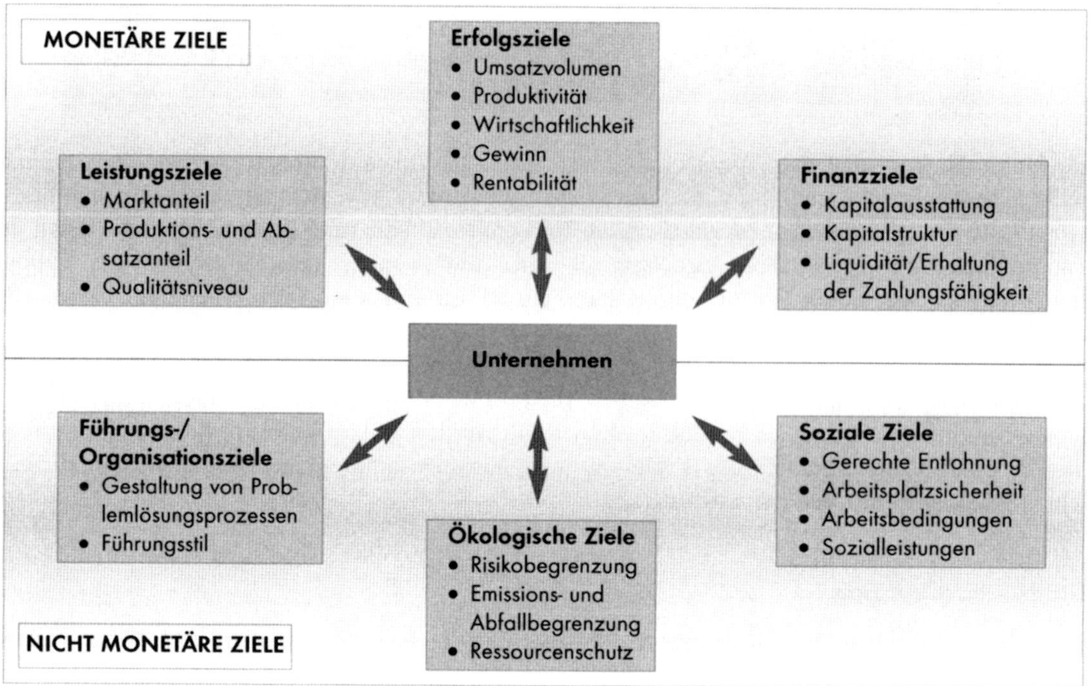

Abb. 4.1 Unternehmensziele*

Längst steht für Unternehmen nicht mehr einzig und allein die Gewinnmaximierung im Vordergrund. Langfristig gesehen ist es für ein Unternehmen natürlich notwendig, seine Existenz zu sichern. Dies ist letztlich über den Gewinn möglich. Betrachten wir das Gewinnziel als „Überlebensbedingung" kommt kein Unternehmen ohne dieses aus. Unternehmen verfolgen jedoch mit gleicher Bedeutung auch andere Ziele, insbesondere kunden- und mitarbeiterorientierte Ziele. Diese Ziele sind keineswegs Teilziele, sondern stehen auf gleicher Ebene mit dem Gewinnziel und sind damit Oberziele des Unternehmens. Diese Oberziele kommen im **Unternehmensleitbild** bzw. in der **Unternehmenskultur** zum Ausdruck, nachfolgend zwei Beispiele:

> *Wir orientieren uns an unseren Konsumenten. Das bedeutet, dass wir ständig die Qualität, das Design und das Image unserer Produkte verbessern, um den Erwartungen der Konsumenten gerecht zu werden und diese sogar zu übertreffen, und ihnen dadurch den höchsten Mehrwert zu schaffen.*
>
> *Adidas Deutschland*

* Nach: Bartnik, Dorothea, *Das müssen Sie über Management wissen*, Campus, Frankfurt/Main: 2001, S. 30.

- *Geh davon aus, dass Du die Welt verändern kannst.*
- *Arbeite schnell, ganz egal, wann.*
- *Bleibe flexibel: arbeite allein oder im Team – je nach Situation. Teile alles mit Deinen Kollegen: Arbeitsmittel, Ideen, Probleme.*
- *Keine Machtspielchen. Keine Bürokratie.*
- *Radikal neue Ideen sind zumeist gute Ideen.*
- *Liefere jeden Tag Ergebnisse. Sind sie überzeugend, verlassen sie die Garage*.*
- *Denke immer daran: Es ist der Kunde, der darüber entscheidet, ob ein Job gut gemacht ist.*
- *Und vergiss nie: Gemeinsam kann man alles schaffen.*
- *Sei erfinderisch.*

Hewlett-Packard

4

Die Unternehmenskultur beschreibt die im Laufe der Zeit entstandenen Denkweisen, Traditionen und Rituale eines Unternehmens. Sie steht für das jeweilige Wertsystem eines Unternehmens und unterliegt einer andauernden Entwicklung.

Die Unternehmenskultur beschreibt ein gewachsenes Wertsystem, das Denkweisen, Traditionen und Rituale umfasst. Als Unternehmensleitbild definiert sie das Oberziel eines Unternehmens.

Ziele sind wichtig, um ein Unternehmen **zielorientiert** führen zu können. Sie erfüllen eine **Steuerungsfunktion**. Die Mitarbeiter eines Unternehmens sind aufgefordert, ihr Handeln und Verhalten auf die Erfüllung der Unternehmensziele auszurichten. Anhand des Grades, in dem ein vorgegebenes Ziel erreicht wurde, lässt sich ermitteln, ob die Mitarbeiter im Unternehmen sinnvoll gewirtschaftet haben. Dieser so genannte **Zielerreichungsgrad** stellt für die Unternehmensleitung und die Führungskräfte eine Entscheidungshilfe dar, anhand derer sie ihr Handeln ausrichten können.

4.2 Bedeutung von Visionen, Zielen und Strategien

Begriffe Strategie • Marketing-Mix • Vision

Ziele geben die Richtung vor, in die die „Reise“ eines Unternehmens gehen soll. Es stellt sich aber die Frage, welcher Weg eingeschlagen werden soll. Im Rahmen der strategischen Unternehmensführung wird der Weg genau definiert. Man spricht von **Unternehmensstrategie**. In Abschnitt 4.3.1 werden wir uns mit der strategischen Unternehmensplanung näher beschäftigen.

* Bill Hewlett und Dave Packard, die Gründer von HP, starteten ihre Zusammenarbeit in einer Garage in Palo Alto, USA. Auch heute noch sieht sich das Unternehmen als Garage bzw. als Ideenschmiede.

Die Unternehmensführung muss entscheiden,

- an welchem **Markt** sie agieren möchte. Dabei ist u.a. zu überlegen, in welcher Region das Produkt angeboten werden soll oder welchen Wettbewerbsvorteil das Produkt gegenüber anderen Produkten hat, z.B. eine bessere Qualität oder niedrigere Kosten.

- wie sie sich den **Marktteilnehmern** gegenüber verhalten möchte. Zu den Marktteilnehmern gehören z.B. die Abnehmer, die Konkurrenten und sonstige Gruppen wie Banken, Staat oder Gesellschaft. Die Unternehmensleitung kann sich beispielsweise der Konkurrenz gegenüber kooperativ oder aggressiv verhalten. Ein Unternehmen, das ein neues Produkt einführt, verhält sich **aggressiv**, wenn es das Produkt zu einem günstigeren Preis (Dumping-Preis) als das Konkurrenzunternehmen anbietet. **Kooperativ** verhält es sich, wenn sich das Unternehmen an das Preisniveau der Konkurrenz anpasst.

- wie Strategien in geeignete **Maßnahmen** umgesetzt werden können. Hier geht es darum, über Preise, Absatzwege, die angebotenen Produkte und Dienstleistungen sowie über geeignete Kommunikationsmaßnahmen zu entscheiden. Die Abstimmung dieser einzelnen Bereiche wird als Marketing-Mix bezeichnet. Die Maßnahmen, die im **Marketing-Mix** zur Umsetzung der Strategien ausgewählt werden, verstehen sich als „Beförderungsmittel" auf dem Weg zum Ziel (vgl. Abschnitt 7.3).

Strategien beschreiben den Weg, über den ein Unternehmen seine Ziele erreichen möchte.

Henry Ford, Unternehmensgründer der Ford Motor Company begann im Jahr 1903 mit der weltweit ersten Fließbandproduktion von Automobilen. Er wollte ein Fahrzeug herstellen, das für alle Menschen erschwinglich ist. Er wusste, dass das kaum möglich sein würde, doch es war seine **Vision**.

Eine Vision ist eine zukünftige Vorstellung, die oftmals träumerisch ist und daher unerreichbar scheint.

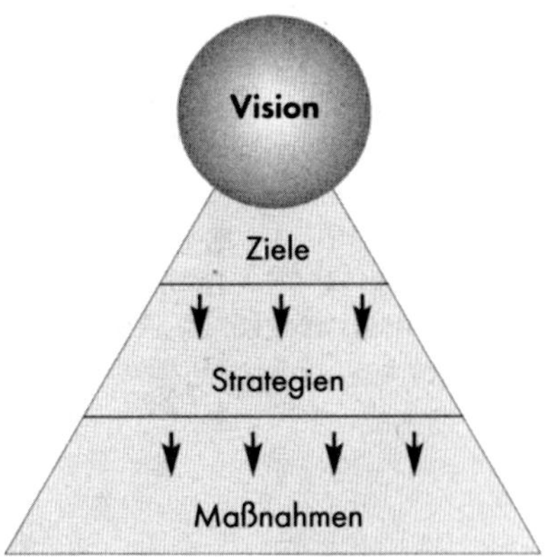

Abb. 4.2 Zusammenhang zwischen Vision, Strategien und Maßnahmen

Unternehmensziele orientieren sich an Visionen und leiten sich aus ihnen ab. Wir lernen damit eine weitere Ebene kennen, die noch über den Unternehmenszielen steht (vgl. Abb. 4.2). Eine Vision ist der Traum, die utopische Vorstellung eines Firmengründers oder der Unternehmensleitung. In Unternehmen ohne visionären Gründer ist es sinnvoll, eine Vision zu erarbeiten, um sie als **Leitbild** des unternehmerischen Handelns verwenden zu können.

Visionen, Ziele und Strategien sind für Unternehmen von großer Bedeutung, da sie viele Kriterien umfassen, die wir bereits als **Werte** kennen gelernt haben. Daraus leiten sich klare Kriterien für das unternehmerische Verhalten ab, z.B. in Bezug auf Mitarbeiter, Kunden, Gesellschaft oder Umwelt. Damit ist das Unternehmen nicht mehr nur eine Institution, die Gewinne erwirtschaften will, sondern auch ein soziales System.

4.3 Unternehmensplanung

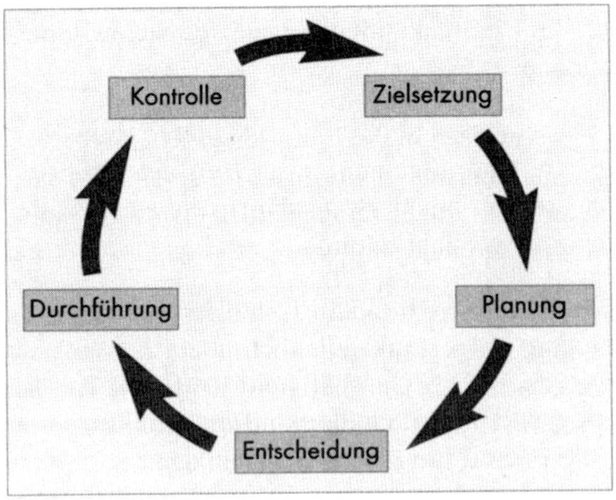

Abb. 4.3 Kreislauf zur Zielerreichung

Alle Abläufe und Tätigkeiten in einem Unternehmen sollen darauf ausgerichtet sein, die Ziele des Unternehmens zu erreichen. Dazu bedarf es einer Planung, wie sich die betrieblichen Abläufe gestalten sollen: Die **Unternehmensplanung** stellt eine Grundlage unternehmerischer Entscheidungen dar. Sie ist in einen Kreislauf eingebunden, der der Zielerreichung dient (vgl. Abb. 4.3). Die Ziele werden bei der Planung in **konkrete Entscheidungen** umgesetzt. Unternehmensplanung ist also die gedankliche Vorwegnahme zukünftiger Handlungen. Im Rahmen der Unternehmensplanung werden Entscheidungen getroffen, die sich auf die Zukunft beziehen.

4

Unternehmensplanung ist die gedankliche Vorwegnahme zukünftiger unternehmerischer Handlungen.

Abhängig vom Zeitraum, auf den sich die Planung bezieht, unterscheidet man zwischen **strategischer** (langfristiger) und **operativer** (kurz- und mittelfristiger) **Unternehmensplanung**.

4.3.1 Strategische Unternehmensplanung

Begriffe *Strategische Geschäftsfelder • Produktlebenszyklus*

Die strategische Planung ist eine **langfristige** Planung, die sich über einen Zeitraum von fünf bis zehn Jahren erstreckt. Sie befasst sich mit der Entwicklung von **Strategien** für einzelne **Geschäftsfelder**. Ein Geschäftsfeld ist eine bestimmte **Produkt-Markt-Kombination**. Es umfasst also den Markt, auf dem ein bestimmtes Produkt angeboten und abgesetzt werden soll. Ein Geschäftsfeld kann ein einziges Produkt oder mehrere Produkte enthalten. Ein Tankstellenbetreiber kann als Geschäftsfelder beispielsweise den Verkauf von Kraftstoff, den Tankstellenshop und die Waschanlage definieren. Im Geschäftsfeld Mineralöl verkauft er Normalbenzin, Super und Diesel. Im Tankstellenshop bietet er Waren des täglichen Bedarfs an. Mit der Waschanlage bietet er seinen Kunden gleich noch die Möglichkeit an, mit einem sauberen Auto nach Hause zu fahren.

Die strategische Unternehmensplanung setzt sich mit den strategischen Geschäftsfeldern eines Unternehmens auseinander.

Strategische Geschäftsfelder und deren Produkte müssen folgende Anforderungen erfüllen:

- Ein strategisches Geschäftsfeld muss auf eine **eigenständige Marktaufgabe** ausgerichtet sein. Die Produkte eines Geschäftsfelds müssen sich auf die Deckung eines speziellen Bedarfs beziehen, wie etwa die Kraftstoffversorgung der Tankstellenkunden. Es dürfen keine Überschneidungen mit anderen Geschäftsfeldern bestehen.
- Das Produkt oder die Produkte eines Geschäftsfeldes müssen in ihren Preisen und in ihrer Ausgestaltung von anderen Produkten **unabhängig** sein. Übertragen auf unser Beispiel heißt das, dass ein Kunde, der an der Tankstelle sein Auto auftankt, nicht zwangsläufig etwas im Tankstellenshop kaufen oder sein Auto durch die Waschanlage fahren muss.
- Das Produkt oder die Produkte eines Geschäftsfeldes müssen einem festen Kreis von **Konkurrenten** zugeordnet werden können. Die Produkte des Tankstellenbetreibers lassen sich einem jeweils festen Kreis von Konkurrenten zuordnen: Das Geschäftsfeld Kraftstoff hat die anderen Tankstellen zur Konkurrenz. Supermärkte und Einzelhändler sind die Konkurrenten des Tankstellenshops. Andere Waschanlagen konkurrieren mit dieser Waschanlage.

Die strategische Planung eines Unternehmens beschäftigt sich also mit der langfristigen **Produktprogrammplanung**. Hier steht im Vordergrund, Erfolgspotenziale eines Unternehmens zu schaffen und zu erhalten. Das **Erfolgspotenzial** bezeichnet die außergewöhnlichen Möglichkeiten, die ein Unternehmen hat, um Erfolge zu erzielen. Erfolgspotenziale zu erhalten und zu schaffen ist über eine Stärken-Schwächenanalyse der strategischen Geschäftsfelder möglich. Das bedeutet, dass eine Geschäftsfeld systematisch auf seine Stärken und Schwächen geprüft wird, z.B. im Personalbereich, in der Finanzstruktur oder im Innovationsgrad.

Beurteilung strategischer Geschäftsfelder

Es gibt mehrere **Instrumente**, um strategische Geschäftsfelder zu beurteilen und daraufhin geeignete Strategien zu entwickeln. Ein mögliches Instrument hierfür ist der **Produktlebenszyklus** (vgl. Abb. 4.4). Der Produktlebenszyklus gliedert sich in fünf Phasen, die ein Produkt in seinem „Leben" einmal durchschreitet:

❶ Einführungsphase

In dieser Phase wird das Produkt gerade am Markt eingeführt. Es ist also neu am Markt. Der Umsatz des Produktes verhält sich steigend und der Gewinn ist z.B. aufgrund hoher Entwicklungskosten noch negativ.

❷ Wachstumsphase

Das Produkt wird am Markt nach und nach angenommen. Gewinn und Umsatz sind steigend.

❸ **Reifephase**

In der Reifephase ist kaum noch Wachstum möglich. Der Umsatz steigt nur noch schwach. Der Gewinn verhält sich jedoch konstant.

❹ **Sättigungsphase**

In dieser Phase ist der Markt gesättigt. Der Umsatz bleibt noch vergleichsweise konstant, wobei der Gewinn zurückgeht.

❺ **Degenerationsphase**

Dies ist die letzte Lebensphase eines Produkts. Die Kunden kaufen das Produkt nicht mehr, weil z.B. bereits ein neues Produkt erhältlich ist, das das alte ersetzt. Gewinn und Umsatz sind jetzt rückläufig.

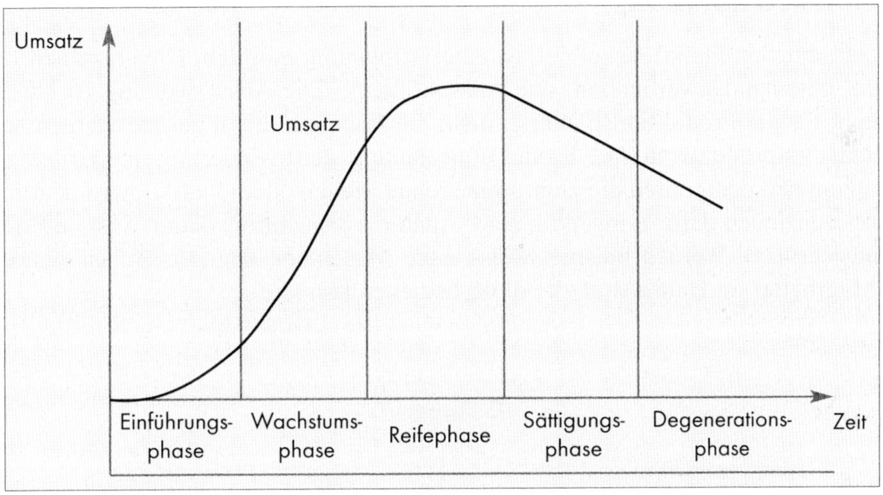

Abb. 4.4 Produktlebenszyklus

Für die strategische Unternehmensplanung stellt der Produktlebenszyklus ein wichtiges Hilfsmittel dar. Je nach Lebensphase ergeben sich unterschiedliche Absatzmengen eines Produkts. Über diese Erkenntnis lässt sich eine langfristige Produktprogrammplanung ausrichten. Eine solche Stärken-Schwächenanalyse unterstützt den Unternehmer bei seinen zukunftsweisenden Entscheidungen.

Der Produktlebenszyklus ist ein Instrument der strategischen Unternehmensplanung. Er gibt Aufschluss darüber, in welcher Lebensphase sich ein Produkt gerade befindet und lässt so Rückschlüsse auf mögliche Strategien zu.

4.3.2 Operative Unternehmensplanung

Begriffe Operative Unternehmensplanung • Unternehmensteilplanungen • Gesamtplan

Die operative Unternehmensplanung ist eine kurz- und mittelfristige Planung. Sie baut auf der strategischen Unternehmensplanung auf und setzt deren Ziele in einem 1- bis 5- Jahreszeitraum in konkrete Maßnahmen um. Dazu werden Maßnahmenkataloge erarbeitet, die dann in den einzelnen betrieblichen Funktionsbereichen umgesetzt werden sollen.

Die operative Unternehmensplanung baut auf der strategischen Unternehmensplanung auf, indem sie konkrete Maßnahmen für einen 1- bis 5- Jahreszeitraum erarbeitet.

Unternehmensteilplanung

Für jeden betrieblichen Funktionsbereich ist eine Teilplanung möglich. Die einzelnen Teilplanungen sind eng miteinander verbunden, wie Abb. 4.5 zeigt. Die Absatzplanung ist beispielsweise Voraussetzung für die Produktionsplanung, denn die Mengen, die abgesetzt werden sollen, sind natürlich zuerst zu produzieren. Die Produktionsplanung stellt wiederum eine Grundlage für die Personalplanung dar, denn durch die zu produzierende Menge oder Qualität wird deutlich, welche personellen Kapazitäten dafür notwendig sind. Auch die Investitionsplanung ist eng mit der Personalplanung vernetzt. Werden beispielsweise neue Maschinen angeschafft, ist sicherzustellen, dass auch Mitarbeiter im Hause sind, die diese bedienen können.

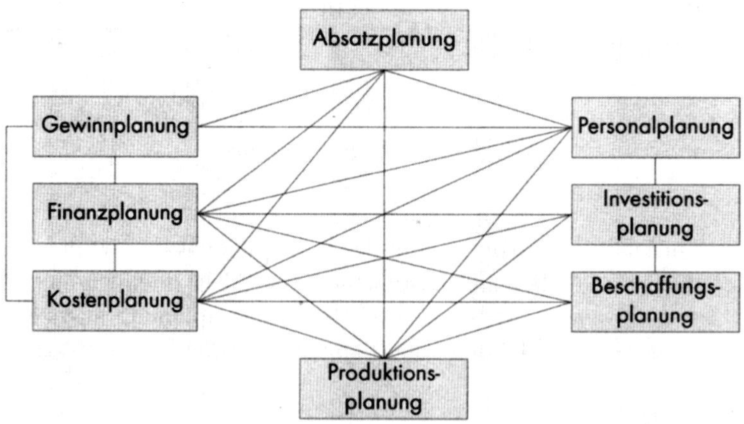

Abb. 4.5 Beziehungen der Unternehmensteilplanungen in einem Produktionsbetrieb*

* Vgl.: Rationalisierungs-Kuratorium der Deutschen Wirtschaft, *RKW-Handbuch Personalplanung*, Luchterhand Verlag, Neuwied, Kriftel, Berlin 1996, S. 11.

Die einzelnen Teilplanungen eines Unternehmens und die dazu erarbeiteten Maßnahmen müssen sorgfältig aufeinander abgestimmt werden, denn die Teilpläne stehen in enger Beziehung zueinander. Alle Teilplanungen zusammen ergeben einen **Gesamtplan**, der für jeweils eine Planungsperiode (z.B. ein Jahr) gültig ist. Der Gesamtplan wiederum muss mit der strategischen Planung abgestimmt sein, um schließlich die Zielerreichung zu gewährleisten.

Die Unternehmensführung hat die Aufgabe, die Teilpläne zu koordinieren, sodass optimale Lösungen für den gesamten Betrieb gefunden werden. Diese Aufgabe stellt die Unternehmensleitung vor eine wichtige Herausforderung, da die zukunftsgerichtete Planung mit vielen Unsicherheitsfaktoren behaftet ist. So kann man z.B. nicht vorhersagen, wie sich die Konsumenten verhalten werden, welche Technologien zukünftig den Markt erobern werden oder wie sich die zukünftige Gesetzgebung gestalten wird.

Der Gesamtplan der Unternehmensplanung setzt sich aus den einzelnen Teilplanungen zusammen.

Aufgaben zur Lernkontrolle

1. *Was ist ein Zielsystem?*

2. *Erläutern Sie kurz die drei unternehmerischen Zieltypen.*

3. *In welche zwei Gruppen lassen sich Unternehmensziele einteilen? Nennen Sie je drei Kategorien von Zielen mit einem Beispiel.*

4. *Nennen Sie fünf konkrete Unternehmensziele.*

5. *Beschreiben Sie, welche drei Bereiche die Unternehmensleitung bei der Festlegung von Strategien bedenken muss.*

6. *Was sind Strategien?*

7. *Finden Sie eine weitere Vision eines berühmten Unternehmers.*

8. *Setzen Sie in die nebenstehende Abbildung die fehlenden Begriffe ein:*

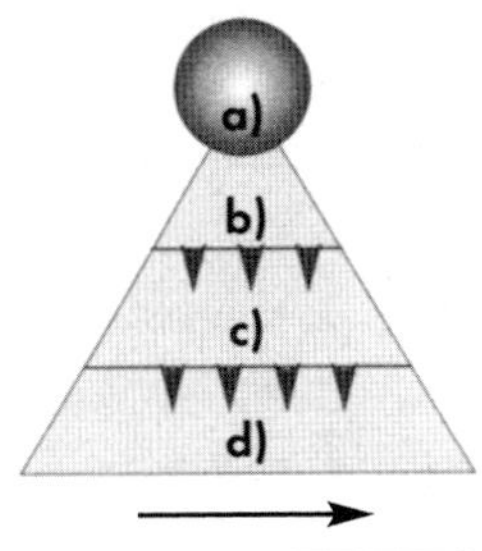

9. *Definieren Sie den Begriff „Unternehmensplanung".*

10. *Welche beiden Arten von Unternehmensplanung lassen sich grundsätzlich unterscheiden? Erläutern Sie diese kurz.*

11. *Erläutern Sie den Begriff „Geschäftsfeld" und finden Sie ein passendes Beispiel.*

12. *Wie verhält sich der Umsatz in den folgenden Phasen des Produktlebenszyklus?*

a) Einführungsphase
b) Wachstumsphase
c) Reifephase
d) Sättigungsphase
e) Degenerationsphase

13. *Nennen Sie die Teilplanungen eines Unternehmens, die Sie in dieser Lektion kennen gelernt haben.*

5 Konstitutive Unternehmensentscheidungen

In Abschnitt 1.3 sind wir schon kurz auf die **konstitutiven Unternehmensentscheidungen** eingegangen, in dieser Lektion werden wir den Stoff vertiefen. Zur Erleichterung des Einstiegs hier zunächst noch einmal die Definition:

Konstitutive Entscheidungen sind die grundlegenden, zukunftsweisenden Entscheidungen eines Unternehmens.

Es geht also um Entscheidungen, die sich langfristig auf das Unternehmen und dessen Erfolg auswirken. Einige dieser Entscheidungen trifft ein Unternehmer nur einmal in der Unternehmensgeschichte. In dieser Lektion setzen wir uns insbesondere mit der Standortwahl, der Wahl der Rechtsform und der Entscheidung, Verbindungen mit anderen Unternehmen einzugehen, auseinander.

5.1 Standortwahl

Begriffe *Nationaler oder internationaler Standort • interlokaler Standort • lokaler Standort • innerbetrieblicher Standort • lokaler Arbeitsmarkt*

Wie auch bei allen anderen unternehmerischen Entscheidungen, muss bei der Wahl des Unternehmensstandorts die Alternative gewählt werden, die dem Unternehmen den größtmöglichen Erfolg verspricht. Nicht alle Unternehmer können den Standort für ihr Unternehmen frei wählen. In einigen Betrieben ist dieser bereits vorgegeben, weil

- sich der Betrieb durch seine **Vorgeschichte** bereits an einem bestimmten Standort befindet,
- der Betrieb aus **geografischen Gründen** an einen bestimmten Standort gebunden ist, z.B. eine Werft, die sich in der Nähe eines Meeres oder eines Flusses befinden muss,
- **Gesetze** einen bestimmten Standort vorgeben oder ausschließen. So kann sich ein Unternehmen beispielsweise nicht in einem Umweltschutzgebiet niederlassen.

Die Entscheidung für einen Standort muss ein Unternehmen jedoch nicht nur bei der **Unternehmensgründung** treffen. Wenn beispielsweise eine Handelskette eine neue **Filiale** eröffnen möchte, wird sich die Geschäftsleitung auch Gedanken über den günstigsten Standort machen. Ähnlich verhält es sich, wenn sich ein Betrieb aufgrund seines Wachstums an seinem derzeitigen Standort nicht weiter ausdehnen kann, etwa weil er durch eine Stadt begrenzt wird. Dann muss der Unternehmer über eine **Standortteilung** nachdenken und an einem anderen Standort einen neuen Betriebsteil eröffnen.

Ein Unternehmen, das weder aus Tradition noch aus geografischen oder rechtlichen Gründen an einen bestimmten Standort gebunden ist, muss sich bei der Standortwahl mit vier Fragen auseinander setzen (vgl. auch Abb. 5.1):

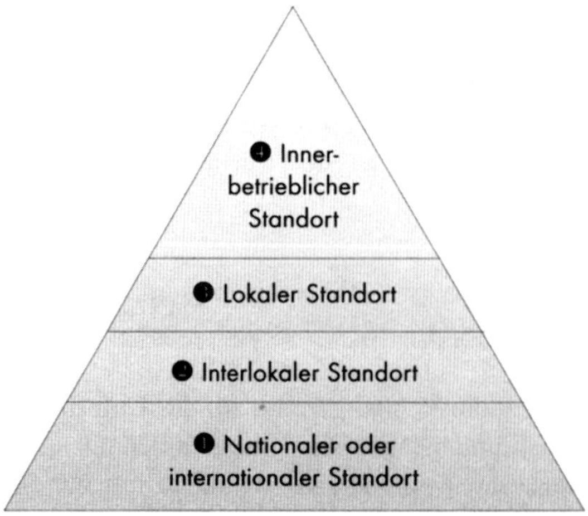

Abb. 5.1 Entscheidungspyramide bei der Standortwahl

❶ Soll die Betriebsstätte im **Inland** oder im **Ausland** gegründet werden?

In der heutigen Wirtschaft wird von **Globalisierung** und **internationalem Handel** gesprochen. Das heißt, dass Unternehmen ihre wirtschaftlichen Aktivitäten nicht mehr nur im eigenen Land betreiben, sondern auch im Ausland aktiv werden. Entweder indem sie ihre Produkte und Dienstleistungen exportieren oder im Ausland Betriebsstätten eröffnen. Durch den beständigen Fortschritt in den Kommunikationstechniken und im Transportwesen wird es für Unternehmen immer einfacher, im Ausland Betriebsstätten zu unterhalten. Ein Grund für Auslandsaktivitäten von Unternehmen kann sein, dass eine weitere Geschäftsausdehnung im eigenen Land nicht mehr möglich ist und das Unternehmen daher neue Märkte erschließen möchte.

❷ In welcher **Region** oder welcher **Stadt** soll der Standort gelegen sein?

Im Wesentlichen hängt diese Entscheidung vom lokalen Arbeitsmarkt, von der Rohstoffsituation, der Verkehrsanbindung, Marktsituation, von finanziellen Aspekten und von Umweltfaktoren ab (s. hierzu 45 oben).

❸ Welcher Standort **innerhalb der Stadt** oder Region ist der günstigste?

Es soll der Standort gewählt werden, der z.B. eine günstige Verkehrsanbindung (bei Industriebetrieben) oder genügend Parkmöglichkeiten (bei Einzelhändlern) vorzuweisen hat.

❹ Wie sollen die einzelnen **Betriebsabteilungen** angeordnet sein?

Die interne Anordnung von Abteilungen und Betriebsteilen soll so gestaltet sein, dass die betrieblichen Abläufe optimal gestaltet werden können. So sollen z.B. Transportkosten auf ein Minimum reduziert werden.

Neben diesen grundsätzlichen Fragen wird die Standortwahl eines Unternehmens von weiteren **Entscheidungskriterien** beeinflusst:

- **Lokaler Arbeitsmarkt**

  Ein Unternehmen benötigt für seinen Erfolg qualifizierte Arbeitskräfte. Es muss daher überlegt werden, welcher Standort ein geeignetes Arbeitskräftepotenzial bietet. Dies kann der Fall sein, wenn es in der Stadt eine Universität oder Fachhochschule gibt. Bietet eine Region wenige qualifizierte Arbeitnehmer, entstehen dem Unternehmen hohe Kosten für die Personalbeschaffung oder die Beförderung der Beschäftigten.

- **Rohstoffsituation**

  Betriebe, die auf bestimmte Rohstoffe angewiesen sind wie beispielsweise Erdöl oder Eisenerz, müssen bei ihrer Standortwahl die Rohstoffsituation bedenken. Sie sollten sich idealerweise in einer Region niederlassen, die die benötigten Rohstoffe liefern kann. So werden lange Transportwege und Transportkosten vermieden.

- **Verkehrsanbindung**

  Insbesondere Betriebe mit hohem Transportaufkommen benötigen einen Standort mit günstiger Verkehrsanbindung. Dies kann je nach Bedarf eine Autobahnanbindung, ein Hafen, ein Güterbahnhof oder ein schiffbarer Fluss sein. So werden Transportkosten minimiert.

- **Marktsituation**

  Betriebe wie beispielsweise der Einzelhandel oder Dienstleistungsunternehmen suchen sich einen Standort, an dem sie ihre Produkte und Dienstleistungen gut absetzen können. Dazu bedarf es u.a. einer ausreichenden Zahl von Nachfragern.

- **Finanzielle Aspekte**

  Die **Standortpolitik** des Staates kann die Ansiedlung von Unternehmen in einer bestimmten Stadt oder Region fördern. Dies ist u.a. möglich durch **staatliche Subventionen** für Betriebe, die sich in wirtschaftlich schwachen Gebieten ansiedeln. Der Staat will so den **wirtschaftlichen Aufschwung** in diesen Regionen unterstützen. Auch die regional unterschiedlichen Grundstückspreise sind entscheidend für die Standortwahl, insbesondere, wenn es um einen großen Industriebetrieb mit mehreren tausend Quadratmetern Fläche geht.

- **Umweltaspekte und gesellschaftliche Einflüsse**

  Schließlich beeinflusst auch die zunehmende Umweltorientierung die Standortwahl. So ist z.B. in Landschaftsschutzgebieten die Industrieansiedlung untersagt. Ferner muss ein Unternehmen auch die gesellschaftliche Meinung in seine Standortwahl einbeziehen. Immer wieder wird durch Bürgerinitiativen die Ansiedlung von Unternehmen erschwert oder verhindert, z.B. bei Atomkraftwerken oder Müllverbrennungsanlagen.

Die Entscheidung eines Unternehmers für einen Standort wird also von einem ganzen Kriterienkatalog beeinflusst. Es ist daher notwendig, vor der Standortwahl eine genaue Bedarfs- und Marktanalyse zu betreiben, um eine Fehlentscheidung möglichst auszuschließen. In einer **Bedarfsanalyse** werden zunächst die Anforderungen des Unternehmens an den Standort geklärt. Ein Unternehmer, der ein Bekleidungsgeschäft eröffnen möchte, wird als Bedarf vielleicht eine günstige Verkehrslage und ausreichend Parkmöglichkeiten definieren. Bei der **Marktanalyse** wird untersucht, welcher Standort diese Anforderungen erfüllt.

5.2 Wahl der Rechtsform

Begriffe *Einzelunternehmen • Personengesellschaften • Kapitalgesellschaften*

Jedes Unternehmen benötigt eine Rechtsform, die den **betriebswirtschaftlichen**, **rechtlichen** und **steuerrechtlichen Rahmen** seines Handelns bestimmt. Welche Rechtsform für ein Unternehmen letztlich die günstigste ist, hängt von mehreren Faktoren (z.B. Imagegründe, erbrechtliche Faktoren) ab.

> ***Die Rechtsform eines Unternehmens gibt den betriebswirtschaftlichen, gesellschafts- und steuerrechtlichen Rahmen vor, innerhalb dessen ein Unternehmen sich bewegt. Die Rechtsform ist frei wählbar.***

Die Rechtsformen, die wir hier kennen lernen, beziehen sich auf **private Betriebe**. Private Betriebe zeichnen sich durch ihr **Gewinnstreben** aus. Demgegenüber stehen die **öffentlichen Betriebe**. Diese arbeiten nicht mit dem Ziel der Gewinnmaximierung, sondern der **Kostendeckung** bzw. mit dem Ziel, einen **angemessenen Gewinn** zu erzielen. Grundsätzlich können öffentliche Betriebe aber in den gleichen Rechtsformen wie private Betriebe geführt werden.

> ***Private Betriebe haben das Ziel, ihren Gewinn zu maximieren. Öffentliche Betriebe verfolgen das Ziel, ihre Kosten zu decken oder einen angemessenen Gewinn zu erzielen.***

Für die Gründung eines Unternehmens ist die Wahl einer Rechtsform zwingend. Ein Firmengründer wird dabei versuchen, die für ihn vorteilhafteste Rechtsform zu finden. Dafür muss er die Bestimmungen der einzelnen Rechtsformen, z.B. Art der Haftung und Steuerbelastung oder die Finanzierungsmöglichkeiten von Eigen- und Fremdkapital, sorgfältig gegeneinander abwägen. Es ist eine komplexe und wichtige Entscheidung, bei der häufig der Rat des Fachmannes, z.B. eines

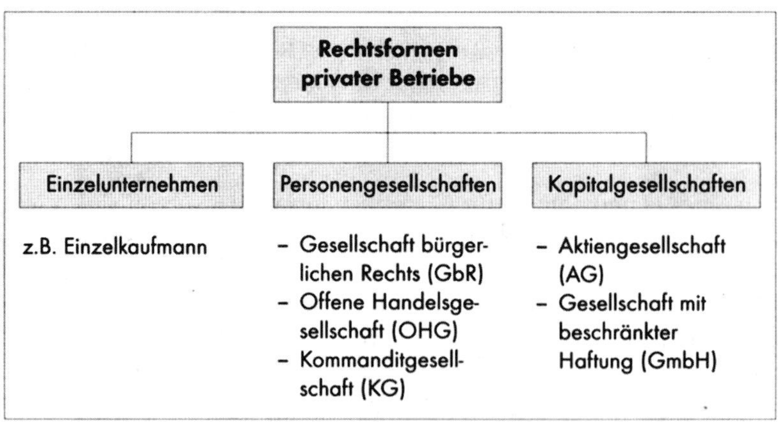

Abb. 5.2 Rechtsformen privater Betriebe

Steuer- oder Unternehmensberaters notwendig ist. Wie auch immer die Entscheidung am Ende ausfällt, sie bleibt ein Kompromiss, denn jede Rechtsform hat Vor- und Nachteile. Die wichtigsten Rechtsformen zeigt Abb. 5.2. Eine Übersicht über die hier vorgestellten Rechtsformen finden Sie auf S. 50.

Bei der Unterscheidung zwischen Einzelunternehmen, Personen- und Kapitalgesellschaften stellt sich zunächst die Frage nach der **Gesellschaft**.

Eine Gesellschaft ist der Zusammenschluss mehrerer Personen, die einen gemeinsamen Zweck verfolgen.

Personengesellschaften entstehen mit Abschluss eines Gesellschaftsvertrages. Die Gesellschafter übernehmen alle Rechte und Pflichten.

Die Kapitalgesellschaft wird erst durch den Eintrag ins Handelsregister* existent. Nach außen tritt immer die juristische Person** auf, nicht die einzelnen Gesellschafter.

5

Das **Einzelunternehmen** ist also keine Gesellschaft, weil hier nur eine **einzelne Person** auftritt.

5.2.1 Einzelunternehmen

Begriffe *Uneingeschränkte Befugnis zur Geschäftsführung • Haftung • Kleingewerbe*

Die Vorteile dieser Rechtsform liegen in ihrer Unkompliziertheit und Kostengünstigkeit. Ihre **Gründung** ist einfach. Es gibt keine Beschränkungen der Größenordnung von Mitarbeiterzahl oder Umsatz. Charakteristisch für diese Gesellschaftsform ist der einzelne Inhaber, der die **uneingeschränkte Befugnis zur Geschäftsführung** hat. Der Inhaber haftet jedoch auch mit seinem gesamten Vermögen. Die **Haftung** bei dieser Rechtsform ist nachteilig, weil der Inhaber sowohl mit dem Betriebs- als auch mit dem Privatvermögen haftet. Das Einzelunternehmen muss auch ins Handelsregister eingetragen werden, sofern es sich nicht um ein **Kleingewerbe** handelt. Als Kleingewerbe bezeichnet man ein Gewerbe, das einen kaufmännisch eingerichteten Geschäftsbetrieb nicht erfordert. Hier ist also z.B. nicht notwendig, doppelte Buchführung zu betreiben (vgl. Lektion 10).

---

* Das Handelsregister ist ein öffentliches Register, in dem die Rechtsverhältnisse von Einzelkaufleuten und Handelsgesellschaften beurkundet werden. Das Handelsregister wird beim zuständigen Amtsgericht geführt.

** Wir unterscheiden natürliche und juristische Personen: Eine **natürliche Person** ist der einzelne Mensch mit seinen bürgerlichen Rechten und Pflichten. Eine **juristische Person**, z.B. eine GmbH, besteht zumeist aus mehreren Personen und kann selbst Träger bürgerlicher Rechte und Pflichten sein.

5.2.2 Personengesellschaften

Begriffe GbR • OHG • Gesellschafter • Mindestkapital • Gesellschaftsvertrag • Handelsregister • Haftung • KG • Kommanditist • Komplementär

Gesellschaft bürgerlichen Rechts (GbR)

Eine GbR entsteht durch vertraglichen Zusammenschluss zweier Personen, die einen gemeinsamen Zweck verfolgen. Die Gesellschafter haften persönlich und **unbeschränkt.** Die GbR findet sich häufig in der Zusammenarbeit von Freiberuflern. Auch wenn sich Personen nur für ein zeitlich begrenztes Projekt zusammenschließen, bildet sich eine GbR.

Offene Handelsgesellschaft (OHG)

Um eine OHG zu gründen, braucht man mindestens **zwei Gesellschafter**. Ein **Mindestkapital** ist nicht erforderlich. Die beiden Gesellschafter müssen einen **Gesellschaftsvertrag** schließen, der die Rahmenbedingungen der OHG regelt. Die OHG wird schließlich im **Handelsregister** eingetragen. Bei dieser Rechtsform besitzen beide Gesellschafter **uneingeschränkte Geschäftsführungsbefugnis**. Es haften jedoch auch beide Gesellschafter mit ihrem gesamten Vermögen. Die Haftung der OHG geht sogar noch etwas weiter, denn hier gibt es die **solidarische Haftung**. Dabei haftet jeder Gesellschafter für die Fehler des anderen, auch wenn er den Fehler selbst nicht zu verantworten hat.

Kommanditgesellschaft (KG)

Bei der Kommanditgesellschaft gibt es zwei Gesellschaftertypen: einen (oder wenige) **Kommanditisten** und einen (oder viele) **Komplementäre**. Der Komplementär hat die **Geschäftsführungsbefugnis** und übernimmt die **vollständige Haftung**. Das heißt, der Komplementär haftet mit dem Gesellschafts- und dem Privatvermögen. Der Kommanditist ist eher mit einem Geldanleger vergleichbar. Er erbringt eine **Einlage** in die Gesellschaft und haftet nur bis zu deren Höhe. Der Kommanditist hat nur beschränkte Mitspracherechte. Er übernimmt insbesondere Kontrollrechte. Auch bei der KG wird ein Gesellschaftsvertrag geschlossen, der z.B. die Höhe der Kommanditeinlage regelt.

5.2.3 Kapitalgesellschaften

Begriffe Gesellschaftsvermögen • GmbH • AG • Stammkapital • Sacheinlagen • Satzung • Gesellschafterversammlung • Aufsichtsrat • Grundkapital • Aktien • Hauptversammlung • Vorstand • Börse

Gesellschaft mit beschränkter Haftung (GmbH)

Die GmbH ist eine Kapitalgesellschaft mit einem **Stammkapital** von mindestens 25.000 Euro, von dem bei der Gründung mindestens die Hälfte auf das Geschäftskonto einzuzahlen ist. Das Kapital kann auch als Sacheinlage eingebracht werden. **Sacheinlagen** können z.B. Computer, Maschinen, ein Grundstück oder sonstige Gegenstände sein. Die Haftung des einzelnen Gesellschafters ist beschränkt auf seine jeweilige Einlage. Dies ist der klare Vorteil der GmbH, denn es ist eine **Trennung zwischen Privat- und Gesellschaftsvermögen** möglich. Ein weiterer Vorteil ist die Möglichkeit zur **flexiblen Regelung der Geschäftsführungsbefugnisse**. Häufig finden sich im Gesellschaftsvertrag, auch **Satzung** genannt, jedoch Regelungen, die auch das Privatvermögen wieder in die Haftung mit aufnehmen. Insbesondere dann, wenn ein Gesellschafter seine **Sorgfaltspflicht** verletzt. Weitere Inhalte des Gesellschaftsvertrages sind **Firma** (also der genaue Name der GmbH) und **Sitz** sowie der **Gegenstand** der GmbH. Dies könnte z.B. so lauten: „Die Gesellschaft trägt den Namen Sonnenschein GmbH mit Sitz in München. Gegenstand der Gesellschaft ist der Betrieb von Bräunungsstudios."

Die GmbH hat mehrere **Organe**:

- Die **Gesellschafterversammlung** ist das oberste Gesellschaftsorgan, in dem alle wesentlichen Entscheidungen durch Mehrheitsregelungen getroffen werden können. Zu den Aufgaben der Gesellschafterversammlung gehört, den Jahresabschluss festzustellen (vgl. Abschnitt 10.2.1), Geschäftsführer zu benennen oder abzuberufen und Regeln zur Überwachung der Geschäftsführung aufzustellen.
- In einer GmbH können ein oder mehrere **Geschäftsführer** bestellt sein. Geschäftsführer der GmbH müssen nicht zwangsläufig Gesellschafter sein.
- Für eine GmbH ist ein **Aufsichtsrat** nicht vorgeschrieben. Jedoch kann der Gesellschaftsvertrag einen Aufsichtsrat vorsehen. Der Aufsichtsrat überwacht die Tätigkeit der Geschäftsführung und ist ein Organ der betrieblichen Mitbestimmung. Er setzt sich u.a. zusammen aus Vertretern der Arbeitnehmer, der Arbeitgeber und der leitenden Angestellten.

5

Aktiengesellschaft (AG)

Die Aktiengesellschaft hat ein **Grundkapital** von mindestens 50.000 Euro, welches im Gesellschaftsvertrag geregelt ist. Der Gesellschaftsvertrag der AG wird als **Satzung** bezeichnet. Das Grundkapital wird in Anteile zerlegt – in **Aktien** – mit einem **Mindestnennbetrag** von 1 Euro. Man wird Gesellschafter einer AG, indem man Aktien erwirbt, ohne persönlich für die Verbindlichkeiten der Gesellschaft zu haften. Aktien gewähren ihrem Eigentümer verschiedene Rechte, u.a das Stimmrecht in der Hauptversammlung. Die Hauptversammlung ist eines der **Organe** der AG:

- In der **Hauptversammlung** nehmen die Aktionäre ihre Auskunftsrechte wahr. Sie entscheiden u.a. über die Bestellung des Abschlussprüfers, die Zusammensetzung des Aufsichtsrates und über Satzungsänderungen.
- Der **Aufsichtsrat** ist das Kontrollorgan der AG und überwacht auch die Geschäftsführung.
- Der **Vorstand** ist das geschäftsführende Organ einer AG. Er wird durch den Aufsichtsrat bestellt.

Die Aktien einer AG können an der **Börse** gehandelt werden. So wird einer breiten internationalen Öffentlichkeit die Möglichkeit gegeben, sich an der Gesellschaft zu beteiligen. Dies ist ein wesentlicher Vorteil der AG. Indem die Aktien an der Börse gehandelt werden, erhält die AG einen Zugang zum **Kapitalmarkt**. Weitere Vorteile der AG liegen in der **Haftungsbeschränkung** sowie der **Trennung zwischen Kapitalgeber und Geschäftsführer**. Nachteile sind die **hohen Kosten** bei Gründung der AG und im laufenden Geschäftsjahr, bedingt durch Prüfungs- und Veröffentlichungspflichten.

	Personengesellschaften				Kapitalgesellschaften	
	Einzelfirma	**GbR**	**OHG**	**KG**	**GmbH**	**AG**
Gesetzliche Regelung	§§ 17-37 HGB	§§ 705-740 BGB	§§ 105-160 HGB	§§ 161-177 HGB	GmbHG	AktG
Haftung	Inhaber haftet persönlich und unbeschränkt	Gesellschafter haften persönlich und unbeschränkt	Gesellschafter haften persönlich, unbeschränkt und solidarisch	Komplementär haftet persönlich und unbeschränkt	Haftung auf das Gesellschaftsvermögen beschränkt, bei Verletzung der Sorgfaltspflicht u.U. persönliche Haftung	Haftung auf das Gesellschaftsvermögen beschränkt, bei Verletzung der Sorgfaltspflicht u.U. persönliche Haftung
Geschäftsführung	Inhaber	Jeder Gesellschafter unbeschränkt	Jeder Gesellschafter unbeschränkt	Komplementär	Geschäftsführer beschränkt oder unbeschränkt lt. Gesellschaftsvertrag	Vorstand beschränkt oder unbeschränkt lt. Satzung
Mindestkapital	Kein Mindestkapital	Kein Mindestkapital	Kein Mindestkapital	Einlage des Kommanditisten und Anteil des Komplementärs, kein Mindestkapital	Mindestens 25.000 Euro, bei der Gründung genügt die Hälfte	Mindestens 50.000 Euro
Gründung	Gewerbeanmeldung, Handelsregistereintrag	Gesellschaftsvertrag und Gewerbeanmeldung der Gesellschafter	Gesellschaftsvertrag und Gewerbeanmeldung der Gesellschafter, Handelsregistereintrag	Gesellschaftsvertrag und Gewerbeanmeldung der Komplementäre, Handelsregistereintrag	notariell beurkundeter Gesellschaftsvertrag (Satzung), Handelsregistereintrag	notariell beurkundeter Gesellschaftsvertrag (Satzung), Handelsregistereintrag
Firmierung	Vor- und Zuname des Inhabers, bei Handelsregistereintrag auch Fantasiename möglich - dann mit Zusatz e.K. (eingetragener Kaufmann)	Der Name eines Gesellschafters (mindestens) und der Zusatz GbR	Der Name eines Gesellschafters (mindestens) und der Zusatz OHG, Fantasienamen möglich	Der Name eines Komplementärs (mindestens) und der Zusatz KG	Fantasiename mit Zusatz GmbH	Fantasiename mit Zusatz AG
Besteuerung	Gewerbesteuer, Einkommensteuer, Umsatzsteuer	Gewerbliche GbR: Gewerbesteuer, Umsatzsteuer, Einkommensteuer Freiberufliche GbR: Einkommensteuer	Gewerbesteuer, Einkommensteuer	Gewerbesteuer, Einkommensteuer, Umsatzsteuer	Gewerbesteuer, Körperschaftsteuer, Umsatzsteuer	Gewerbesteuer, Körperschaftsteuer, Umsatzsteuer
Gewinn und Verlust	Inhaber komplett	Unter Gesellschaftern aufgeteilt	Unter Gesellschaftern aufgeteilt	Unter Gesellschaftern aufgeteilt, Verlust: Kommanditist bis zur Höhe der Einlage	Verteilung auf Gesellschafter	Verteilung auf Aktionäre

Abb. 5.3 Übersicht über wichtige Rechtsformen

5.3 Verbindungen mit anderen Unternehmen

Begriffe *Unternehmenszusammenschluss • Kartell • Kooperation • Konzentration • Konzern • Konglomerat • Mischkonzern • Fusion*

Für Unternehmen kann es wirtschaftlich sinnvoll sein, mit anderen Unternehmen Verbindungen einzugehen. Solche Zusammenschlüsse haben vor allem das Ziel, die **Wettbewerbsstellung** des Unternehmens zu stärken. Häufig sind die Aufgaben eines Unternehmens von solcher Komplexität, dass Volumen und Risiken für ein einzelnes Unternehmen zu groß werden. Dann kann es sinnvoll sein, einen starken Partner zu suchen und sich mit diesem zusammenzuschließen.

Damit Konflikte zwischen den Zielen eines Unternehmens und einem funktionierenden Wettbewerb vermindert werden, hat der Gesetzgeber Grenzen gesetzt. Allgemeine Regelungen gibt es nach dem Gesetz gegen den unlauteren Wettbewerb (UWG). Besondere Bedeutung hat das Gesetz gegen Wettbewerbsbeschränkungen (GWB). In erster Linie geht es in diesen Gesetzen darum, **Kartelle** zu verhindern.

5

Die Verbindung rechtlich selbstständiger Unternehmen zu einer wirtschaftlichen Einheit wird als Unternehmenszusammenschluss bezeichnet.

Ein Kartell ist ein Unternehmenszusammenschluss, bei dem nur Absprachen erfolgen. Die finanzielle und rechtliche Selbstständigkeit der beteiligten Unternehmen bleibt jedoch unangetastet.

Kartelle sollen abgewehrt werden, weil sie den Wettbewerb behindern. Durch Absprachen, etwa in Form von Preis- oder Produktionsabsprachen, wird der Wettbewerb verzerrt, und es kommt zu Nachteilen für die anderen Marktteilnehmer. Ein Kartell entsteht beispielsweise, wenn sich die Tankstellen einer Stadt oder eines Ballungsraums über die Erhöhung des jeweiligen Benzinpreises absprechen. Das **Bundeskartellamt** überwacht den Markt und schreitet im Verdachtsfall ein.

Wettbewerbsfördernde Zusammenschlüsse

Neben den Kartellen existieren jedoch weitere Unternehmenszusammenschlüsse, die **wettbewerbsfördernd** wirken. Man unterscheidet zwischen Kooperationen und Konzentrationen:

Kooperationen

Eine Kooperation ist eine freiwillige Zusammenarbeit von Unternehmen. Sie erfolgt mit dem Ziel, die Leistung der Unternehmen zu erhalten und zu steigern um somit deren Wettbewerbsfähigkeit zu stärken.

Eine Kooperation besteht, wenn sich wirtschaftlich selbstständige und weitgehend selbstständig bleibende Unternehmen durch Verträge zur Zusammenarbeit verpflichten.

Heute sind Kooperationen aus der Wirtschaft nicht mehr wegzudenken. Dahinter verbirgt sich der Netzwerkgedanke, bei dem mehrere Unternehmen in einem Netzwerk zusammenarbeiten und sich jeweils mit ihren Kernkompetenzen ergänzen. Unternehmen können Kooperationen in verschiedenen Intensitäten betreiben, etwa als

- Informationsaustausch,
- Gütergemeinschaft oder
- Gemeinschaftsgründung (z.B. eine eigene Gesellschaft).

Mögliche Kooperationsformen können sein

- **Arbeitsgemeinschaften** (z.B. ARGE Bau). Arbeitsgemeinschaften finden sich besonders häufig im Baugewerbe, wenn verschiedene Bauunternehmen in Form von Subunternehmen kooperieren. Ein Subunternehmen ist ein Unterauftragsnehmer des eigentlichen Auftragsnehmers.

- **Einkaufsgemeinschaften**, (z.B. Energie-Einkaufsgemeinschaft). Bei einer Einkaufsgemeinschaft schließen sich mehrere Unternehmen zusammen, um über größere Abnahmemengen günstige Einkaufskonditionen in Anspruch nehmen zu können. Bei einer Energie-Einkaufsgemeinschaft profitieren die teilnehmenden Unternehmen von günstigen Strompreisen, die sie als Einzelabnehmer nicht genießen könnten.

- **Interessengemeinschaften**, (z.B. IG Bergbau, Chemie, Energie). Bei einer Interessengemeinschaft schließen sich mehrere Unternehmen zusammen, um gemeinsame Interessen zu verfolgen. Bei der IG Bergbau, Chemie, Energie handelt es sich beispielsweise um Gewerkschaften, die über den Zusammenschluss in einer Interessengemeinschaft die Interessen der Arbeitgeber vertreten.

Konzentrationen

Bei einer Konzentration verlieren Unternehmen ihre wirtschaftliche, teilweise auch ihre rechtliche Selbstständigkeit und werden einer umfassenden zentralen Leitung unterstellt.

Bei den Konzentrationsformen haben insbesondere **Konzerne** und **Fusionen** wirtschaftliche Bedeutung.

- Ein **Konzern** ist ein Zusammenschluss **rechtlich selbstständiger Unternehmen** unter **einheitlicher Leitung**. Der Konzern ist keine Rechtsperson und hat daher selbst keine Rechte und Pflichten. Seine Rechte und Pflichten werden beispielsweise durch die Konzernmutter wahrgenommen. So wird z.B. ein **Konzernabschluss** erstellt – ein Gesamtabschluss, der die Jahresabschlüsse aller Tochtergesellschaften enthält und damit ein vollständiges Bild des Konzerns liefert.

- Die **Fusion** ist ein Zusammenschluss, bei dem durch Verschmelzung mehrerer rechtlich selbstständiger Unternehmen eine **neue rechtlich selbstständige Wirtschaftseinheit** entsteht. Eine Fusion ist also eine Verschmelzung zweier oder mehrerer Unternehmen aus kaufmännischen, technischen oder finanziellen Gründen. Eine Fusion kann auf zwei Wegen vollzogen werden:

- Ein Unternehmen kauft ein anderes und gliedert es an. Damit endet die Existenz des gekauften Unternehmens.
- Beide Unternehmen gründen ein neues gemeinsames Unternehmen. Nach diesem Verfahren ging z.B. Daimler/Chrysler vor.

Die Fusion großer Unternehmer muss dem **Bundeskartellamt** angezeigt werden. Dieses muss sicherstellen, dass durch die Fusion keine **marktbeherrschende Stellung** entsteht.

Arten von Unternehmenszusammenschlüssen

Unter den Kooperationen und den Konzentrationen lassen sich horizontale, vertikale oder anorganische (Mischkonzern) Verbindungen unterscheiden:

- Eine **horizontale Verbindung** findet statt, wenn sich Unternehmen der gleichen Produktions- oder Handelsstufe zusammenschließen, z.B. mehrere Elektromärkte oder Automobilunternehmen. Ziel der horizontalen Verbindung ist es, Marktmacht gegenüber Lieferanten oder Abnehmern zu erlangen. Durch den Zusammenschluss können die Unternehmen z.B. günstige Preise bei Lieferanten erzielen, indem sie Mengenrabatte aushandeln. Zu den horizontalen Verbindungen zählen auch Wirtschaftsfachverbände oder Arbeitgeberverbände.

- Verbindungen auf **vertikaler Ebene** entstehen, wenn sich aufeinander folgende Produktions- und Handelsstufen vereinigen, z.B. wenn ein Automobilzulieferer mit dem Automobilhersteller eine Verbindung eingeht. Der Zulieferbetrieb fertigt z.B. Autositze oder Getriebe, die erst beim Hersteller in das Auto eingebaut werden. Der Zulieferbetrieb stellt daher eine **vorgelagerte Wirtschaftsstufe** des Automobilherstellers dar. Vertikale Verbindungen führen meist zur Konzentration. Unternehmen nutzen vertikale Zusammenschlüsse, u.a um ihre regelmäßige Rohstoffversorgung zu sichern und sich nicht von Dritten abhängig zu machen oder aber, um den Absatz ihrer Produkte zu sichern.

- Zusammenschlüsse **anorganischer Form** liegen dann vor, wenn weder eine horizontale noch eine vertikale Verbindung gegeben ist. Hier schließen sich Unternehmen unterschiedlicher Branchen, Produktions- oder Handelsstufen zusammen. Derartige Zusammenschlüsse werden auch als **Konglomerat** bezeichnet. Ein typisches Beispiel anorganischer Verbindungen ist der Mischkonzern. In einem **Mischkonzern**, z.B. dem US-amerikanischen Mischkonzern General Electric (GE), sind Unternehmen unterschiedlichster Branchen zusammengeschlossen. Dieser Konzern enthält u.a. Unternehmensbereiche wie Medizin und Gesundheit oder Antriebstechnik und Energie. Konglomerate entstehen z.B. zum Zweck der Risikoverteilung auf mehrere Unternehmen, weil vielleicht eines der beteiligten Unternehmen an einem besonders risikoträchtigen Markt agiert.

Die Entscheidung eines Unternehmers, Verbindungen mit anderen Unternehmen einzugehen, muss im Vorfeld sorgfältig abgewogen werden. Einerseits bieten Unternehmenszusammenschlüsse den Unternehmen Kostenvorteile, andererseits gibt das Unternehmen immer auch einen Teil seiner Selbstständigkeit auf. Zukünftig wird jedoch die zielorientierte Zusammenarbeit mit anderen Unternehmen für viele Unternehmen ein zentraler Erfolgsfaktor sein.

Aufgaben zur Lernkontrolle

1. Welche vier Fragen muss sich ein Unternehmen bei der Standortwahl stellen?

2. Nennen und erläutern Sie zwei Faktoren, die die Standortwahl eines Unternehmens beeinflussen.

3. Definieren Sie den Begriff „Rechtsform".

4. Wodurch unterscheiden sich Personen- und Kapitalgesellschaften?

5. Geben Sie je zwei Beispiele für Rechtsformen von Personen- und Kapitalgesellschaften an und erläutern Sie diese. Berücksichtigen Sie dabei auch die Tabelle auf S. 50.

6. Welche Organe hat eine GmbH?

7. Was ist ein Kartell und warum sollen Kartelle verhindert werden?

8. Was ist ein Konzern? Erklären Sie mithilfe von Beispielen.

9. Was ist eine Fusion? Erklären Sie mithilfe von Beispielen.

10. Welche Arten von Unternehmenszusammenschlüssen gibt es? Erläutern Sie diese kurz.

6 Zukunftsgerichtete Unternehmensentscheidungen

In Abschnitt 3.1 und Lektion 5 ging es bereits um alltägliche und grundlegende Unternehmensentscheidungen. Daneben fallen in einem Unternehmen aber noch weitere zukunftsgerichtete Entscheidungen an. Diese betreffen die **Gründung** bzw. den **Fortbestand** eines Unternehmens, für den es zwei grundlegende Voraussetzungen gibt: einen **Unternehmer**, der mit seiner Vision und seinem Unternehmergeist das Unternehmen beständig vorantreibt, und das notwendige **Kapital**, um die Vision in Ziele und Strategien schließlich in konkrete Maßnahmen umsetzen zu können. In dieser Lektion werden Existenzgründung, Unternehmensnachfolge und die Möglichkeiten der Kapitalbeschaffung diskutiert.

6.1 Existenzgründung

Begriffe *Geschäftsidee • Businessplan • Kapitalbeschaffung*

In Deutschland steigt die Zahl der Existenzgründungen ständig an. Das ist gut so, denn kleine und mittelständische Unternehmen sind Wirtschaftsmotoren. Durch Existenzgründungen können die wirtschaftliche Stellung Deutschlands gestärkt und Wettbewerbsvorteile in den einzelnen Branchen erhalten werden. Wir sprechen von einer Existenzgründung, wenn eine Person ein Unternehmen auf Basis einer Geschäftsidee gründet. Voraussetzung für eine Existenzgründung ist also eine **Geschäftsidee**.

> ***Eine Geschäftsidee ist eine innovative Idee, die entweder neu ist oder auf einer bestehenden Idee aufbaut, die verbessert oder erweitert wurde.***

Jeff P. Bezos, der Gründer des Online-Buchhandels amazon.com eröffnete 1998 die deutsche Version des Unternehmens, amazon.de. Seine Geschäftsidee war es, Bücher über das Internet zu vertreiben. Die Idee des Buchhandels selbst ist nicht neu. Bezos hat diese Idee erweitert und damit einen neuen Markt erschlossen.

Eine weitere Voraussetzung für eine Existenzgründung liegt in der Person des Gründers. Sie braucht die **persönliche** und **fachliche Eignung**, um die Idee auch erfolgreich in die Tat umzusetzen. Dazu gehören

- betriebswirtschaftliches Wissen
- Bereitschaft ein (kalkulierbares) Risiko einzugehen
- Branchenkenntnisse
- Bereitschaft zur „Mehrarbeit“
- sorgfältige Planung

Die sorgfältige Planung ist ein wichtiger Erfolgsfaktor bei Existenzgründungen. Für eine fundierte Planung müssen zunächst relevante Informationen gesammelt werden. Der Existenzgründer muss z.B. seine Geschäftsidee konkretisieren und formulieren. Außerdem braucht er Informationen über die Gründungsformalitäten. Diese Informationen werden zusammengetragen und fließen in die Konzeption des Unternehmens ein. Es entsteht ein Geschäftsplan – auch Businessplan genannt. Der **Businessplan** ist eine Sammlung aller Informationen, die sich auf die Geschäftsidee und deren geplante Umsetzung beziehen. Die wichtigsten Inhalte eines Businessplans zeigt Abb. 6.1.

Der Businessplan eines Unternehmens dient einerseits als Grundlage und Kontrollinstrument für die eigenen Zielvorstellungen. Andererseits wird ein Businessplan von Banken und anderen Fremdkapitalgebern benötigt, damit diese die finanzielle Tragfähigkeit eines Unternehmens beurteilen können.

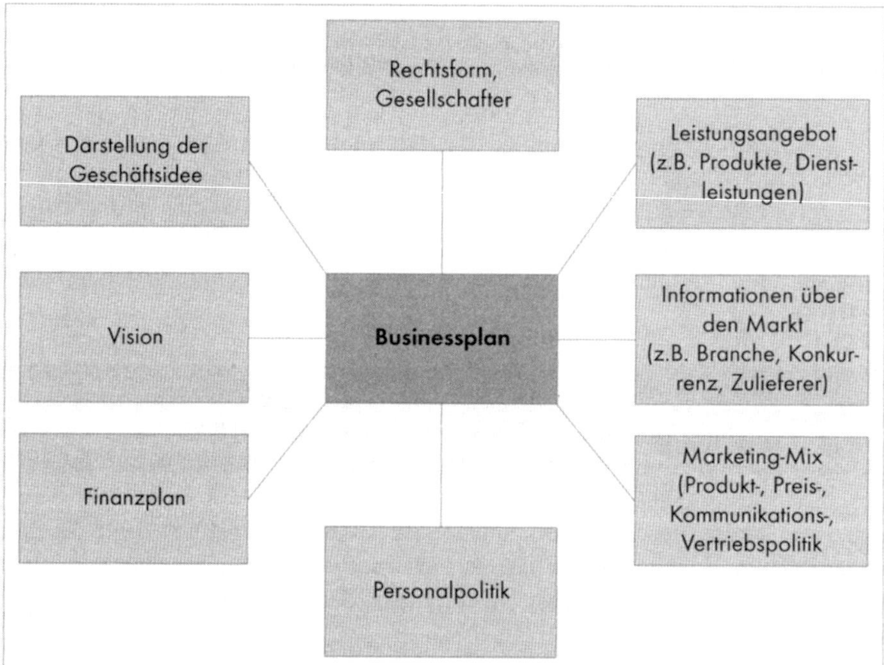

Abb. 6.1 Inhalte eines Businessplans

Ein Businessplan wird in erster Linie für die Kapitalgeber eines Unternehmens erarbeitet; er ist also wichtig für die **Finanzplanung**. Die Kapitalgeber wollen sich ein Bild über die Höhe des Finanzbedarfs machen und wissen, ob die Finanzplanung realistisch ist. In Abschnitt 6.3 werden wir näher auf das Thema Kapitalbeschaffung eingehen. Sobald der Existenzgründer mit dem notwendigen Kapital ausgestattet ist, geht es an die **Umsetzung** seiner Geschäftsidee. Jetzt müssen Personal eingestellt, Verträge abgeschlossen und betriebliche Abläufe organisiert werden.

Existenzgründer werden heute von vielen Seiten unterstützt. Dazu gehört einerseits die finanzielle Unterstützung durch Fördermittel oder Steuervergünstigungen und andererseits die Beratung in Gründungsfragen. Das Bundesministerium für Wirtschaft und Arbeit unterstützt Existenzgründer mit vielen wichtigen Informationen (www.bmwi.de).

6.2 Unternehmensnachfolge

Begriffe *Unternehmenswert • Ertragswertmethode • Substanzwertmethode*

Ein Unternehmer, der sein Unternehmen erfolgreich führt, muss eines Tages darüber nachdenken, wie das Unternehmen weiterbestehen soll, wenn er selbst die Geschäftsführung abgeben muss, z.B. weil er in Ruhestand geht. In den nächsten Jahren werden in Deutschland ca. 400.000 mittelständische Unternehmer einen **Nachfolger** suchen, um den Geschäftsbetrieb in jüngere Hände zu übergeben. Für den Nachfolger ist dies neben der Existenzgründung eine weitere Möglichkeit, Unternehmer zu werden. Die Unternehmensnachfolge sollte frühzeitig bedacht werden, damit es nicht zu vermeidbaren Konflikten kommt. Denn die Unternehmensnachfolge ist ein bedeutsamer Einschnitt für alle Beteiligten – für den früheren Inhaber, für den Nachfolger und auch für die Mitarbeiter. Alle Beteiligten sollten die Chance bekommen, sich an die neuen Gegebenheiten zu gewöhnen, z.B. an den **Generationenwechsel**, der meist mit einer Unternehmensnachfolge einhergeht. Bei der Klärung der Frage, wer konkret die Nachfolge antreten soll, gibt es zwei Möglichkeiten: ein Familienmitglied oder ein fremder Unternehmer. Soll das Unternehmen auf ein **Familienmitglied** übergehen, empfiehlt sich die **schrittweise gesellschaftsrechtliche Beteiligung**. Das bedeutet, dass dem Nachfolger nach und nach Gesellschaftsanteile übertragen werden. Dabei ist offensichtlich, dass der Nachfolgeprozess einen längeren Zeitraum, vielleicht fünf bis sieben Jahre, in Anspruch nehmen kann. Die Anteile können entweder im Rahmen einer **Schenkung** oder eines **Verkaufs** übertragen werden.

Der Verkauf des Unternehmens kommt auch an einen **familienfremden Unternehmer** infrage. Hier stellt sich für die Beteiligten die Frage nach dem **Unternehmenswert**. Der Wert eines Unternehmens lässt sich nicht ohne weiteres bestimmen und bietet somit häufig Anlass zu Differenzen zwischen den Inhabern und den Unternehmensnachfolgern: Der Nachfolger möchte einen möglichst geringen Kaufpreis zahlen; der Unternehmer hingegen überschätzt häufig den Wert seines Unternehmens. Das ist nachvollziehbar, da er viele Jahre der Mühe und Arbeit in das Unternehmen eingebracht hat. Überschätzt er allerdings den Unternehmenswert, kann es sehr schwierig für ihn werden, einen Käufer zu finden.

In den Wert des Unternehmens fließen **objektive** und **subjektive Kriterien** ein. Es spielen also nicht nur die betrieblichen Faktoren eine Rolle, sondern auch „weiche" Faktoren wie die Risikobereitschaft des Nachfolgers, das Alter und die finanzielle Situation der Beteiligten. Es gibt kein allgemein gültiges Verfahren, anhand dessen Unternehmen bewertet werden. Auf jeden Fall empfiehlt es sich, einen unbeteiligten Dritten zurate zu ziehen, der die beteiligten Parteien bei der Unternehmensbewertung unterstützt. Das kann beispielsweise ein Steuer- oder Unternehmensberater sein. In der Praxis werden folgende Verfahren der Unternehmensbewertung angewendet:

- Die **Ertragswertmethode** konzentriert sich auf die heutige und zukünftige Ertragskraft eines Unternehmens.
- Die **Substanzwertmethode** spielt eine eher untergeordnete Rolle, denn sie lässt keine Aussagen über die zukünftigen Entwicklungsmöglichkeiten des Unternehmens zu.

Bei der Ertragswertmethode stehen die Gewinne eines Unternehmens im Vordergrund. Bei der Substanzwertmethode steht der Wert der einzelnen Vermögensgegenstände im Vordergrund, z.B. Grundstücke, Maschinen und Vorräte.

In der Praxis wird häufig eine Kombination aus beiden Verfahren angewendet, wobei in der Regel der Ertragswert den Verkaufspreis zu 90 Prozent und der Substanzwert den Verkaufspreis zu 10 Prozent bestimmen.

6.3 Kapitalbeschaffung

Begriffe *Eigenkapital • Fremdkapital • Bankkredit • Venture Capital • Risikokapital • Bürgschaft • Factoring • Bonität • Leasing • Beteiligung*

Zu den notwendigen Voraussetzungen für ein erfolgreiches Unternehmen zählt auch die Ausstattung mit dem erforderlichen Kapital. Es unterscheiden sich zwei grundsätzliche Formen des **Unternehmenskapitals**:

- **Eigenkapital**
  Das Eigenkapital wird vom Inhaber, den Eigentümern oder den Gesellschaftern in Form von Einlagen oder Gewinnen unbefristet zur Verfügung gestellt. Das Eigenkapital der GmbH ist das **Stammkapital**. Bei der AG ist es das **Grundkapital**. Es muss nicht verzinst oder zurückgezahlt werden.

- **Fremdkapital**
  Das Fremdkapital wird dem Unternehmen von Dritten für begrenzte Zeit mit der Verpflichtung zur Tilgung (Rückzahlung) plus Zinsen zur Verfügung gestellt. Arten des Fremdkapitals sind Verbindlichkeiten (z.B. Bankschulden, Lieferantenschulden, Anleihen) und Rückstellungen für ungewisse Schulden (z.B. für Pensionen).

Das Kapital eines Unternehmens setzt sich aus Eigenkapital und Fremdkapital zusammen.

Ein Unternehmen kann sein Eigenkapital erhöhen, indem die Gesellschafter Geld zuschießen oder Teile des Gewinns zugeführt werden. Wird jedoch mehr Geld benötigt, als über Einlagen und Gewinne kurzfristig erwirtschaftet werden kann, wird der Unternehmer auf Fremdkapital zurückgreifen. Hierzu ein Beispiel:

Geschäftsführer Meier von der „Hoch und Tief GmbH" benötigt für sein Bauunternehmen dringend einen neuen Kran. Er sieht sich auf dem Gebrauchtmarkt für Kräne um und stellt fest, dass ein 3 Jahre alter Kran ca. 40.000 Euro kostet. Da die „Hoch und Tief GmbH" nicht selbst über so viel Geld verfügt, überlegt sich Herr Meier nun, woher er kurzfristig das notwendige Geld für den Kran bekommen kann. Glücklicherweise war Herr Meier Telekollegiat und kennt daher mehrere Möglichkeiten der Kapitalbeschaffung:

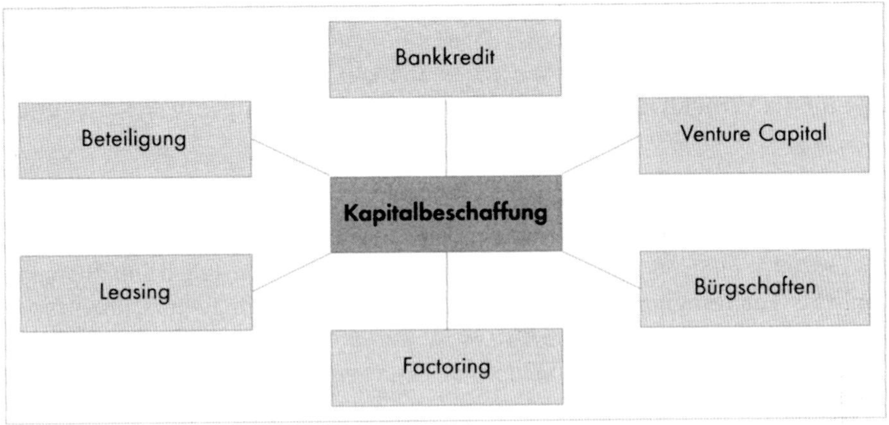

Abb. 6.2 Möglichkeiten der Kapitalbeschaffung

- **Bankkredit**
  Einem Unternehmer, der über Fremdkapitalbeschaffung nachdenkt, wird zuerst ein Bankkredit in den Sinn kommen. Die Bank gewährt dem Unternehmer einen Kredit in der erforderlichen Höhe, den der Unternehmer innerhalb eines festgelegten Zeitraums zu bestimmten Raten und mit Zinsen zurückzahlt. Um einen Kredit zu bekommen, muss der Unternehmer ausreichende Sicherheiten wie Grundstücke oder Maschinen nachweisen können. Für den Fall, dass er den Kredit nicht zurückzahlen kann, übernimmt die Bank diese Sicherheiten und löst den Kredit damit ab.

- **Venture Capital**
  Möchten junge Unternehmen eine Produktidee kurzfristig durchsetzen, ist für viele, besonders für kleinere Unternehmen, das Eigenkapital oft zu gering. Der Weg über einen Bankkredit ist unwahrscheinlich, da dem Kapitalgeber eine „brillante Idee" keine dingliche Sicherheit bietet. Gefragt sind also Kapitalgeber, die bereit sind, für erfolgversprechende Produktideen große Verluste zu riskieren – die im Erfolgsfall aber auch kräftige Gewinne erwarten können. Unter VC versteht man also die zunächst **kostenlose Bereitstellung** von langfristigem **Wagnis-** bzw. **Risikokapital**. Die VC-Gesellschaften stellen jedoch nicht nur das Risikokapital zur Verfügung, sondern bringen auch **Managementerfahrung** und **Branchenkontakte** in das junge Unternehmen mit ein. Die Beteiligungshöhe der VC-Gesellschaft beträgt maximal 49 Prozent. Das Risikokapital gehört zum Eigenkapital, auf das weder Zins noch Tilgung zu leisten ist. VC-Gesellschaften fördern meist junge Unternehmen in Branchen mit hohem Wachstumspotenzial wie z.B. der Biotechnologie. Um VC zu erhalten, muss ein Unternehmen jedoch einen fundierten **Businessplan** vorlegen.

- **Bürgschaften**
  Bei einer Bürgschaft übernimmt ein Bürge die Haftung für eine Verbindlichkeit für den Fall, dass der Schuldner diese nicht selbst zahlen kann. Dies ist insbesondere dann der Fall, wenn das Unternehmen über keine ausreichenden Sicherheiten verfügt. Diese Bürgschaften werden auch **Ausfallbürgschaften** genannt. Es existieren zahlreiche Bürgschaftsbanken, die Ausfallbürgschaften unter der Voraussetzung übernehmen, dass das Vorhaben betriebswirtschaftlich sinnvoll ist. Bürgschaften können jedoch auch von Personen übernommen werden. Es wird dann geprüft, ob der Bürge die Bürgschaft übernehmen kann. Einzelpersonen kommen bei Bürgschaften im Unternehmensbereich daher nur selten in Frage, weil die Summen, die hier im Raum stehen, selten von einer Privatperson erbracht werden können. Denn schließlich muss der Bürge für die Verbindlichkeiten aufkommen, wenn es der eigentliche Schuldner nicht mehr kann.

- **Factoring**
  Factoring ist der **Ankauf von Forderungen** aus Lieferungen durch ein **Factoringinstitut**. Das Factoringinstitut kauft von seinem Factoringkunden Geldforderungen im Rahmen eines Vertrages an. Das Factoringinstitut prüft die **Bonität*** der Abnehmer und übernimmt das volle Ausfallrisiko der Forderungen (vgl. Abb. 6.3). Bei diesem Verfahren verkauft der Factoringkunde praktisch seine Geldforderungen an das Factoringinstitut weiter. Das Institut ist ab diesem Zeitpunkt der Gläubiger der Forderung. Das Factoring gewährt insbesondere kleinen und mittelständischen Unternehmen **Sicherheit vor Zahlungsausfällen** ihrer Abnehmer. Factoringinstitute vermittelt beispielsweise der Deutsche Factoring-Verband e.V.

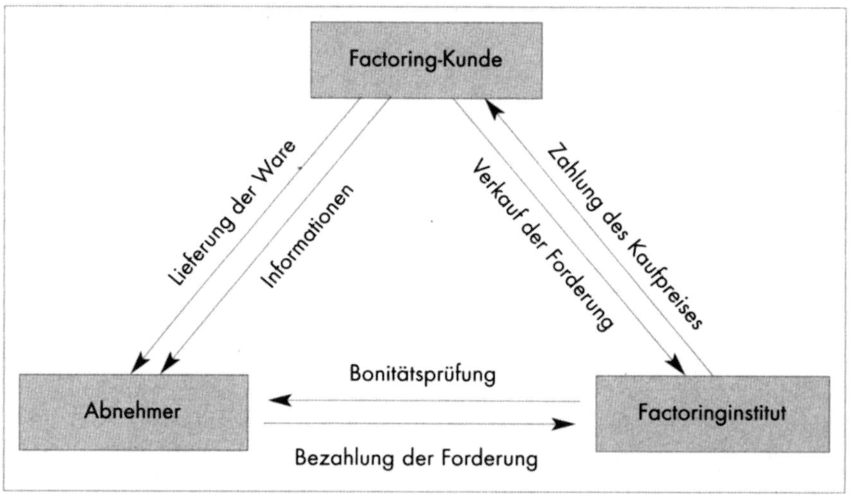

Abb. 6.3 Zusammenhänge beim Factoring

* Bonität: die Kreditwürdigkeit eines Unternehmens

- **Leasing**
Für den Erwerb von modernen technischen Anlagen müssen Unternehmen meist hohe Anschaffungspreise zahlen. Oft veralten diese Anlagen schnell, bereits nach wenigen Jahren kann z.B. eine Computeranlage überholt sein. Dann müsste das Unternehmen eine neue teure Anlage anschaffen, doch das wird auf Dauer zu teuer. Beim Leasing werden Gegenstände des betrieblichen Anlagevermögens (z.B. Maschinen, Pkws) auf Basis eines Leasingvertrages an den Leasingnehmer vermietet. Der **Leasingvertrag** ist vereinfacht gesehen ein **mittel-** oder **langfristiger Kredit**. Statt einer Zinszahlung ist eine **monatliche Miete** zu zahlen. Es wird eine Grundmietzeit vereinbart, bei deren Ende der Leasinggegenstand zurückzugeben ist oder zu einem vergleichsweise geringen Preis erworben werden kann. Dadurch können Unternehmen rasch veraltende Anlagen schnell erneuern.

- **Beteiligung**
Eine Beteiligung ist eine dauernde oder vorübergehende Kapitaleinlage einer Person oder eines Unternehmens bei einer Handelsgesellschaft (z.B. OHG, KG, AG), verbunden mit Gewinn- und Risikobeteiligung. Meistens handelt es sich um erworbene Aktien, GmbH-Anteile und Anteile an Personengesellschaften. Sie sollen dauernd oder zumindest langfristig dem Zweck des Unternehmens dienen. Beteiligungen dienen vornehmlich der Einflussnahme und weniger der Geldanlage; in Industriebetrieben z.B. sichern sie häufig den Bezug von Werkstoffen oder den Absatz der Erzeugnisse. Durch die Beteiligung erhöht sich das Eigenkapital eines Unternehmens.

Aufgaben zur Lernkontrolle

1. Was ist eine Geschäftsidee?

2. Erläutern Sie den Begriff „Businessplan“ und nennen Sie drei wichtige Bestandteile.

3. Welche grundsätzlichen Methoden kennen Sie, um den Unternehmenswert zu bestimmen? Erläutern Sie die Methoden jeweils kurz.

4. Worin unterscheiden sich Eigen- und Fremdkapital?

5. Herr Meier, Geschäftsführer der „Hoch und Tief GmbH“ möchte für sein Unternehmen einen Kran beschaffen, der ca. 40.000 Euro kostet. Welche Möglichkeiten der Kapitalbeschaffung hat er? Nennen und erläutern Sie vier.

7 Die betriebliche Wertschöpfungskette

Die Kernaufgabe von Unternehmen liegt darin, Produkte oder Dienstleistungen zu erstellen. Um zu dem gewünschten **Output** (das entsprechende Produkt) zu gelangen, durchlaufen die eingesetzten **Inputfaktoren** (Produktionsfaktoren) einen Transformationsprozess (vgl. auch Abschnitt 1.2, Abb. 1.1). Mit diesem Transformationsprozess verbinden die Unternehmen zwei grundlegende Zielsetzungen:

- Der Transformationsprozess ist so **effizient** wie möglich zu gestalten, d.h. es soll keinen unnötigen Verbrauch der Inputfaktoren wie Arbeitszeit oder Materialverbrauch geben.
- Durch den Transformationsprozess muss ein **zusätzlicher Wert** geschaffen werden, d.h. der Wert des Outputs bzw. der produzierten Güter soll den Wert der eingesetzten Input- bzw. Produktionsfaktoren übersteigen.

Der Transformationsprozess ist somit ein **Wertschöpfungsprozess**. Die Differenz zwischen dem Wert der eingesetzten Inputfaktoren und dem Wert des Outputs bezeichnet man als **Wertschöpfung**. Betrachtet man das Unternehmen und seine für die Wertschöpfung wesentlichen Prozesse, erhält man die **betriebliche Wertschöpfungskette**. Michael Porter, der das System der Wertschöpfungskette erstmals beschrieb, unterscheidet **primäre** und **unterstützende Aktivitäten**, die zur betrieblichen Wertschöpfung beitragen (vgl. Abb. 7.1).

Primäre Aktivitäten sind Prozesse, die unmittelbar auf die Produkte und Dienstleistungen des Unternehmens einwirken. Unterstützende Aktivitäten wirken indirekt auf die Leistungserstellung ein, indem sie die primären Aktivitäten bei ihrer Leistungserstellung unterstützen.

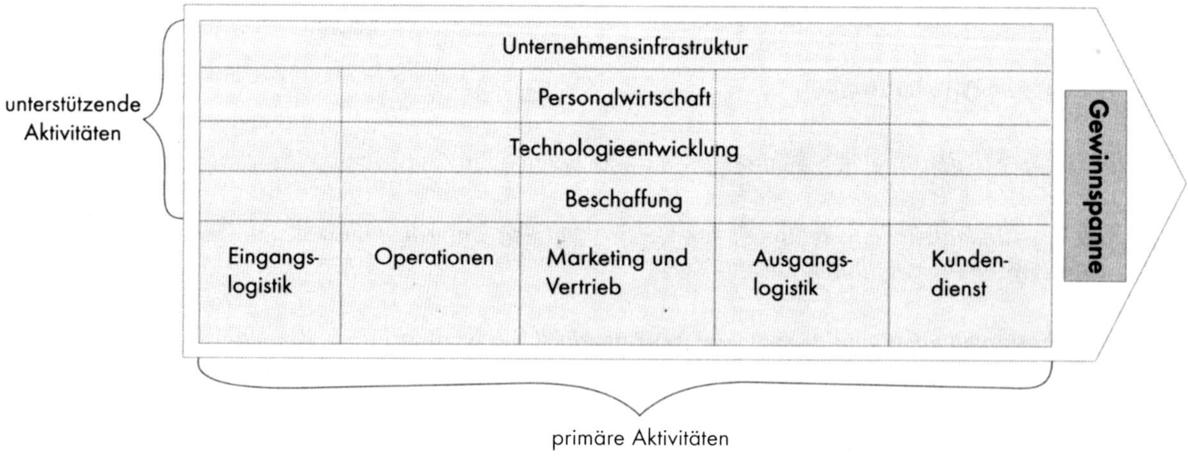

Abb. 7.1 Wertschöpfungskette nach Porter

Diese Lektion behandelt zentrale Prozesse der betrieblichen Wertschöpfungskette: Materialwirtschaft (Beschaffung und Logistik), Produktion (Operationen) und Absatz (Marketing und Vertrieb).

7.1 Die Materialwirtschaft

Bei der Herstellung eines Pkw fließt eine Vielzahl von Materialien in den Produktionsprozess ein. Es werden z.B. Bleche aus Aluminium für die Karosserie, Stoffe und Leder für Sitzbezüge, Schrauben für die Zusammenfügung der einzelnen Teile sowie Schmierstoffe für die Instandhaltung der produzierenden Maschinen benötigt. Doch nicht nur Industriebetriebe, die Konsum- und Investitionsgüter herstellen, benötigen vielfältige Materialien, sondern auch Dienstleistungsbetriebe wie z.B. Autowerkstätten brauchen Materialien wie Ersatzteile und Werkzeuge. Zu den **Aufgaben der Materialwirtschaft** zählen die Beschaffung, Lagerung, Verteilung und Entsorgung der verwendeten Materialien.

> **Die Materialwirtschaft umfasst alle Aktivitäten, die für die Versorgung des Unternehmens mit den für die Produktion notwendigen Materialien erforderlich sind. Dazu gehört auch der Kauf von Waren, die das Unternehmen nicht selbst produziert, aber an die Kunden vertreibt.**

7.1.1 Objekte der Materialwirtschaft

Begriffe Rohstoffe • Hilfsstoffe • Betriebsstoffe • Werkstoffe

Roh-, Hilfs- und Betriebsstoffe fließen in die Wertschöpfung als Input ein. Sie stehen im Mittelpunkt materialwirtschaftlicher Entscheidungen und Handlungen.

- **Rohstoffe** sind Materialien, die den Hauptbestandteil eines Produktes bilden. Streng genommen sind Rohstoffe aus der Natur gewonnene Sachgüter, die noch nicht weiterverarbeitet wurden. Ihre Form und Eigenschaften ändern sich durch ihre weitere Verarbeitung. Beispiele hierfür sind Baumwolle, Eisenerz und Rohöl. Im weiteren Sinn werden auch so genannte **Halbfertigerzeugnisse** als Rohstoffe bezeichnet. Textilien sind z.B. Halbfertigerzeugnisse, die zu Produkten wie Kleidung oder Autositzbezügen weiterverarbeitet werden. Für einen Bekleidungshersteller sind Textilien also Rohstoffe für seine Produkte.

- **Hilfsstoffe** sind ebenfalls Bestandteile des gefertigten Erzeugnisses. Im Vergleich zu den Rohstoffen sind sie aber kein Hauptbestandteil des Produktes, sondern haben nur einen geringen mengen- und wertmäßigen Anteil. Ohne sie ist die Herstellung des Produktes jedoch meist nicht möglich. Beispiele für Hilfsstoffe bei der Möbelherstellung sind Leim, Schrauben, Dübel und Lack.

- **Betriebsstoffe** ermöglichen den Leistungsprozess. Sie werden für die Reparatur, Pflege und Wartung der technischen Ausstattung eines Betriebes (z.B. Anlagen, Maschinen, Büroeinrichtungen, Grundstücke und Gebäude) gebraucht. Zu den Betriebsstoffen zählt man z.B. elektrischen Strom, Kraft- und Schmierstoffe, Verschleißwerkzeuge und Ersatzteile, Kühl- und Reinigungsmittel oder Büromaterial.

> **Roh-, Hilfs- und Betriebsstoffe zusammen ergeben die Werkstoffe eines Betriebes.**

7.1.2 Materialbeschaffung

Begriffe *Materialbedarf • Primärbedarf • Sekundärbedarf • ABC-Analyse • optimale Bestellmenge • Beschaffungskosten • Bestellkosten • Lagerhaltungskosten • Beschaffungszeitpunkt • Sicherheitsbestand • Meldebestand • Höchstbestand*

Bei der Beschaffung von Materialien kommt es darauf an, einen bestmöglichen Ausgleich zwischen der sicheren Versorgung der Produktion einerseits und der Minimierung der Kosten andererseits zu erzielen. Um dies zu erreichen, muss der Einkauf vor der Materialbeschaffung bestimmte Fragen klären: Was und wie viel soll spätestens wann beschafft werden? Zu welchen Konditionen und von wem soll das Material gekauft werden?

❶ Was soll beschafft werden?

Der Einkauf muss zunächst wissen, welchen **Materialbedarf** die Produktion hat. Grundlage einer Bedarfsanalyse bildet das **Fertigungsprogramm**, das den **Primärbedarf** eines Unternehmens bestimmt. Es legt fest, welche Aufträge von der Fertigung in einer bestimmten Periode ausgeführt werden. Das Fertigungsprogramm wird im Wesentlichen von den eingegangen Kunden- oder Lageraufträgen bestimmt.

- **Lageraufträge** werden aufgrund von Marktforschungen erteilt. Sie ermitteln, was der jeweilige Markt benötigt.
- **Kundenaufträge** sind direkt vom Kunden eingegangene Aufträge.

Des Weiteren ist zu untersuchen, welche Materialien für die in Auftrag gegebenen Erzeugnisse benötigt werden. Man spricht von **Sekundärbedarf**. Diese Information erhält man aus Stücklisten. **Stücklisten** sind Verzeichnisse über Rohstoffe, Teile und Baugruppen von Erzeugnissen, die Auskunft darüber geben, welche und wie viele Materialien man für die Produktion benötigt. Eine Stückliste enthält beispielsweise die Anzahl von Schrauben, die für einen Motor gebraucht werden. Der endgültige Bedarf wird schließlich durch die Einbeziehung des vorhandenen Bestandes und des ungeplanten zusätzlichen Bedarfs wie Ausschuss oder Schwund berechnet.

> *Der sich aus dem Fertigungsprogramm ergebende Bedarf wird Primärbedarf genannt.*
>
> *Mithilfe von Stücklisten lässt sich der Sekundärbedarf an Materialien für ein bestimmtes Produkt ermitteln.*
> *Sekundärbedarf = Bedarf an Erzeugnissen × Bestandteile des jeweiligen Erzeugnisses*

In ein Produkt fließen unterschiedlichste Materialien mit unterschiedlichen Werten ein. Ein Pkw etwa enthält wertvolle Bestandteile, z.B. das Getriebe, aber auch Bestandteile, die nur wenige Cent kosten. Darum nimmt man üblicherweise eine **Materialklassifizierung** in A-, B- und C-Güter vor: **A-Güter** haben einen hohen Wert, aber nur einen geringen Mengenanteil am Produkt. Der Wert der **C-Güter** ist gering, dafür ist deren Menge hoch. **B-Güter** liegen dazwischen. Mittels einer **ABC-Analyse** lässt sich feststellen, mit welcher Häufigkeit die einzelnen Materialklassen vorzufinden sind (vgl. Abb. 7.2) Die Erfahrung zeigt, dass A-Güter einen Wertanteil von 80 Prozent und einen Mengenanteil von 10 Prozent haben. B-Güter dagegen haben einen Wertanteil von 15 Prozent und einen Mengenanteil von 20 Prozent während C-Güter lediglich 5 Prozent Wertanteil haben, deren Mengenanteil jedoch bei 70 Prozent liegt.

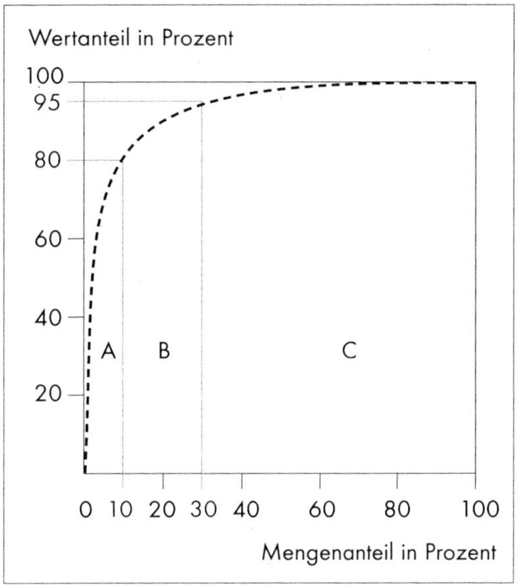

Abb. 7.2 ABC-Analyse

❷ Welche Menge muss beschafft werden?

Hat man den tatsächlichen Bedarf ermittelt, so stellt sich die Frage, wie oft und in welcher Menge Material nachbestellt werden muss, um eine reibungslose Fertigung zu gewährleisten. Bei der Materialbestellung gibt es zwei grundsätzliche Strategien:

– Es werden große Materialmengen in großen Zeitabständen bestellt.
– Es werden kleinere Materialmengen in kürzeren Zeitabständen bestellt.

Für die Wahl der **optimalen Bestellmenge** und der sich daraus ergebenden optimalen Bestellhäufigkeit muss die optimale Gewichtung von Beschaffungs-, Bestell- und Lagerhaltungskosten gefunden werden.

- Unter **Beschaffungskosten** versteht man Kosten, die durch Materialbestellungen entstehen und von der Bestellmenge abhängig sind. Sie setzen sich aus den Einstandspreisen für die Materialien zusammen. **Einstandspreise** sind die Anschaffungspreise für Waren, Rohstoffe oder Anlagen, die alle Einkaufsnebenkosten wie anteilige Zölle oder Verpackung enthalten und um Preisnachlässe gekürzt sind.

- Die **Bestellkosten** entstehen ebenfalls durch Materialbestellungen. Im Gegensatz zu den Beschaffungskosten sind sie von der Materialmenge unabhängig. Es sind Kosten, die im Rahmen der Bestellabwicklung z.B. für die Beschaffung im Einkauf, für Materialprüfungen in der Qualitätskontrolle oder für Rechnungsprüfungen im Rechnungswesen angesetzt werden.

- **Lagerhaltungskosten** entstehen durch die Lagerung des Materials. Sie beinhalten z.B. Kosten für den Lagerraum, das Personal, die Heizung oder auch die entgangenen Zinsen des gebundenen Kapitals. Als **gebundenes Kapital** wird das gelagerte Material bezeichnet, da das Kapital mit dem es eingekauft wurde, nicht anderweitig ausgegeben oder angelegt werden kann. Dadurch entgehende Zinsen werden den Lagerhaltungskosten zugerechnet.

Es lässt sich also zusammenfassen: Je häufiger der Einkauf Material bestellt, desto höher sind die Bestellkosten. Je größer die Materialmengen sind, die angefordert werden, umso höher sind die Lagerhaltungskosten.

> ***Durch große Beschaffungsmengen fallen hohe Lagerhaltungskosten und niedrige Bestellkosten an.***
>
> ***Durch kleine Beschaffungsmengen fallen geringe Lagerhaltungskosten und hohe Bestellkosten an.***

❸ Wann soll spätestens beschafft werden?

Für die Materialbeschaffung ist neben der optimalen Bestellmenge, auch der Beschaffungszeitpunkt von großer Bedeutung. Der **Beschaffungszeitpunkt** ist vom **Lagerbestand** und vom **Materialverbrauch** abhängig. Ebenso ist der Wiederbeschaffungszeitraum bei der Materialbestellung zu berücksichtigen, damit der Materialbestand wieder rechtzeitig aufgefüllt werden kann. Unter **Wiederbeschaffungszeitraum** versteht man die Zeitspanne, die sich vom Zeitpunkt der Bestellung bis zum Eintreffen der Lieferung erstreckt. Damit ein Unternehmen nicht von außerplanmäßigen Ereignissen überrascht wird wie Lieferzeitverzögerungen (z.B. durch Streiks) oder unvorhergesehenem Materialverbrauch (z.B. durch Ausschuss), ist es ratsam einen **Sicherheitsbestand** einzuplanen. Der Sicherheitsbestand wird auch „eiserner Bestand", Mindestbestand oder Reserve genannt. Dieser darf unter normalen Bedingungen nicht berührt werden.

Der richtige Zeitpunkt für die Bestellung ist gekommen, wenn der Meldebestand im Materiallager erreicht wird. Der **Meldebestand** ist eine zuvor festgelegte Materialmenge, die als Signalgeber fungiert. Sinkt z.B. der Bestand an Schrauben auf den Meldebestand von 20.000 Stück, weiß der Einkauf, dass der Vorrat allmählich zur Neige geht und Nachschub besorgt werden muss. Darum nennt man den Meldebestand auch **Bestellbestand** oder **Bestellpunktbestand**.

> ***Der Sicherheitsbestand ist ein Pufferbestand, der unvorhergesehenen Einflüssen auf den Lagerbestand vorbeugen soll.***
>
> ***Bei Erreichen des Meldebestandes muss die Bestellung des Materials erfolgen, damit der Sicherheitsbestand im Verlauf der Wiederbeschaffungszeit verschont bleiben kann.***

Bei der Bestellung des Materials ist zu beachten, dass der maximal zu erreichende Bestand nicht überschritten wird, weil sonst die Lagerkosten zu hoch steigen. Der Bestand der maximal erreicht werden darf, wird auch als **Höchstbestand** bezeichnet (vgl. Abb. 7.3).

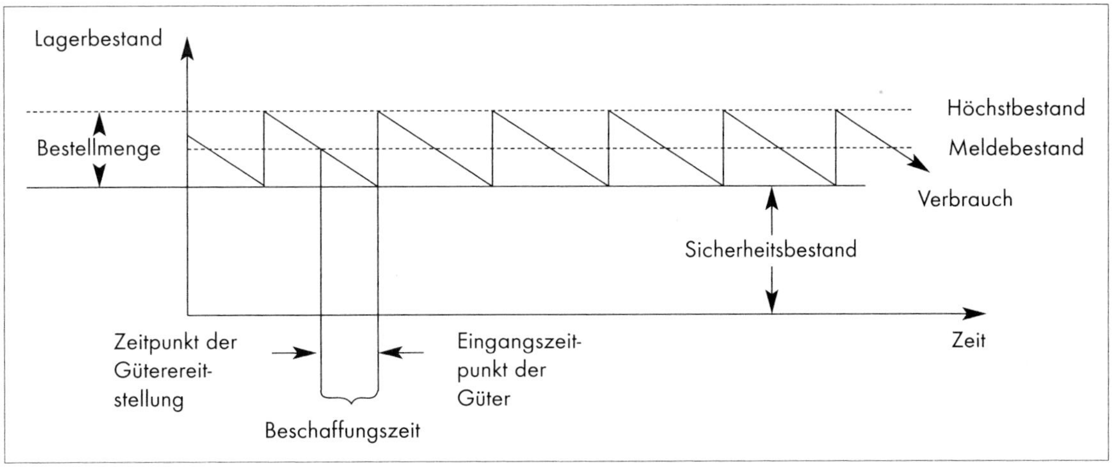

Abb. 7.3 Lagerbestand

❹ Zu welchen Konditionen und vom wem soll das Material gekauft werden?

Bevor das Unternehmen einen Lieferanten für die benötigten Materialien auswählt, stellt es Überlegungen an, zu welchen Konditionen es das Material einkaufen möchte.
Dabei ist z.B. zu überlegen

- zu welchem **Preis** (unter Berücksichtigung von Rabatten und Skonti),
- zu welcher **Qualität**,
- zu welchen **Lieferbedingungen** (z.B. Lieferung ab Werk/frei Haus oder Lieferung auf Abruf),
- zu welchen **Zahlungsbedingungen** (z.B. Vorauszahlungen, Zahlungsziel)

die Ware bezogen werden soll. Die anschließende Auswahl der infrage kommenden Lieferanten sollte auch unter den Gesichtspunkten ihrer Zuverlässigkeit, Termintreue und Bereitschaft zur Kooperation (z.B. bei Warenrücknahme) erfolgen.

7.1.3 Materiallagerung, -verteilung und -entsorgung

Begriffe ***Materialfluss • Logistik • Recycling***

Materiallagerung

Der **Materialfluss** eines Unternehmens beginnt mit der Beschaffung der Materialien, geht über ihre Verwendung bei der Produktion und endet bei der Vermarktung der gefertigten Produkte bzw. bei der Materialentsorgung. Die Materialien werden nach der Beschaffung jedoch nicht sofort aufgebraucht und die fertigen Produkte meist nicht gleich an den Kunden ausgeliefert. Das Material sammelt sich also, und um dies zu regulieren, muss das Material **gelagert** werden. Dabei durchläuft es verschiedene Lagerstufen:

❶ Die **erste Lagerstufe** umfasst alle Lagerungen der Materialien bevor sie für die Produktion gebraucht werden. Das bedeutet, die Materialien werden von den Lieferanten geliefert und dann in **Eingangs-** und **Beschaffungslager** gebracht, bis sie für die Produktion benötigt werden. Die erste Lagerstufe dient deshalb als Puffer zwischen Beschaffung der Materialien und ihrer Verwendung in der Produktion.

❷ Die **zweite Lagerstufe** übernimmt alle Lagertätigkeiten, die parallel zur Fertigung anfallen. Materialien, die bereits in den Produktionsprozess eingearbeitet wurden und nun bis zu ihrer weiteren Verarbeitung zwischengelagert werden müssen, kommen in so genannte **Werkstattlager**.

❸ Die **dritte Lagerstufe** betrifft die Lagerung der aus der Produktion fertig hervorgehenden Erzeugnisse. Sie bringt man in **Erzeugnislager** unter, solange sie nicht an die Kunden ausgeliefert werden.

Materialverteilung

Neben der Lagerung benötigt ein reibungsloser Materialfluss im Unternehmen ein gutes System, das den Transport und die Verteilung des Materials steuert. Die Notwendigkeit von Transport und Verteilungsprozessen beginnt mit der Beschaffung von Material und endet mit dem Verkauf der Produkte. Oftmals wird in diesem Zusammenhang der Begriff **Logistik** mit ins Spiel gebracht. Er stammt aus dem militärischen Bereich und bezieht sich dort auf Tätigkeiten des Transport-, Nachschub- und Versorgungswesens von Streitkräften.

> ***Unter dem Begriff der Logistik im industriellen Bereich versteht man alle Prozesse, die der Bereitstellung von Materialien und Produkten nach Art, Menge, Zeit und Raum dienen.***

Zu den **Aufgaben der Logistik** gehören:

- Lagerleistung
- Bestellungsabwicklung
- Bestellüberwachung
- Eingangskontrolle
- Verfügbarkeitskontrolle
- Steuerung und Planung im Beschaffungs-, Produktions- und Distributionsbereich.

Logistik ist ein Teilsystem der Materialwirtschaft, das sich als selbstständiger Aufgabenbereich innerhalb der Materialwirtschaft etabliert hat. Die Tätigkeit der Logistik beschränkt sich jedoch nicht nur auf die Prozesse, die für die Bereitstellung von Materialien und Produkten sorgen, sondern regelt ebenso den Energie- und den Informationsfluss sowie die Bereitstellung von Personen. Sie reicht somit über den Bereich der Materialwirtschaft hinaus.

Materialentsorgung

Die Materialwirtschaft nimmt auch die Aufgabe der Materialentsorgung wahr. Dabei gibt es die Möglichkeit, die als Abfall bezeichneten Reste der Materialien zu recyceln, zu vernichten oder zu entsorgen. Beim **Recycling** werden Abfälle durch bestimmte Verfahren für den Produktionsprozess oder andere Prozesse wieder verwendbar gemacht. **Abfallvernichtung** und **Abfallentsorgung** sind notwendig, wenn sich die Abfälle nicht recyceln lassen. Aus Gründen des Umweltschutzes sollte jedes Unternehmen darauf bedacht sein, **Abfälle** zu **vermeiden** und die **Abfallmenge** möglichst **gering zu halten**.

7.2 Die Produktion

Begriffe *Produktionsprogramm • Fertigungsbreite • Make-or-Buy-Entscheidungen • Fertigungstiefe • Bereitstellungsplanung • Gestaltung des Produktionsprozesses • Produktionsverfahren • Organisations- und Prozesstypen der Produktion*

Der Begriff „Produktion" wird sowohl für die wertschöpfenden Aktivitäten von Dienstleistungsbetrieben als auch für jene der Industriebetriebe verwendet. Wir werden uns nachfolgend auf die Leistungserstellung in Industriebetrieben konzentrieren. In Industriebetrieben wird die Produktion auch als **Fertigung** bezeichnet. Dabei hat die **Produktionswirtschaft** die Aufgabe, die industrielle Fertigung zu planen, durchzuführen und zu kontrollieren. Bei der Erfüllung ihrer Aufgabe hat sie bestimmte **Ziele** vor Augen, z.B. die Minimierung der Durchlaufzeiten und die Einsparung von Transportkosten.

7

> *Unter Produktion versteht man die Umwandlung der Produktionsfaktoren in Produkte. Dies geschieht mithilfe ausgewählter Produktionsverfahren.*

Ausgangspunkt produktionswirtschaftlicher Überlegungen ist dabei immer das Produkt bzw. das Erzeugnis. Folgende wichtige Schritte müssen dabei bedacht werden:

- Gestaltung des **Produktionsprogramms** (Was wird produziert?),
- Bereitstellung der **Produktionsfaktoren** (Welche Betriebsmittel, Werkstoffe, Arbeitsleistung werden für die Fertigung benötigt?),
- Ablauf des **Produktionsprozesses** (Wie wird der Produktionsablauf organisiert?).

Gestaltung des Produktionsprogramms

Das Produktionsprogramm legt fest, welche Produkte in welchen Mengen und zu welchen Zeiten produziert werden. In enger Zusammenarbeit mit dem Bereich Absatz und Marketing muss zunächst der Markt bestimmt werden, an dem das Unternehmen die Produkte anbieten möchte. So kann z.B. ein Automobilkonzern die Entscheidung treffen, dass er mit der Produktion von Motorrädern einen weiteren Markt erschließen will. Im nächsten Schritt stehen Überlegungen über die zu fertigenden Produkte an. Der Automobilkonzern muss z.B. entscheiden, ob Geländemotorräder oder Straßenmotorräder produziert werden sollen. Bei der Gestaltung der Produkte ist der Bereich Forschung und Entwicklung von großer Bedeutung. Zudem muss die **Fertigungsbreite** festgelegt werden. Ein wichtiger nächster Schritt ist die Entscheidung, ob das Unternehmen alle Teile der Produkte selbst herstellt oder gewisse Teile von anderen Firmen produzieren lässt und sie von diesen einkauft. Man spricht dann von **Make-or-Buy-Entscheidungen**, **Outsourcing** oder der Festlegung der **optimalen Fertigungstiefe**.

Unter Fertigungsbreite versteht man die Zahl der zu fertigenden Produktarten und Produktformen (Varianten).

Die Fertigungstiefe ergibt sich durch die Zahl der Fertigungsstufen, die für die Produktion eines bestimmten Produktes notwendig sind.

Je mehr Teile ein Unternehmen von außen bezieht, desto weniger Fertigungsschritte sind notwendig, um das Produkt zu produzieren und desto geringer ist die Fertigungstiefe. Die Festlegung der Fertigungstiefe beeinflusst wichtige betriebliche Größen, z.B. die Gestaltung der Betriebsmittel, die Kostenhöhe und -struktur, die Höhe der Kapitalbindung, die Anzahl der Mitarbeiter, die Flexibilität der Produktion.

Bereitstellung der Produktionsfaktoren

Damit Güter überhaupt produziert werden können, ist sicherzustellen, dass die notwendigen Produktionsfaktoren verfügbar sind. Die **Bereitstellungsplanung** erstreckt sich dabei über die notwendigen Betriebsmittel, die Werkstoffe und die Arbeitsleistung.

- **Bereitstellung von Betriebsmitteln**
  Betriebsmittel sind alle beweglichen und unbeweglichen Mittel, die der Leistungserstellung dienen. Dazu gehören Grundstücke, Gebäude, Maschinen und maschinelle Anlagen sowie Werkzeuge. Auch Rechte, Patente, und Lizenzen zählen zu den Betriebsmitteln.

- **Bereitstellung von Arbeitskräften**
  Sie erfolgt im Rahmen der Personalplanung, die wir in Lektion 9 ausführlich behandeln werden.

- **Bereitstellung von Werkstoffen**
  Sie wird vorwiegend von der Materialwirtschaft vorgenommen (vgl. Abschnitt 7.1).

Gestaltung des Produktionsprozesses

Für die effiziente Gestaltung des Produktionsprogramms müssen die Leistungserstellungsprozesse sinnvoll geplant und organisiert werden. Das heißt, es müssen geeignete **Produktionsverfahren** gefunden werden.

Produktionsverfahren beantworten die Frage, wie ein Industriebetrieb die Kombination der Produktionsfaktoren organisatorisch und technisch löst, plant und steuert.

Produktionsverfahren strukturieren die räumlichen und zeitlichen Arbeits- und Bewegungsvorgänge in der Fertigung. Zudem planen und steuern sie die Produktionsdurchführung. Man unterscheidet Organisations- und Prozesstypen der Produktion. Unter **Organisationstypen der Produktion** versteht man Produktionsverfahren, die den organisatorischen Ablauf in der Fertigung regeln. Sie fassen die vorhandenen Betriebsmittel und Arbeitsplätze räumlich und zeitlich zu Arbeitseinheiten zusammen. **Prozesstypen der Produktion** hingegen sind Produktionsverfahren, welche die Wiederholungshäufigkeit eines Produktionsprozesses festlegen.

Wichtige Organisationstypen

- Eine **Werkstattfertigung** liegt vor, wenn Betriebsmittel und Arbeitsplätze, die gleichartige Funktionen im Produktionsprozess erfüllen, räumlich zusammengefasst werden. Es entstehen räumlich abgetrennte Werkstätten, z.B. Dreherei und Schlosserei eines Betriebes. Der Produktionsprozess wird den einzelnen Werkstätten entsprechend in Teilschritte zerlegt. So übernimmt eine Werkstatt z.B. die Montage eines Pkws und eine weitere Werkstatt das Lackieren. **Vorteile** der Werkstattfertigung sind die hohe Spezialisierung der Mitarbeiter und die Flexibilität gegenüber Nachfrageänderungen. Ein **Nachteil** der Werkstattfertigung liegt in ihrer aufwändigen Ablaufplanung, die eine umfangreiche Terminplanung und -kontrolle notwendig macht. Des Weiteren müssen die Produkte von einer Werkstatt in die nächste transportiert werden, wodurch Kosten entstehen. Außerdem kann es zu Wartezeiten zwischen den einzelnen Werkstätten kommen. Werkstattfertigung ist demnach nur sinnvoll, wenn man den Arbeitsablauf in der Produktion nicht standardisieren kann, weil häufig unterschiedliche Produkte gefertigt werden müssen.

- Bei der **Reihenfertigung** sind Betriebs- und Arbeitsmittel entsprechend der Reihenfolge der Arbeitsverrichtungen räumlich fortschreitend und lückenlos angeordnet. Soweit möglich wird der Gesamtprozess in einzelne Arbeitsvorgänge zerlegt. Die einzelnen Arbeitsvorgänge können zeitlich aufeinander abgestimmt werden, was man als **Austaktung** bezeichnet. Ist eine Austaktung der Reihenfertigung vorgenommen, spricht man von einer Reihenfertigung mit Taktzwang oder einer **Fließfertigung**. Wesentliche **Vorteile** der Reihenfertigung sind verkürzte Durchlaufzeiten der Produkte, und ein übersichtlicher Ablauf der Produktion. Auch der Produktionsablauf ist leichter zu planen. Außerdem verkürzen sich Transportwege und -zeiten im Vergleich zur Werkstattfertigung erheblich. **Nachteile** sind die geringere Flexibilität gegenüber Nachfrageschwankungen und die monotonen Arbeitsabläufe für die einzelnen Arbeiter. Bei Reihenfertigung müssen Arbeitskräfte und Betriebsmittel stets verfügbar sein. Dadurch entstehen Kosten, die nur ausgeglichen werden, wenn gleichmäßig hohe Stückzahlen produziert werden können.

- Die **Gruppen- und Gemischtfertigung** ist eine Kombination aus Werkstattfertigung und Reihenfertigung. Bei ihr sind bestimmte Funktionsbereiche der Produktion in Gruppen (so ge-

7

nannte **Fertigungsinseln**) zusammengefasst, die sich selbst organisieren können. Der Gesamtablauf ist aber nach dem Prinzip der Reihen- bzw. Fließfertigung ausgerichtet.

Wichtige Prozesstypen

Die Auswahl des Organisationstyps hängt stark vom Produkt selbst und den dafür benötigten Prozesstyp ab. Prozesstypen lassen sich grob in Einzelfertigung, Serienfertigung und Massenfertigung untergliedern.

- Im Rahmen der **Einzelfertigung** wird jedes Produkt der gleichen Art nur einmal gefertigt. Die Fertigung der einzelnen Produkte wird somit ablauftechnisch und organisatorisch getrennt voneinander durchgeführt. Die Einzelfertigung findet sich beispielsweise im Sondermaschinenbau, wenn bestimmte Maschinen nur ein einziges Mal für einen speziellen Kundenbedarf gefertigt werden. Ein geeigneter Organisationstyp für die Einzelfertigung ist die **Werkstattfertigung**.

- Bei der **Massenfertigung** werden Erzeugnisse der gleichen Art in relativ großen Mengen hergestellt. Die Produktion läuft ständig und durchgehend. Durch die standardisierte Fertigung von Erzeugnissen in großen Mengen können die Herstellungskosten im Gegensatz zur Einzelfertigung erheblich gesenkt werden. Beispiele hierfür sind Energie, Lebensmittel oder Streichhölzer. Ein geeigneter Organisationstyp für die Massenfertigung ist die **Reihen-** bzw. **Fließfertigung**.

- **Serienfertigung** bedeutet, dass Produktvarianten, die vom Grundprinzip her gleichartig zu fertigen sind und sich nur durch z.B. ihre technische Ausstattung unterscheiden, zu größeren Stückzahlen (Serien) zusammengefasst werden. Dies geschieht, um die Fertigung zu rationalisieren. Die Mengen der zu fertigenden Produkte sind dabei begrenzt. Ein Beispiel für die Serienfertigung ist die Herstellung von Automobilen. Je nach Seriengröße tendiert die Serienfertigung zur **Einzel-** oder **Massenfertigung**.

Welches Produktionsverfahren ein Unternehmen für die Herstellung seiner Produkte auch verwendet, immer steht die Qualität der Fertigungsprozesse und die Qualität der Produkte im Vordergrund. Japanische Unternehmen haben hier ein neues Qualitätsverständnis für die Fertigung geprägt. Produktionsverfahren wie die **Just-in-Time-Fertigung** sind daraus hervorgegangen. Dabei wird das Material genau zu dem Zeitpunkt geliefert, an dem es tatsächlich gebraucht wird. Dieses System soll unnötige Lagerkosten und Bestände vermeiden, erfordert jedoch gleichzeitig eine genaue Abstimmung zwischen Zulieferer und Kunden. Wenn diese nicht reibungslos funktioniert, kommt es zur Stagnation der Produktion und zu finanziellen Verlusten.

7.3 Marketing und Absatz

Begriffe *Marketing-Mix • Produktpolitik • Kontrahierungspolitik • Konditionenpolitik • Preispolitik • Distributionspolitik • Kommunikationspolitik • Werbung • Verkaufsförderung • Öffentlichkeitsarbeit • Product Placement*

Absatz und Marketing umfassen mehr als nur den Verkauf von Produkten. Betrachtet man die beiden Bereiche im Wandel der Zeit, erhält man Aufschluss darüber, wie diese in einem Unternehmen einzuordnen sind. Nach dem Zweiten Weltkrieg war die Wirtschaft im Aufbau, d.h. die Unternehmen hatten wenig Konkurrenz. Gleichzeitig verursachte die vorherrschende Güterknappheit einen großen Bedarf an allen Arten von Produkten. Auf den bestehenden Märkten (auch **Verkäufermärkte** genannt) lag die Nachfrage weit über dem Angebot. Der Absatz beschränkte sich auf die Preisgestaltung, die Verteilung und den Verkauf der produzierten Erzeugnisse. Mit zunehmendem Wohlstand und der immer größer werdenden Konkurrenz trat die Sättigung vieler Märkte ein. Es vollzog sich ein Wandel vom Verkäufer- zum **Käufermarkt**, da das Angebot größer wurde als die vorhandene Nachfrage. Aus dieser Situation heraus wandelte sich auch das traditionelle Verständnis des Absatzes und das Marketing gewann zunehmend an Bedeutung. **Absatz** ist ein betrieblicher Funktionsbereich wie z.B. die Produktion. Ausgangspunkt des **Marketings** hingegen ist der Markt und hier insbesondere die Bedürfnisse und Wünsche des Kunden. Da der Absatz in engem Zusammenhang mit dem Kunden und seinen Erwartungen und Bedürfnissen steht, ist er der funktionale Kern des Marketings.

7

> *Absatz umfasst alle Tätigkeiten, die darauf ausgerichtet sind, die produzierten Güter in den Markt abzugeben und dort zu verwerten.*
>
> *Marketing ist die bewusste marktorientierte Führung des Unternehmens. Seine Aufgabe besteht darin, alle Funktionsbereiche und betrieblichen Aktivitäten des Unternehmens an den Anforderungen des Marktes auszurichten.*

Marketing-Mix

Zweck aller Marketingaktivitäten ist es, die Kunden zum Kauf eines bestimmten Produktes zu bewegen. Dabei bedient sich das Marketing verschiedener Instrumente aus folgenden marketingpolitischen Bereichen:

- Produktpolitik
- Kontrahierungspolitik
- Distributionspolitik
- Kommunikationspolitik

> *Marketing-Mix ist der Einsatz aller Marketinginstrumente. Diese müssen optimal aufeinander abgestimmt werden, damit sie bestmöglich zur Erreichung der Marketingziele beitragen.*

Das Marketing kann man sich auch als einen „Werkzeugkasten“ vorstellen. Die einzelnen „Fächer“ des Werkzeugkastens sind die Marketingpolitikbereiche (vgl. Abb. 7.4). Die Inhalte dieser Fächer, also die „Werkzeuge“, bilden die Marketinginstrumente.

Abb. 7.4 „Werkzeugkasten Marketing"

Produktpolitik

Bevor Überlegungen zur Produktpolitik angestellt werden, müssen erst der Markt und die Marketingstrategie, also die Art und Weise, wie das Produkt am Markt auftreten soll, für ein Produkt festgelegt sein. Erst dann kommt die Produktpolitik zum Zuge, die sich mit Entscheidungen über das Design und die Qualität eines Produktes, über die Absatzmenge sowie über mögliche Zusatzleistungen beschäftigt.

Die Produktpolitik befasst sich mit allen Entscheidungen, die die marktgerechte Gestaltung des Produktangebotes betreffen.

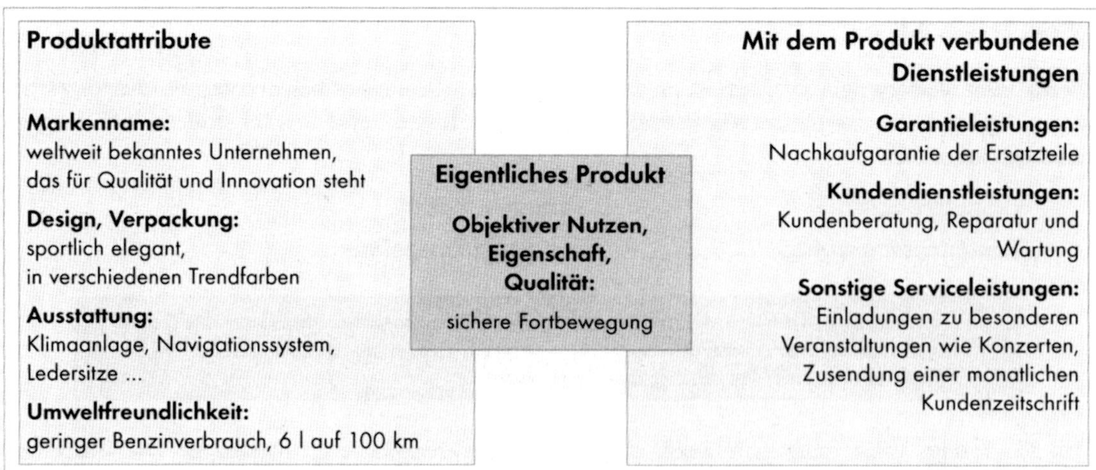

Abb. 7.5 Komponenten, aus denen sich das Gesamtbild eines Produktes ergibt

Abbildung 7.5 zeigt am Beispiel eines Pkw, aus welchen Komponenten sich ein Produkt zusammensetzt. Es wird deutlich, dass bei Kaufentscheidungen viele Faktoren eine Rolle spielen, die von der Produktpolitik zu beachten sind.

Grundsätzlich umfasst das **Aufgabengebiet der Produktpolitik** folgende Punkte:

Produktgestaltung	Gestaltung von Produkteigenschaften, Verpackung, Design etc.
Bildung von Marken	Aufbau eines Markenimages, z.B. durch die Gestaltung eines Logos, eines Markennamens
Servicepolitik	Angebot von Zusatzleistungen, so genannten Value Added-Services, die das Produkt aus Sicht der Kunden in ihrem Wert steigern, z.B. kostenlose Kundenzeitschrift, Kundendienst
Produktinnovation	Entwicklung neuer, technisch verbesserter Produkte
Produktvariation	Veränderung bereits bestehender Produkte bezüglich Design, Verpackung, verbesserte Materialqualität
Produktelimination	Entfernung unrentabler Produkte aus dem Angebot

Kontrahierungspolitik

7

Eine Kaufentscheidung wird wesentlich vom Preis eines Produktes oder einer Dienstleistung beeinflusst. Doch auch bestimmte, an das Produkt geknüpfte Konditionen wirken auf den Entscheidungsprozess mit ein. Ein Kunde, der sich z.B. ein Auto anschaffen möchte, das Geld dafür aber nicht auf einmal ausgeben kann, wird sich das Auto trotzdem leisten, wenn er eine Ratenzahlung oder einen Leasingvertrag nutzen kann.

Die Kontrahierungspolitik setzt sich aus der Konditionen- und Preispolitik zusammen:

- Im Rahmen der **Konditionenpolitik** werden Rabatte angeboten, Liefer- und Zahlungsbedingungen bestimmt sowie Kundenkredite gewährt. Ihre Maßnahmen streben nach der Schaffung klarer Vertragsbedingungen und der Absicherung von Zahlungsfristen gegenüber dem Kunden etc. Die Vereinbarung guter Konditionen dient der Kundengewinnung und der Pflege von Stammkunden.
- Die **Preispolitik** legt die Preise für ein Produkt oder eine Dienstleistung fest. Der Preis ist für das Unternehmen von erheblicher Bedeutung, denn er bestimmt, wie viele Kunden das Produkt voraussichtlich kaufen werden. Somit legt er auch in etwa die Produktmenge fest, die abgesetzt wird. Zudem ist der Preis für den Umsatz und damit für den Gewinn des Unternehmens maßgeblich. Es gilt: **Umsatz** = Preis × abgesetzte Menge
  Gewinn = Umsatz – Kosten

Die Kontrahierungspolitik umfasst alle Tätigkeiten, die die Gestaltung der Preise, die Festlegung vertraglicher Vereinbarungen sowie die Vorgehensweise bei der Finanzierung betreffen.

Distributionspolitik

Das Aufgabengebiet der Distributionspolitik erstreckt sich von der Marketinglogistik bis hin zur Wahl geeigneter Absatzwege. Die physische Verteilung der Güter wird als **Marketinglogistik** bezeichnet, sie umfasst die:

- Absatzlagerung (z.B. Lagerstandorte, Lagergröße, Lagerhaltung)
- Wahl der Transportmittel (z.B. Bahn, LKW, Schiff)
- Wahl der Transportwege (zu Lande, zu Wasser oder in der Luft)

Ziel der Marketinglogistik ist es, das **richtige Produkt** zur **richtigen Zeit** an den **richtigen Ort** kostengünstig zu liefern. Dementsprechend werden die geeigneten Lagergestaltungsmöglichkeiten, Transportmittel und -wege ausgewählt.

> ***Die Distributionspolitik beinhaltet alle Entscheidungen und Maßnahmen, die sich mit der Frage beschäftigen, auf welchem Weg das Produkt vom Unternehmen zum Kunden gelangt.***

Unter einem **Absatzweg** versteht man alle Stufen, die ein Produkt auf seinem Weg vom Unternehmen zum Kunden durchläuft. Hierbei ist vor allem die Einbeziehung des Handels gemeint. **Handel** ist dabei eine Betriebsart, die sich mit dem Verkauf von Gütern beschäftigt, ohne diese selbst zu produzieren. Bei der Wahl der Absatzwege unterscheidet man direkte und indirekte Absatzwege:

- **Direkte Absatzwege** bedeuten, dass der Hersteller die Produkte direkt an den **Endkunden** weiterverkauft ohne dabei den Handel zu berücksichtigen. Der direkte Absatz wird oft gewählt, wenn die Anzahl der Kunden begrenzt ist oder wenn das Produkt stark erklärungsbedürftig oder technisch anspruchsvoll ist, z.B. Spezialmaschinen oder Obst und Gemüse vom Bauernhof.
- **Indirekte Absatzwege** schließen beim Verkauf der Produkte den Handel in den Prozess mit ein. Hierfür gibt es unzählige Beispiele, denn der größte Teil aller Produkte wird über den Handel abgesetzt. Fertigsuppen gehören ebenso dazu wie Gardinenstangen, Stereoanlagen oder auch Pkws.

Kommunikationspolitik

Marketing versteht Kommunikation als die Übermittlung von Informationen und Bedeutungsinhalten zum Zweck der Steuerung von Meinungen, Einstellungen, Erwartungen und Verhaltensweisen.

> ***In der Kommunikationspolitik werden Entscheidungen gefällt und Maßnahmen ergriffen, die sich auf die Gestaltung der Unternehmenskommunikation beziehen.***

Damit die Kommunikation des Unternehmens den Kunden erreicht und ihn dazu bewegt, das Produkt zu kaufen oder die Dienstleistung in Anspruch zu nehmen, stehen ihr u.a folgende Instrumente zur Verfügung:

- Werbung
- Verkaufsförderung
- Öffentlichkeitsarbeit
- Product Placement

- **Werbung**
  Bei vielen Unternehmen wird ein großer Teil des Marketingbudgets für Werbung ausgegeben. Unter Werbung versteht man die **absichtliche** und **gezielte Beeinflussung des Kundenverhaltens** mithilfe verschiedener Instrumente:

Werbeobjekt	ist die **Sach-** oder **Dienstleistung** über die der Kunde informiert und zu dessen Kauf er animiert werden soll.
Werbesubjekt	ist die **Personen-** oder **Zielgruppe**, die beworben wird, z.B. Kinder, Rentner, junge dynamische Berufseinsteiger, Katzenliebhaber.
Werbetreibender	ist der **Auftraggeber** für die Werbemaßnahme.
Werbebotschaft	ist die **Aussage**, die über **Slogans** oder Schlagwörter mitgeteilt wird, z.B. „Gute Preise gute Besserung" (Ratiopharm) oder „Entdecke die Möglichkeiten" (Ikea).
Werbemittel	sind die **visuell** und **verbal gestalteten Werbebotschaften**, z.B. Fernseh- und Radiospots, Flugblätter, Anzeigen.
Werbeträger	sind die **Medien** anhand derer die Werbung zum Kunden gelangt, z.B. Radio, Fernsehen, Plakatsäulen, Zeitung, prominente Persönlichkeiten.

- **Verkaufsförderung (Sales Promotion)**
  Die Verkaufsförderung (VKF) umfasst alle Maßnahmen, die das Verkaufspersonal direkt am Verkaufsort unterstützen. Unter Verkaufsförderungsmaßnahmen fallen die Hilfestellung bei der Schaufenstergestaltung mithilfe entsprechender Werbematerialien wie Fahnen und Werbebanner, die Durchführung von Verkaufswettbewerben oder Sonderpreisaktionen

- **Öffentlichkeitsarbeit (Public Relations)**
  Unter Öffentlichkeitsarbeit versteht man das Werben um das Vertrauen, das Verständnis und das Wohlwollen der Öffentlichkeit für das Unternehmen. Im Gegensatz zur Werbung bezieht sich die Öffentlichkeitsarbeit nicht auf ein einzelnes Produkt sondern auf das Unternehmen als Ganzes, so z.B. bei Messeauftritten oder bei einem Zeitungsartikel über das Unternehmen, wenn es ein neues Produkt auf den Markt bringt.

- **Product Placement**
  Unter Product Placement versteht man das **zufällig wirkende**, aber **bewusst gesteuerte Platzieren** eines Produktes vor allem in Kinofilmen und im Fernsehen. Das Produkt wird gezielt in die Handlung eines Spielfilms, Videoclips oder in einer Fernsehsendung als Requisit eingebracht. Ein Beispiel hierfür sind die BMW-Sportwagen in den James Bond Filmen.

Aufgaben zur Lernkontrolle

1. *Was ist eine Wertschöpfungskette?*

2. *Welche Aufgabe hat die Materialwirtschaft?*

3. *Inwiefern unterscheiden sich Roh-, Hilfs- und Betriebsstoffe? Erklären Sie mithilfe von Beispielen.*

4. *Welche vier zentralen Fragen muss der Einkauf eines Unternehmens vor der Materialbeschaffung beantworten?*

5. *Was sind ABC-Güter?*

6. *Inwiefern hängen Beschaffungsmengen, Lagerhaltungskosten und Bestellkosten voneinander ab?*

7. *Was ist ein Meldebestand und welchen Zweck erfüllt er?*

8. *Was versteht man in der Materialverteilung unter Logistik?*

9. *Was ist die Fertigungsbreite eines Unternehmens? Finden Sie ein geeignetes Beispiel.*

10. *Sie haben zwei grundsätzliche Organisationstypen kennen gelernt. Nennen Sie die beiden Typen und zeigen Sie Vor- und Nachteile auf.*

11. *Was ist Just-in-Time-Fertigung? Wo liegen Vor- und Nachteile?*

12. *Worin unterscheiden sich Absatz und Marketing?*

13. *Was ist der „Werkzeugkasten Marketing"? Definieren Sie die unterschiedlichen „Fächer" mit ihren eigenen Worten.*

8 Finanzierung und Investition

Lektion 7 befasste sich mit den güterwirtschaftlichen Prozessen innerhalb der betrieblichen Wertschöpfung. Doch auch der **Finanzfluss** ist hierfür von wesentlicher Bedeutung. Ohne die **Finanz-** und **Investitionswirtschaft** kommt eine betriebliche Wertschöpfung gar nicht erst zustande. Denn mit der Finanzierung wird Kapital beschafft, um in Maschinen, Arbeitskräfte oder Rohstoffe investieren zu können. Nur wenn es einem Unternehmen gelingt, auch in diesem Bereich optimal zu wirtschaften, kann der erfolgreiche Bestand des Unternehmens gesichert werden.

Abb. 8.1 zeigt Leistungs- und Zahlungsbewegungen innerhalb eines Unternehmens: Der **güterwirtschaftliche Leistungsstrom** beginnt am **Beschaffungsmarkt** und durchläuft das Unternehmen im **Produktionsprozess**. Die hier produzierten Güter und Dienstleistungen werden schließlich am **Absatzmarkt** veräußert. Der **Zahlungsstrom** jedoch verläuft entgegengesetzt. Die finanziellen Mittel kommen über den Absatzmarkt ins Unternehmen und fließen von dort aus durch die Finanzierung auf den Beschaffungsmarkt zurück. Produziert ein Unternehmen beispielsweise Pkws, werden dazu alle notwendigen Roh-, Hilfs- und Betriebsstoffe auf dem Beschaffungsmarkt eingekauft, z.B. Bleche, Stoffe und Schrauben. Die Roh-, Hilfs- und Betriebsstoffe müssen bezahlt, d.h. mit finanziellen Mitteln vergütet werden. Dies wird über die **Finanzwirtschaft** sichergestellt. Im Produktionsprozess werden die Pkws hergestellt und in Autohäusern zum Verkauf angeboten. Der erzielte Umsatz fließt ins Unternehmen zurück und kann z.B. für den Kauf einer neuen Maschine verwendet werden. Der Kauf der neuen Maschine ist eine **Investition**.

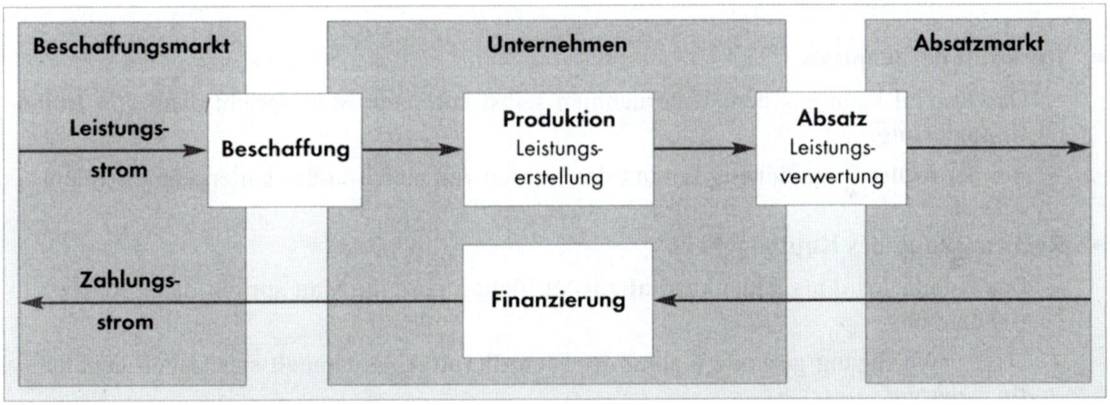

Abb. 8.1 Leistungs- und Zahlungsstrom*

8.1 Finanzierung

Die Finanzierung befasst sich mit der Steuerung des Zahlungsstroms und der **Bereitstellung von Kapital**, um einen Betrieb zu errichten, zu unterhalten oder zu erweitern. Im Finanzbereich lassen sich darum die folgenden **Ziele** feststellen:

* Quelle: Birker, Klaus, *Einführung in die Betriebswirtschaftslehre. Grundbegriffe, Denkweisen, Fachgebiete*, Cornelsen Verlag, Berlin 2000, S. 9.

❶ **Sicherung der Liquidität**
Die Liquidität eines Unternehmens ist dessen Fähigkeit, Zahlungen **jederzeit termingerecht** ausführen zu können. Dazu benötigt ein Unternehmen ausreichend „flüssige Mittel" wie Kassenbestand oder Bankguthaben. Fehlende Liquidität **(Illiquidität)** führt zur **Zahlungsunfähigkeit**. Hält dieser Zustand über längere Zeit an, kann es zur **Insolvenz**, zur anhaltenden Zahlungsunfähigkeit, kommen. Da aber auch nur kurzfristige Illiquidität zu Störungen des Betriebsablaufes führen kann, hat die Sicherung der Zahlungsfähigkeit höchste Priorität.

❷ **Wahren des Wirtschaftlichkeitsprinzips**
Wirtschaftlich handeln heißt, **Aufwand** und **Ertrag** in einem angemessenen Verhältnis zu wahren. Ein Maßstab der Wirtschaftlichkeit ist die **Rentabilität** – eine Kennzahl, die den Gewinn im Verhältnis zum Eigenkapital darstellt. In Lektion 13 werden wir ausführlich auf die Rentabilität eingehen.

❸ **Sicherung der finanziellen Unabhängigkeit**
Kapitalgeber, die dem Unternehmen finanzielle Mittel zur Verfügung stellen, haben möglicherweise **Mitbestimmungs-** und **Kontrollrechte** am Unternehmen. Diese beeinträchtigen die Selbstständigkeit des Unternehmens und sollten deshalb so weit wie möglich vermieden werden.

Bei der Finanzierung stehen dem Unternehmen eine Reihe von Möglichkeiten zur Verfügung. In Abschnitt 6.2 haben Sie bereits verschiedene Maßnahmen zur Kapitalbeschaffung kennen gelernt. Es gibt zwei Möglichkeiten, die unterschiedlichen Finanzierungsarten zusammenzufassen. Man ordnet sie entweder nach der Herkunft des Kapitals oder nach der Rechtsstellung des Kapitalgebers:

- **Herkunft des Kapitals**
  - Das Kapital kann aus dem Unternehmen selbst kommen. Man spricht dann von **Innenfinanzierung**.
  - Bei der **Außenfinanzierung** kommt das Kapital von außen in das Unternehmen hinein.

- **Rechtsstellung des Kapitalgebers**
  - Das Kapital wird als **Eigenkapital** zur Verfügung gestellt. Man spricht dann von Eigenfinanzierung.
  - Das zur Verfügung gestellte Kapital ist **Fremdkapital**. Es handelt sich dabei um Fremdfinanzierung.

Oder anders dargestellt:

Herkunft des Kapitals / **Rechtsstellung des Kapitalgebers**	**Außenfinanzierung**	**Innenfinanzierung**
Eigenfinanzierung (Eigenkapital)	Beteiligungsfinanzierung	Selbstfinanzierung (Gewinne)
Fremdfinanzierung (Fremdkapital)	Kredite	Rückstellungen

8.1.1 Charakterisierung der Finanzierungsarten

Begriffe *Eigenkapital • Bareinlage • Sacheinlage • Fremdkapital • Herkunft des Kapitals • schuldrechtliche Sicherheiten • sachenrechtliche Sicherheiten • Sachkredite • Geldkredite • Kreditleihen • Rückstellungen*

Eigenkapital

Bereits in Abschnitt 6.3 haben Sie den Begriff „Eigenkapital" kennen gelernt. Wird Eigenkapital von **außen** zur Verfügung gestellt, handelt es sich um eine **Beteiligung**. Diese kann auf zwei Arten erfolgen, als **Bareinlage**, in Form von Geld, oder als **Sacheinlage**, in Form von Gütern (z.B. Maschinen) oder Rechten (z.B. ein bestimmtes Patent). Eigenkapital als **Innenfinanzierung** kann durch **Gewinne** erfolgen.

Fremdkapital

Auch diesen Begriff kennen wir schon aus Abschnitt 6.3. Dort haben wir uns mit mehreren Möglichkeiten der Fremdkapitalbeschaffung auseinander gesetzt. Hier nun sollen die verschiedenen Arten des Fremdkapitals zusammengefasst werden, wenn es als **Außenfinanzierung** eingebracht wird. Die Arten des Fremdkapitals lassen sich dann wie folgt gruppieren:

❶ **Herkunft des Kapitals**

- Bankkredite, z.B. als **Darlehen**. Ein Darlehen ist ein gegenseitiger Vertrag, aufgrund dessen der Darlehensgeber (Bank) dem Darlehensnehmer (Unternehmen) einen Geldbetrag zur Verfügung stellt und der Darlehensnehmer dafür die Zahlung von Zinsen und die Rückzahlung des Darlehensbetrags schuldet.
- **Kredite** von anderen Betrieben oder Privatpersonen.
- **Lieferantenkredite**, ein Kredit, den ein Lieferant seinem Kunden durch Gewährung eines Zahlungsziels einräumt. Das Zahlungsziel kann bis zu drei Monate betragen. Zahlt der Kunde vor Ablauf des Zahlungsziels, kann er z.B. Skonto abziehen. Ein Skonto ist ein Preisnachlass.
- **Kundenkredite**, z.B. Anzahlungen des Kunden, durch die der Lieferant bereits vor der Lieferung Kapital erhält.
- **Kredite der öffentlichen Hand**, z.B. in Form von Fördermaßnahmen. Die öffentliche Hand ist die Gesamtheit der Organisationen des öffentlichen Rechts, wie Staat oder Länder.

❷ **Erforderliche Sicherheiten**

Mit Gewährung eines Kredites erwartet der Kreditgeber auch die fristgerechte Tilgung der Kreditraten und der Zinsen durch den Kreditnehmer. Von Bedeutung ist dabei die **Bonität** eines Unternehmens. Grundsätzlich wird der Kreditgeber Sicherheiten vom Kreditnehmer verlangen. Je schlechter die Bonität eines Unternehmens, desto wichtiger sind die Sicherheiten.

8

Wir unterscheiden:

- **Schuldrechtliche Sicherheiten**, z.B. Bürgschaft
- **Sachenrechtliche Sicherheiten**, z.B. Grundpfandrechte (Pfand = Grund und Boden), bewegliche Pfandrechte (Pfand = bewegliche Gegenstände, z.B. Waren) oder **Eigentumsvorbehalt** (Bestimmung im Kaufvertrag, dass die Ware bis zur vollständigen Bezahlung Eigentum des Lieferanten bleibt).

❸ **Dauer der Kapitalüberlassung**

- Kurzfristige Kredite: bis zu 90 Tagen, teilweise bis zu 360 Tagen.
- Mittelfristige Kredite: von 90 bis 360 Tagen und bis zu 5 Jahren, wobei die Abgrenzung zwischen kurz- und mittelfristigen Krediten fließend ist.
- Langfristige Kredite: mehr als 5 Jahre.

❹ **Gegenstand der Übertragung**

- **Sachkredite:** der Betrieb nimmt Sachwerte in Anspruch, z.B. beim Lieferantenkredit.
- **Geldkredite:** der Betrieb erhält Geld, z.B. Darlehen.
- **Kreditleihe:** der Betrieb erhält weder Geld noch Sachwerte, sondern Sicherheiten, die ihm die Kreditaufnahme erleichtern, z.B. Akkreditive*.

Fremdkapital kann aber auch in Form von **Innenfinanzierung** eingebracht werden, nämlich als **Rückstellungen**.

Rückstellungen sind Verbindlichkeiten, bereits bestehen, deren Fälligkeitszeitpunkt aber noch nicht genau bestimmt werden kann.

Ein Unternehmen weiß z.B. heute schon, dass es eine Steuernachzahlung leisten muss. Auch die Höhe dieser Nachzahlung ist ungefähr bekannt. Es ist jedoch noch nicht klar, wann genau diese Rückzahlung geleistet werden muss. Das Unternehmen stellt darum heute schon Geld zurück, um die spätere Forderung begleichen zu können. Da die Rückstellung dem Unternehmen faktisch nicht gehört, ist sie Fremdkapital.

Rückstellungen können in verschiedenen Formen auftreten, z.B.:

- Pensionsrückstellungen: für Pensionszahlungen von Mitarbeitern
- Steuerrückstellungen: für Steuernachzahlungen
- Rückstellungen für unterlassene Aufwendungen: z.B. für Instandhaltung von Maschinen

* Ein Akkreditiv ist eine Anweisung an eine Bank, an einen Dritten innerhalb einer gewissen Frist einen bestimmten Geldbetrag zu zahlen.

8.1.2 Finanzplanung

Begriffe *Kapitalbedarf • finanzielles Gleichgewicht • Finanzplan • Kapitalbindungsplan*

In welcher Höhe und zu welchem Zeitpunkt Kredite benötigt werden, Rückstellungen zu bilden sind oder Gewinn erzielt werden soll, wird in der Finanzplanung festgelegt. Sie ist Teil der **Unternehmensplanung** und soll helfen, die finanziellen Auswirkungen unternehmerischen Entscheidens und Handelns frühzeitig zu erkennen und zu ergänzen bzw. zu korrigieren.

Aufgabe der Finanzplanung ist es, den zukünftigen Kapitalbedarf aufzuzeigen und das finanzielle Gleichgewicht des Unternehmens zu erhalten. Sie soll die finanziellen Auswirkungen der unternehmerischen Handlungen transparent machen und auf ihre Finanzierbarkeit hin überprüfen.

Instrument der Finanzplanung ist der **Finanzplan**. Dieser wird für ein Geschäftsjahr und für jeden Monat erstellt. Um auch den langfristigen Kapitalbedarf feststellen zu können, wird ein **Kapitalbindungsplan** aufgestellt, der eine Finanzplanung über mehrere Perioden hinweg enthält. Der Finanzplan enthält eine Übersicht aller Einnahmen und Ausgaben sowie den Schlussbestand an Zahlungsmitteln (vgl. Abb. 8.2). Durch den Vergleich von Soll- und Ist-Werten werden gleichzeitig Abweichungen deutlich, sodass jederzeit korrigierende Maßnahmen ergriffen werden können.

Finanzplan vom 01.01.2003 bis 31.12.2003						
	Januar		Februar		...	
Beträge in Tausend Euro	**Soll**	**Ist**	**Soll**	**Ist**	**Soll**	**Ist**
I. Zahlungsmittel - Anfangsbestand						
II. Einnahmen:						
Umsatzerlöse	150	145	150	130		
Sachanlagen	...	...	...	...		
Finanzanlagen						
Zinsen						
Sonstige						
Summe der Einnahmen						
III. Ausgaben:						
Material	20	21	20	18		
Personal	35	34	35	36		
Steuern	10	9	11	11		
Allgemeine Aufwendungen	...	...	...	...		
Sachanlagen						
Finanzanlagen						
Zinsen						
Sonstige						
Summe der Ausgaben						
I. + II. – III. = Zahlungsmittel-Schlussbestand						

Abb. 8.2 Finanzplan

8

8.1.3 Zahlungsverkehr

Begriffe *Barzahlung • bargeldlose Zahlung*

Für den laufenden Finanzüberblick kann der **tägliche Finanzstatus** ermittelt werden. Er dient als tagesaktuelles Kontrollinstrument für den täglichen **Zahlungsverkehr**.

> **Der Zahlungsverkehr bezeichnet die Gesamtheit der Kaufkraftübertragungen. Er kann auf direktem Weg durch die Übergabe gesetzlicher Zahlungsmittel oder auf indirektem Weg bargeldlos erfolgen.**

Zahlungsmittel sind alle Mittel, die zur Erfüllung von Zahlungsverpflichtungen genutzt werden. Dazu gehören **auf Geld lautende Anweisungen** wie z.B. Schecks und die **gesetzlichen Zahlungsmittel**, also die von der Deutschen Bundesbank herausgegebenen Münzen und Banknoten.

Der Zahlungsverkehr kann auf zwei Wegen erfolgen: als Barzahlung und bargeldlos.

- Bei der **Barzahlung** wird Bargeld von Hand zu Hand weitergegeben.
- Bei der **bargeldlosen Zahlung** wird das Geld von einem Konto zum anderen transferiert, indem es vom Konto des Schuldners abgebucht und auf dem Konto des Gläubigers gutgeschrieben wird. Diese Verfügung kann auf Basis von Überweisung, Lastschrift, Einzugsermächtigung oder Abbuchung erfolgen.

8.2 Investition

Begriffe *Sachinvestitionen • Finanzinvestitionen • immaterielle Investitionen*

Investitions- und Finanzierungsentscheidungen, also Verwendung und Bereitstellungsentscheidungen finanzieller Mittel, sind eng miteinander verbunden. Alle kapitalbindenden Ausgaben werden als Investition aufgefasst. Wir unterscheiden drei grundlegende Investitionsarten:

- **Sachinvestitionen:**
  Maschinen, Geräte oder sonstige Geschäftsausstattungen
- **Finanzinvestitionen:**
  Aktien, Wertpapiere oder Beteiligung an anderen Unternehmen
- **Immaterielle Investitionen:**
  Erwerb von Patenten, Lizenzen oder Schutzrechten

> **Als Investition bezeichnet man die Verwendung finanzieller Mittel.**

Eine Investition hat das Ziel, die Leistungsbereitschaft eines Unternehmens zu erhalten und zu steigern. Teure Maschinen werden also z.B. angeschafft, um zukünftig eine höhere Stückzahl oder qualitativ hochwertigere Produkte herstellen zu können. Eine Investition muss für das Unternehmen jedoch sinnvoll sein, schließlich ist sie häufig mit hohen Kosten verbunden. Investitionsentscheidungen bedürfen daher einer besonderen Sorgfalt. Um zu ermitteln, wie nützlich und sinnvoll eine Investition ist, muss sich ein Unternehmer im Vorfeld mehrer Fragen stellen, z.B.:

- Welche Investitionen sollen getätigt werden?
- Ist das Investitionsvorhaben wirtschaftlich?
- Welche Investitionsalternative ist die vorteilhafteste?
- Wann soll die Investition getätigt werden?

Um den Unternehmer bei seiner Entscheidungsfindung zu unterstützen, bieten sich Investitionsrechnungsverfahren an, die hier nicht näher dargestellt werden sollen.

Die finanziellen Mittel eines Unternehmens sind in einen fortwährenden Kreislauf eingebunden. Kapital wird beschafft, für Investitionen verwendet, in Form von Gewinnen neu gebildet oder fließt als Verlust unter Umständen endgültig ab. Abschließend seien hier die vier Phasen finanzieller Mittel dargestellt:

Phase 1	Kapitalbeschaffung (Einnahmen)	Außenfinanzierung
Phase 2	Kapitalverwendung (Ausgaben)	Investition
Phase 3	Kapitalrückfluss	Desinvestition*
	Kapitalneubildung	Gewinn
Phase 4	Kapitalabfluss	Rückzahlung Gewinnausschüttung Verlust

Abb. 8.3 Kreislauf finanzieller Mittel

8

* Unter einer Desinvestition versteht man die Verminderung des Bestands eines Gutes, wie z.B. Einsatz von Material in der Produktion.

Aufgaben zur Lernkontrolle

1. *Welche Ziele gibt es im Finanzbereich eines Unternehmens? Erläutern Sie diese mit Ihren eigenen Worten.*

2. *Vervollständigen Sie die folgende Tabelle:*

Herkunft des Kapitals / Rechtsstellung des Kapitalgebers	a)	b)
c)	e)	f)
d)	g)	h)

3. *Nennen Sie die drei grundlegenden Investitionsarten und finden Sie jeweils geeignete Beispiele.*

4. *Wozu dient ein Kapitalbindungsplan?*

5. *Charakterisieren Sie kurz die 4 Phasen des Kreislaufs finanzieller Mittel.*

9 Entscheidungen im Personalmanagement

In einem Betrieb sind es die Menschen, die Produkte erzeugen oder Dienstleistungen erstellen. Die Menschen, die in einem Betrieb beschäftigt sind, werden als **Personal** bezeichnet. Die Aufgaben, die sich mit dem Personal befassen, sind Aufgaben des **Personalmanagements**. Jeden Tag sind zahlreiche Entscheidungen zu treffen, die das Personal betreffen. Diese Entscheidungen fallen in den so genannten **Handlungsfeldern des Personalmanagements** an, die im Mittelpunkt dieser Lektion stehen.

Im Wesentlichen werden die Entscheidungen des Personalmanagements in der **Personalabteilung** getroffen. Dort ist es z.B. der Personalleiter, der die Führungsrolle übernimmt und Entscheidungen trifft. Unterstützt wird er u.a. von Personalreferenten, die sich um spezielle Bereiche des Personalmanagements kümmern, und von Personalsachbearbeitern. Auch die Führungskräfte nehmen auf Personalentscheidungen Einfluss.

9.1 Personalplanung

Begriffe *Anforderungen an die Personalplanung • Personalentscheidungen*

Die wichtigste Aufgabe von Unternehmen ist es, Produkte oder Dienstleistungen zu erstellen. Dazu werden Einsatzgüter miteinander kombiniert, in einem Produktionsverfahren oder Erstellungsprozess weiterverarbeitet und in Endprodukte, z.B. Pkws, Kühlschränke oder eine Friseurdienstleistung, umgewandelt. Die Vorgänge der betrieblichen Wertschöpfung steuern sich also nicht selbst, sondern bedürfen einer unternehmerischen Denkleistung. Der Unternehmer muss überlegen, welche Produkte in welchen Mengen und zu welchem Zeitpunkt nachgefragt werden. Damit fällt die Entscheidung an, welche Produktionsfaktoren (z.B. Personal) eingesetzt werden müssen, um der Nachfrage gerecht zu werden. Kurz: Der Unternehmer muss **planen**.

9

In Lektion 4 haben Sie sich mit der Unternehmensplanung auseinander gesetzt. Dort haben Sie unterschiedliche **Unternehmensteilplanungen** kennen gelernt, wie Absatzplanung, Produktionsplanung oder Finanzplanung. Auch die **Personalplanung** ist eine dieser Teilplanungen. Sie muss vier **Anforderungen** erfüllen:

❶ Für ein Projekt oder einen Auftrag muss genau die erforderliche **Anzahl von Mitarbeitern** ermittelt und eingeplant werden. Werden zu wenige Mitarbeiter eingeplant, werden womöglich die Kunden ungeduldig, weil die Auftragserfüllung so lange dauert und gehen beim nächsten Mal zur Konkurrenz. Werden hingegen zu viele Mitarbeiter eingesetzt, werden sich einige Mitarbeiter vielleicht unterbeschäftigt fühlen und ihre Motivation wird schwinden. Zudem entstehen dem Unternehmen unnötige Personalkosten. Eine Fehlkalkulation bei der Mitarbeiteranzahl gereicht einem Unternehmen also auf jeden Fall zum Nachteil.

❷ Die Mitarbeiter müssen die richtigen **Qualifikationen** und Erfahrungen mitbringen, damit sie ihre Aufgabe zur Zufriedenheit der Kunden erfüllen können. Erweist sich ein Mitarbeiter als nicht oder falsch qualifiziert, schlägt sich das negativ auf den Ruf des Unternehmens nieder. Die Kunden werden sich in Zukunft an ein anderes Unternehmen wenden, in das sie mehr Vertrauen haben. Was hilft einem Unternehmen bei einem Computerproblem ein PC-Spezialist, wenn alle Mitarbeiter mit MacIntosh-Rechnern arbeiten?

❸ Die Mitarbeiter müssen genau dann zur Verfügung stehen, wenn sie gebraucht werden. Aufgabe der Personalplanung ist es also, den **Zeitpunkt** zu bestimmen, zu dem die Mitarbeiter eingesetzt werden.

❹ Außerdem ist zu bedenken, an welchem **Ort** ein Mitarbeiter arbeiten soll. Wenn ein Unternehmen z.B. mehrere Filialen hat, muss in der Personalplanung genau festgelegt werden, in welcher Filiale der Mitarbeiter gebraucht wird.

Die Personalplanung ist ein Teilbereich der Unternehmensplanung. Kernaufgabe der Personalplanung ist es, zu ermitteln, welche Anzahl von Mitarbeitern mit welcher Qualifikation zu welchem Zeitpunkt an welchem Ort benötigt werden.

Wenn diese vier Punkte gut aufeinander abgestimmt sind, hat die Personalplanung ihr Ziel erfüllt: Sie stellt **entscheidungsvorbereitende Informationen** über das **Personalwesen** zur Verfügung und bietet damit die Grundlage für **Personalentscheidungen**. Das können z.B. die Einstellung neuer Mitarbeiter oder die Weiterbildung sein.

9.2 Personalbeschaffung

Begriffe *Personalbedarf • interne und externe Personalbeschaffung • Stellenanzeige • Personalauswahlverfahren • Integration*

Wenn ein Unternehmen in der Personalplanung einen Personalbedarf festgestellt hat, wird es sich mit der **Personalbeschaffung** auseinander setzen. Ein **Personalbedarf** entsteht, wenn die Aufgaben des Betriebes nicht mehr mit den vorhandenen Mitarbeitern bewältigt werden können. Ob ein Personalbedarf besteht, ermittelt man, indem man den derzeitigen Personalbestand mit der künftigen Auftragslage bzw. den Projektplänen des Unternehmens vergleicht und die benötigte Personaldichte abschätzt. Dabei sind drei unterschiedliche Ergebnisse möglich:

❶ Der zukünftige Personalbedarf ist höher als der derzeitige Personalbestand. Es besteht **Bedarf** an neuen Mitarbeitern.

❷ Der zukünftige Personalbedarf ist niedriger als der derzeitige Personalbestand. Möglicherweise muss das Unternehmen über **Personalabbau** nachdenken (vgl. Abschnitt 9.4).

❸ Der zukünftige Personalbedarf **deckt sich** mit dem derzeitigen Personalbestand. Es sind keine Maßnahmen erforderlich.

Personalbeschaffungsmaßnahmen

Kommt ein Unternehmer zu dem Ergebnis, dass Personalbedarf herrscht, müssen Maßnahmen zur Deckung dieses Bedarfs eingeleitet werden. Bei Personalbeschaffungsmaßnahmen sind im Wesentlichen zwei Wege zu unterscheiden:

- **Interne Personalbeschaffung**
  Der Personalbedarf wird mit Mitarbeitern gedeckt, die bereits im Unternehmen beschäftigt sind. Das kann z.B. durch Versetzung oder durch Mehrarbeit ermöglicht werden. Bei Versetzung wird ein Mitarbeiter zukünftig an einer anderen Stelle des Unternehmens eingesetzt. Auf diesem Weg wird der Personalbedarf oft nur verlagert. Denn nun besteht der Personalbedarf vielleicht an der Stelle, wo der Mitarbeiter bislang tätig war.

- **Externe Personalbeschaffung**
  Der Personalbedarf wird mit der Einstellung eines neuen Mitarbeiters gedeckt.

Ein Personalbedarf wird durch Maßnahmen der Personalbeschaffung gedeckt. Es kann zwischen interner und externer Personalbeschaffung unterschieden werden.

Besonders in großen Unternehmen mit einer hohen Mitarbeiterzahl oder unterschiedlichen Standorten kann die interne Personalbeschaffung sinnvoll sein. Außerdem kann der **Betriebsrat*** verlangen, dass freie Stellen zunächst intern ausgeschrieben werden. Man spricht dann von einer **internen Stellenausschreibung**. Die interne Stellenausschreibung wird z.B. am „Schwarzen Brett“ im Unternehmen ausgehängt oder in der Betriebszeitung veröffentlich. So haben zuerst die betriebseigenen Mitarbeiter die Möglichkeit, sich um die freie Stelle zu bewerben.

Entscheidet man sich für eine **externe Stellenausschreibung**, beispielsweise weil Fachwissen benötigt wird, das keiner der betriebseigenen Mitarbeiter mitbringt, müssen betriebsfremde Bewerber erst einmal auf die freie Stelle und das Unternehmen aufmerksam gemacht werden. Das ist u.a. über eine Stellenanzeige auf der Internetseite des Unternehmens oder in einer Tages- bzw. Fachzeitung möglich. Eine **Stellenanzeige** enthält alle wichtigen Daten, die für einen Bewerber interessant sind (vgl. Abb. 9.1). Stellenanzeigen sind die klassische Form der externen Personalbeschaffung. Auch interne Stellenausschreibungen orientieren sich oft am Aufbau und der Gestaltung von Stellenanzeigen.

Neben Stellenanzeigen gibt es weitere Möglichkeiten, geeignete Mitarbeiter zu finden:

- Auswertung von Stellengesuchen,
- staatliche Arbeitsvermittlung (Arbeitsamt),
- private Arbeitsvermittlung (Personaldienstleistungsunternehmen, Personalberater).

* Der Betriebsrat vertritt als gewähltes Organ die Belange der Mitarbeiter.

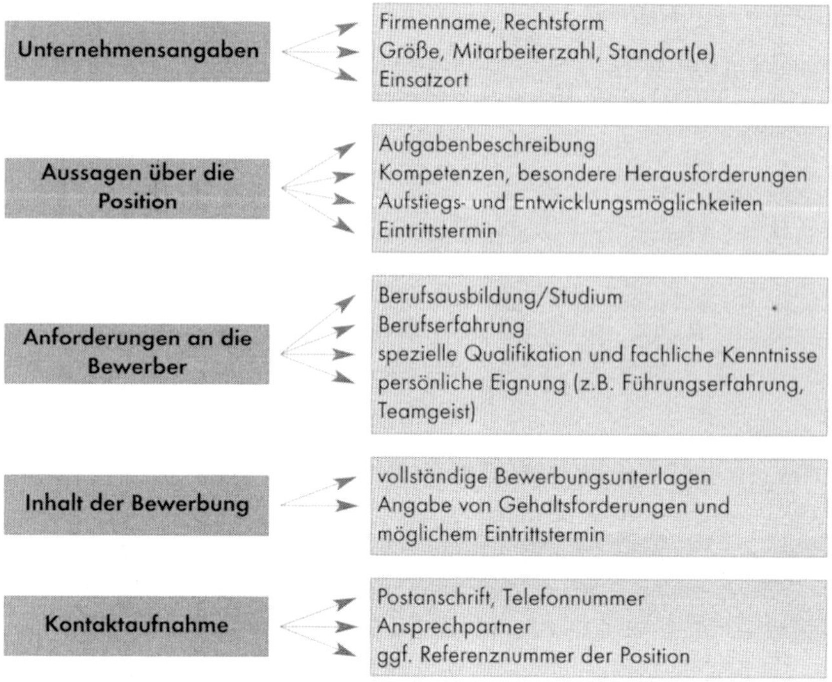

Abb. 9.1
Inhaltsangabe einer Stellenanzeige

Das Personalauswahlverfahren

Hat man interessierte Bewerber auf die offene Stelle aufmerksam gemacht, beginnt das so genannte **Personalauswahlverfahren**. Dabei werden die eingegangenen Bewerbungen mittels einer mehrstufigen Vorgehensweise aussortiert, um schließlich den Bewerber zu finden, der am besten auf die freie Stelle passt. Das ist sehr arbeits- und zeitintensiv. Es können mehrere Monate vergehen, bis ein geeigneter Bewerber eingestellt wird. Dieses Verfahren gestaltet sich im Wesentlichen so:

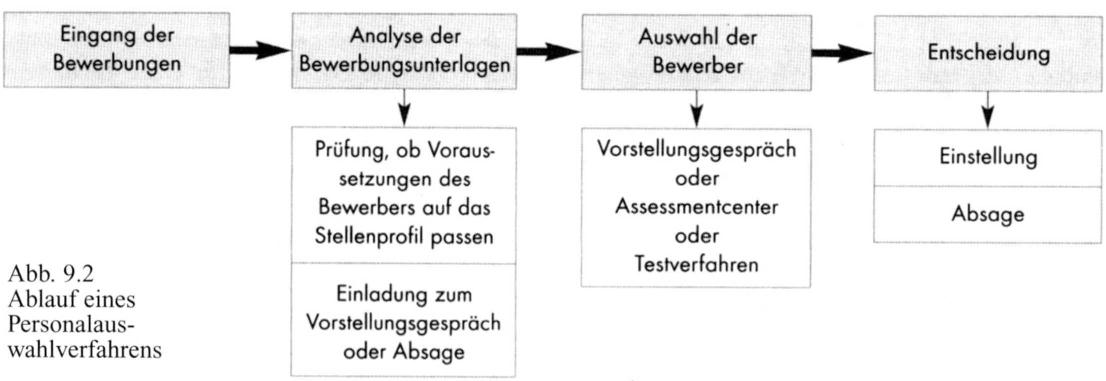

Abb. 9.2
Ablauf eines Personalauswahlverfahrens

❶ Zunächst werden die eingehenden Bewerbungsunterlagen auf Vollständigkeit kontrolliert. Anschreiben, Lebenslauf und Zeugnisse dürfen bei keiner Bewerbung fehlen. Erfüllt eine Bewerbung diese Minimalanforderungen nicht, findet sie in der Regel keine weitere Beachtung.

❷ Im nächsten Schritt werden die Bewerbungsunterlagen analysiert. Hier wird genau geprüft, ob der Bewerber den **Anforderungen** an die ausgeschriebene Stelle gerecht wird. Die Bewerber, die nach dieser Analyse geeignet erscheinen, werden zum **Vorstellungsgespräch** eingeladen. Die übrigen Bewerber erhalten ihre Unterlagen mit einer **Absage** zurück.

❸ Aus den Bewerbungsunterlagen lassen sich nicht alle Eigenschaften und Fähigkeiten eines Bewerbers ablesen. Das **Vorstellungsgespräch** dient dazu, ihn persönlich kennen zu lernen. Neben dem Vertreter der Personalabteilung nimmt auch eine Fachkraft oder der zukünftige Vorgesetzte an diesem Gespräch teil. Ziel ist es, offene Fragen zu stellen und herauszufinden, ob der Bewerber in das Unternehmen und in die Abteilung passt.

Neben dem Vorstellungsgespräch gibt es noch weitere Möglichkeiten der Personalauswahl: **Assessmentcenter** schaffen eine Situation, in der die Bewerber die Fähigkeiten und das Verhalten beweisen können, das die Position von ihnen verlangt. Im Assessmentcenter durchspielt der Bewerber mehrere Situationen, die der beruflichen Realität sehr nahe kommen. So lässt sich die Eignung des Bewerbers noch besser einschätzen. Eine weitere Möglichkeit, mehr über den Bewerber zu erfahren, sind **Testverfahren**. Damit wird versucht, die Fähigkeiten oder die Persönlichkeit des Bewerbers zu ergründen. So kann es z.B. vorkommen, dass eine angehende Industriekauffrau ihre PC-Kenntnisse unter Beweis stellen muss oder eine Sekretärin ihre Fremdsprachenkenntnisse.

❹ Hat man von allen infrage kommenden Bewerbern einen persönlichen Eindruck gewonnen, muss eine **Entscheidung** getroffen werden: Den überzeugendsten Bewerber wird man einstellen, alle anderen erhalten eine Absage.

Um den optimalen Bewerber für eine Stelle zu finden, muss das Personalauswahlverfahren objektiv und zuverlässig sein. So sollen Fehlentscheidungen vermieden werden.

Integration neuer Mitarbeiter

Sobald der neue Mitarbeiter seine Stelle angetreten hat, stellt sich dem Personalmanagement eine neue Herausforderung: Der Mitarbeiter muss nun bestmöglich ins Unternehmen **eingegliedert** werden. Immerhin bedeutet ein neuer Arbeitsplatz für den Mitarbeiter auch ein völlig neues Umfeld. Darum haben viele Unternehmen **Einführungsprogramme** erarbeitet, in denen der neue Mitarbeiter mit seiner Aufgabe, seinen Kollegen und den besonderen betrieblichen Gegebenheiten vertraut gemacht wird.

Die sorgfältige Einarbeitung und Eingliederung neuer Mitarbeiter stellt das Bindeglied zwischen Einstellung und der zukünftigen Tätigkeit dar. Sie soll sicherstellen, dass sich der neue Mitarbeiter möglichst schnell eingewöhnt.

Nach der Einarbeitungs- und Eingewöhnungsphase ist der neue Mitarbeiter ein fester Bestandteil des Unternehmens. Doch damit endet die Aufgabe des Personalmanagements nicht, wie Sie im folgenden Abschnitt sehen werden.

9.3 Personalentwicklung

Begriffe *Fähigkeiten • Fertigkeiten • Berufsausbildung • Duales System • Weiterbildung*

Bei der Personalbeschaffung werden neue Mitarbeiter gesucht, deren Qualifikation, Erfahrung und Persönlichkeit am besten zu einer freien Stelle passen. Die Anforderungen, die an Mitarbeiter gestellt werden, sind jedoch einem fortwährenden Wandel unterworfen, d.h. die Mitarbeiter müssen ständig dazulernen. Sie müssen sich mit neuen Produktionsverfahren vertraut machen oder sich mit neuen Werkstoffen auseinander setzen. Immer mehr Unternehmen wirtschaften nicht mehr nur auf dem deutschen Markt, sondern international. Dann müssen die Mitarbeiter Fremdsprachen lernen und interkulturelle Besonderheiten erkennen können. Auch die zwischenmenschlichen Fähigkeiten müssen weiterentwickelt werden, damit sie z.B. Kundenbedürfnisse noch besser erfüllen können. Mit diesen Aufgaben beschäftigt sich die **Personalentwicklung**.

Ziel der Personalentwicklung ist es, die Fähigkeiten und Fertigkeiten der Mitarbeiter zu erhalten und zu fördern.

Qualifizierung der Mitarbeiter

Man bezeichnet die Maßnahmen der Personalentwicklung auch als **Qualifizierungsmaßnahmen**, weil diese Maßnahmen auf die Qualifikation der Mitarbeiter abzielen. Die Qualifizierung beginnt bereits mit der **Berufsausbildung**. Diese stellt in der Bundesrepublik Deutschland die Grundlage des späteren beruflichen Werdegangs dar. Aufgabe der Berufsausbildung ist es, eine berufliche Grundbildung sowie fachliche Fertigkeiten und Kenntnisse zu vermitteln, die für eine qualifizierte Tätigkeit notwendig sind. Die Berufsausbildung findet in unterschiedlichen **Ausbildungsbereichen** statt. Dazu gehören u.a.:

- Industrie und Handel
- Handwerk
- Landwirtschaft
- Öffentlicher Dienst

Die betriebliche Ausbildung in Deutschland geschieht nach dem so genannten **Dualen System**: Die Auszubildenden erhalten einerseits Unterricht in der Berufsschule, andererseits eine Ausbildung im Betrieb. In der **Berufsschule** werden allgemeine und theoretische Ausbildungsinhalte vermittelt, im **Betrieb** sind es die praktischen Fähigkeiten und Fertigkeiten. Als **Fähigkeiten** werden die persönlichen Eigenschaften eines Menschen bezeichnet. Sie beziehen sich auf den geistigen Bereich. Diese Eigenschaften bringt ein Mensch von vornherein mit. Sie können nicht erlernt, aber weiterentwickelt werden. Ein Mensch kann z.B. die Fähigkeit haben, sich Fremdsprachen leicht anzueignen. **Fertigkeiten** hingegen gelten als besonderes Geschick. Sie beziehen sich z.B. auf handwerkliche oder technische Befähigungen.

Durch die Ausbildung im Betrieb kann das Unternehmen wesentlichen Einfluss auf die Ausbildung nehmen, indem z.B. betriebsspezifisches Wissen vermittelt wird. Die Betriebe können den Auszubildenden nach Beendigung seiner Berufsausbildung einstellen. Damit sichern sie sich einen **qualifizierten Mitarbeiter**, der bereits eingearbeitet und eingegliedert ist.

Neben der Berufsausbildung haben junge Menschen mit (Fach-)Hochschulreife auch die Möglichkeit, ein **Studium** zu absolvieren. Hier erfolgt die Ausbildung ausschließlich in der Hochschule, und die Betriebe haben keine Mitspracherechte. Praktika sind jedoch zu einer Selbstverständlichkeit geworden. Diese lassen sich zwar keineswegs mit einer Ausbildung gleichsetzen, signalisieren einem möglichen Arbeitgeber aber Einsatzwillen und Zielstrebigkeit. Die angehenden Studenten können zwischen einem Studium an einer Fachhochschule und einer Universität wählen. Während die Fachhochschulen einen Schwerpunkt auf die praxisnahe Ausbildung der Studierenden setzen, findet sich bei den Universitäten oftmals ein wissenschaftlicherer Bezug. Einige Studiengänge, wie z.B. Jura oder Medizin kann man zudem nur an einer Universität studieren. Für die meisten Fach- und Führungspositionen ist ein Studium dringend notwendig, weil dort viele wichtige Kenntnisse vermittelt werden, die für Führungskräfte unverzichtbar sind.

Weiterbildungsmaßnahmen

Neben der berufsvorbereitenden Ausbildung beinhaltet die Personalentwicklung auch die berufliche **Weiterbildung** der Mitarbeiter. Hier stehen **berufsbegleitende** Maßnahmen im Mittelpunkt, mit denen die Persönlichkeit und das fachliche Wissen der Mitarbeiter weiterentwickelt werden sollen. Weiterbildungsmaßnahmen sind beispielsweise dann notwendig, wenn ein Mitarbeiter eine neue Computersoftware erlernen soll. Diese Maßnahme zielt auf die **Erweiterung des fachlichen Wissens** ab. Mithilfe von Personalentwicklungsmaßnahmen können auch **zwischenmenschliche Fähigkeiten** verbessert werden. Eine Führungskraft muss z.B. in der Lage sein, Konflikte ihrer Mitarbeiter zu lösen. Eine Weiterbildungsmaßnahme zur Konfliktbewältigung kann hier sinnvoll sein. Die gezielte Personalentwicklung ist ein wichtiger **Erfolgsfaktor** für Unternehmen. Denn qualifizierte Mitarbeiter arbeiten motivierter und bringen sich stärker für die Interessen des Unternehmens ein.

9.4 Personalabbau

Begriffe *interner und externer Personalabbau • Fluktuation • verhaltensbedingte und betriebsbedingte Kündigung • Kündigungsfristen*

Wir haben gelernt, dass der Personalbedarf einem ständigen **Wandel** unterworfen ist. Möglicherweise ist der Personalbedarf geringer als der Personalbestand. Eben dann, wenn die Nachfrage nach Produkten und Dienstleistungen zurückgeht, sinkt der Personalbedarf. Dann muss ein Unternehmen einen **Personalabbau** in Betracht ziehen. Dieser ist nicht zwangsläufig mit Kündigung gleichzusetzen. Wir unterscheiden zwischen zwei Alternativen des Personalabbaus:

Beim **internen Personalabbau** wird versucht, die **Personalüberkapazitäten** mit anderen Maßnahmen zu regulieren. Das können z.B. sein:

- **Versetzung**
  Die Mitarbeiter werden in eine andere Abteilung versetzt, in der Personalbedarf besteht.

- **Kurzarbeit**
  Das Unternehmen verkürzt seine vertraglich vereinbarte Arbeitszeit. Kurzarbeit ist beim Landesarbeitsamt anzumelden, der Betriebsrat muss informiert werden.

- **Überstundenabbau/Urlausgewährung**
  Die Mitarbeiter müssen ihre Überstunden abbauen oder Urlaub nehmen.

Interner Personalabbau sollte bei personellen Überkapazitäten immer externen Freisetzungsmaßnahmen vorgezogen werden.

Auch beim **externen Personalabbau** gibt es mehrere Möglichkeiten. Zunächst wird ein Unternehmer die natürliche **Fluktuation** (zwischenbetrieblicher Arbeitsplatzwechsel) nutzen. Eine gewisse Fluktuation gibt es in jedem Unternehmen. Mitarbeiter, die nicht länger bei einem Unternehmen arbeiten wollen, suchen sich einen neuen Arbeitgeber – möglicherweise weil dieser ihnen eine attraktivere Aufgabe oder ein höheres Gehalt bieten kann. Ein Unternehmen mit Personalüberkapazitäten nutzt die Fluktuation, indem es für die ausscheidenden Mitarbeiter keine neuen Mitarbeiter einstellt. Es kommt so von selbst zu einer Senkung des Personalbestandes. Ebenso kann ein Unternehmen verfahren, wenn ein Mitarbeiter in **Rente** oder in **Vorruhestand** geht. Eine weitere Möglichkeit der externen Personalfreisetzung ist das **Nicht-Verlängern** befristeter Verträge.

Beim internen Personalabbau werden Personalüberkapazitäten abgebaut ohne den Personalbestand zu verringern. Beim externen Personalabbau wird der Personalbestand reduziert.

Wenn die oben beschriebenen Möglichkeiten den Personalbestand nicht ausreichend reduzieren, muss der Unternehmer tatsächlich über **Kündigung** nachdenken. Die Kündigung kann sowohl von Seiten des Arbeitnehmers als auch von Seiten des Arbeitgebers ausgesprochen werden. Nachfolgend werden wir die **Arbeitgeberkündigungen** betrachten. Es gibt zwei grundsätzliche Arten von Kündigungen:

- Die **verhaltensbedingte Kündigung** ist die Folge eines Fehlverhaltens des Mitarbeiters. Sie wird ausgesprochen, wenn das Fehlverhalten so schwerwiegend ist, dass der Mitarbeiter nicht länger im Betrieb bleiben kann. Die verhaltensbedingte Kündigung kann als ordentliche und als außerordentliche Kündigung ausgesprochen werden. Bei der **ordentlichen Kündigung** hält der Arbeitgeber die gesetzlich vorgeschriebenen Kündigungsfrist ein. Bei der **außerordentlichen Kündigung** ist eine fristlose Kündigung möglich. Hier muss allerdings ein besonders schweres Fehlverhalten des Arbeitnehmers vorliegen, etwa Diebstahl von Betriebseigentum oder Unterschlagung.

- Die **betriebsbedingte Kündigung** folgt z.B. aus einem gesunkenen Personalbedarf. In dem Fall kündigt der Arbeitgeber dem Arbeitnehmer **ordentlich** unter Einhaltung der gesetzlichen Kündigungsfrist (vgl. Abb. 9.3). Die **gesetzlichen Kündigungsfristen** sind in § 622 des Bürgerlichen Gesetzbuches geregelt. Der Arbeitnehmer steht dann wieder dem Arbeitsmarkt zur Verfügung. Findet er nicht sofort eine neue Anstellung, ist er arbeitslos.

Mit der Kündigung wird das Arbeitsverhältnis aufgelöst.

Dauer des Arbeitsverhältnisses	Kündigungsfrist
Probezeit	2 Wochen
bis zu 2 Jahren	Frist von 4 Wochen zum 15. oder zum Ende eines Kalendermonats
ab 2 Jahren	ein Monat zum Ende eines Kalendermonats
ab 5 Jahren	zwei Monate zum Ende eines Kalendermonats
ab 8 Jahren	drei Monate zum Ende eines Kalendermonats
ab 10 Jahren	vier Monate zum Ende eines Kalendermonats
ab 12 Jahren	fünf Monate zum Ende eines Kalendermonats
ab 15 Jahren	sechs Monate zum Ende eines Kalendermonats
ab 20 Jahren	sieben Monate zum Ende eines Kalendermonats

Abb. 9.3 Gesetzliche Kündigungsfristen

Ein Arbeitgeber wird sich von einem Arbeitnehmer trennen, dem er auf mittlere Sicht kein entsprechendes Aufgabengebiet mehr zuordnen kann. Die Beendigung eines Arbeitsverhältnisses sollte ebenso sorgfältig angegangen werden wie die Beschaffung von Arbeitskräften. Eine **einvernehmliche Trennung** ist auf jeden Fall anzustreben.

9.5 Personalentlohnung

Begriffe *Lohn • Gehalt • Akkordlohn • Mitarbeiterbeteiligung*

Die Arbeit, die ein Mitarbeiter in einem Betrieb leistet, wird durch den Arbeitgeber pflichtgemäß vergütet. Diese Pflicht ergibt sich aus dem **Arbeitsvertrag**, den Arbeitgeber und Arbeitnehmer abgeschlossen haben.

Abhängig von der Art der Arbeit, die ein Mitarbeiter leistet, unterscheiden wir drei Gruppen von Arbeitnehmern:

- **Leitende Angestellte** sind Führungskräfte, die Mitarbeiter einstellen oder entlassen dürfen und sonstige Führungsaufgaben wahrnehmen.
- **Angestellte** übernehmen vorwiegend die „Kopfarbeit", also geistige Tätigkeiten.
- **Gewerbliche Arbeitnehmer** verrichten überwiegend körperliche Tätigkeiten.

Diese Unterscheidung ist notwendig für die Art der Vergütung.

Die Vergütung der gewerblichen Arbeitnehmer heißt Lohn.
Leitende Angestellte und Angestellte bekommen ein Gehalt.

Die Vergütung, die ein Mitarbeiter erhält, soll verschiedene Bedingungen erfüllen:

- Sie soll **leistungsgerecht** sein: Die Leistung des Mitarbeiters soll sich in der Vergütung niederschlagen. Besonders gute Leistungen können so belohnt werden.
- Sie soll **nachvollziehbar** sein: Der Mitarbeiter soll wissen, wie sich seine Vergütung zusammensetzt und wie es zu diesem Betrag kommt.
- Sie soll **angemessen** sein: Die Vergütung soll den Bedürfnissen des Mitarbeiters entsprechen; sie sollte weder zu hoch noch zu niedrig sein.

Um diesen Bedingungen gerecht zu werden, wurden verschiedene **Vergütungsmodelle** entwickelt. Grundsätzlich geht man von einem bestimmten Grundlohn bzw. Grundgehalt aus. Diese **Grundvergütung** richtet sich z.B. nach der durchschnittlichen wöchentlichen Arbeitszeit und ist jeden Monat gleich hoch. Bei der **leistungsabhängigen Vergütung** erhalten die Mitarbeiter zum Grundgehalt noch eine leistungsabhängige Zahlung dazu. So haben sie die Möglichkeit, die Höhe ihrer Vergütung mitzubestimmen. Dies ist nur in Bereichen möglich, in denen Mitarbeiter selbst Einfluss auf die Leistung haben. So z.B. in der Produktion, wo ein Mitarbeiter eine bestimmte Stückzahl von Leistungseinheiten wie Autoreifen herstellen soll. Sein Vorgesetzter gibt ihm vor, dass er pro Tag mindestens 15 Autoreifen produzieren muss, um sein Grundgehalt zu erreichen. Der Mitarbeiter schafft aber pro Tag 20 Autoreifen, weil er sich z.B. gut mit der Produktionstechnik auskennt und seine Arbeitszeit sinnvoll nutzt. Er bekommt einen **Akkordlohn**, bei dem ihm die fünf zusätzlichen Reifen pro Tag mit einer Prämienzahlung vergütet werden. Der Akkordlohn ist eine häufig angewandte Form der leistungsabhängigen Vergütung.

Es gibt jedoch auch Bereiche in Unternehmen, in denen Mitarbeiter wenig oder keinen Einfluss auf die Arbeitsergebnisse haben. Eine Sekretärin z.B. kann kaum beeinflussen, wie viele Anrufe pro Tag eingehen oder wie viele Briefe sie schreiben muss. Für diese Mitarbeiter können jedoch leistungsabhängige Vergütungsmodelle genutzt werden, etwa in Form der **Mitarbeiterbeteiligung**.

Akkordlohn ist eine Lohnart, bei der sich die Höhe des Lohns nach dem erbrachten Arbeitsergebnis richtet.

Bei der Mitarbeiterbeteiligung werden die Mitarbeiter am Unternehmen oder am Unternehmenserfolg beteiligt.

Formen der Mitarbeiterbeteiligung sind u.a. die Kapitalbeteiligung und die Erfolgsbeteiligung:

- Bei der **Kapitalbeteiligung** werden die Mitarbeiter am Unternehmenskapital beteiligt, etwa indem sie Aktienanteile oder ein Mitarbeiterdarlehen erhalten.
- Bei der **Erfolgsbeteiligung** erhalten die Mitarbeiter eine zusätzliche Vergütung indem sie z.B. am Umsatz oder am Gewinn beteiligt werden.

Mithilfe der Mitarbeiterbeteiligung versucht man den Mitarbeitern deutlich zu machen, dass sie direkten Einfluss auf den Erfolg des Unternehmens haben. Ein Mitarbeiter, der beispielsweise am Unternehmensgewinn beteiligt ist, wird sich dafür einsetzen, dass der Gewinn so hoch wie möglich ausfällt. Denn dann fällt auch seine Vergütung höher aus. Die Mitarbeiterbeteiligung bringt u.a. die folgenden Vorteile:

- Das Kostenbewusstsein steigt.
- Das Interesse am Unternehmen steigt.
- Das wirtschaftliche Verständnis für betriebliche Zusammenhänge steigt.

Eine angemessene leistungsgerechte Vergütung trägt u.a. dazu bei, die Mitarbeiter zu motivieren. Durch ein nachvollziehbares Vergütungsmodell steuern sich die Mitarbeiter in vielen Dingen selbst. Dennoch kommt ein Unternehmen nicht ohne qualifizierte Personalführung aus, wie Sie im nächsten Abschnitt erfahren werden.

9.6 Personalführung

Begriffe *Führungskraft • Vorgesetzter • Führungsstil*

In Unternehmen arbeitet eine mehr oder weniger große Anzahl von Mitarbeitern an verschiedenen Arbeitsplätzen mit sehr unterschiedlichen Qualifikationen. In kleinen Betrieben können das einige wenige und in Großbetrieben mehrere Tausend Mitarbeiter sein. Jede einzelne Arbeitskraft soll ihr Bestmögliches tun, um die Unternehmensziele zu erreichen. Dies erfordert, dass die Einzelaufgaben auf die betrieblichen Ziele ausgerichtet sein müssen. Das Unternehmen schafft organisatorische, technische und rechtliche Rahmenbedingungen, die das persönliche Leistungsvermögen der Mitarbeiter aktivieren sollen. Die Gesamtheit dieser Aufgaben wird als **Personalführung** bezeichnet.

> *Menschen zu führen bedeutet, sie zielgerichtet dazu zu bewegen, Aufgaben motiviert zu übernehmen und erfolgreich durchzuführen.*

9

Personalführung erfolgt dabei insbesondere durch die **Führungskräfte**. Der Erfolg einer Führungskraft wird dadurch gemessen, ob es gelungen ist, die Mitarbeiter entsprechend der erwarteten Leistung zu beeinflussen. Die Führungskräfte werden dabei von der Personalpolitik beeinflusst. Die **Personalpolitik** schafft die Bedingungen, unter denen Mitarbeiter bereit und in der Lage sind, sich für die Erfüllung der unternehmerischen Ziele einzusetzen. Die Art und Weise wie ein Vorgesetzter seine Aufgabe wahrnimmt, wird als **Führungsstil** bezeichnet.

> *Unter Führungsstil verstehen wir das über einen längeren Zeitraum ausgeübte Führungsverhalten eines Vorgesetzten gegenüber seinen Mitarbeitern.*

Das Führungsverhalten und damit der Führungsstil eines Vorgesetzten soll in erster Linie motivierend wirken. Je motivierender ein Führungsstil wirkt, desto reibungsloser werden die Mitarbeiter die angestrebten Ziele erreichen. Wir sprechen dann auch von der **Effizienz** eines Führungsstils. Wir unterscheiden vier Führungsstile mit jeweils unterschiedlichem Motivationspotenzial und damit auch unterschiedlicher Effizienz:

- Die Zusammenarbeit beim **autoritären Führungsstil** ist durch Befehl und Gehorsam gekennzeichnet. Der Vorgesetzte behält sich immer ein Entscheidungs- und Eingriffsrecht vor. Dieser Führungsstil wird von den Mitarbeitern oft als gebieterisch und streng empfunden, die Motivation fördert er kaum.

- Beim **demokratischen Führungsstil** entscheidet nicht nur ein Vorgesetzter, sondern eine Gruppe. Da eine Gruppenmeinung jedoch selten einstimmig erzielt werden kann, besteht auch hier nur geringes Motivationspotenzial.

- Der **Laissez-faire-Stil** stellt das Arbeitsverhalten ganz in den Willen der Mitarbeiter. Die Mitarbeiter werden dabei weitestgehend sich selbst überlassen. Man hofft, dadurch ihre Zufriedenheit zu steigern.

- Der **kooperative Führungsstil** will Führung durch Zusammenarbeit ermöglichen. Er begreift Mitarbeiter und Vorgesetzte als Partner und zielt auf deren partnerschaftliche Zusammenarbeit ab. Der kooperative Führungsstil gilt daher auch als der motivierendste.

Jeder Führungsstil hat Vor- und Nachteile. Es müssen jedoch die wesentlichen Aufgaben abgedeckt werden, die eine Führungskraft zu erfüllen hat. Der Vorgesetzte muss

- seine Mitarbeiter **informieren**.
- mit seinen Mitarbeitern **kommunizieren** und **zusammenarbeiten**.
- **Ziele** mit seinen Mitarbeitern vereinbaren.
- **kontrollieren**, inwiefern diese Ziele erreicht wurden.
- den Mitarbeitern **Rückmeldung** geben, welche Ziele erreicht wurden und welche (noch) nicht.

Der Vorgesetzte nimmt im betrieblichen Alltag u.a. Aufgaben der Information, Kommunikation und Rückmeldung wahr.

Kernaufgabe der Personalführung ist die zielgerichtete Steuerung der Mitarbeiter. Dabei spielt der Führungsstil eine entscheidende Rolle, denn von ihm hängt ab, wie erfolgreich die Personalführung ist. Eine erfolgreiche Personalführung zeichnet sich dadurch aus, dass die Unternehmensziele in hohem Maße erreicht werden. Die Personalführung steht also in unmittelbarem Zusammenhang mit dem Unternehmenserfolg.

Aufgaben zur Lernkontrolle

1. *Erläutern Sie den Begriff „Handlungsfelder des Personalmanagements“ und nennen Sie die Handlungsfelder, die Sie in dieser Lektion kennen gelernt haben.*
2. *Personalplanung soll vier verschiedene Anforderungen erfüllen. Nennen und erklären Sie diese Anforderungen mit ihren eigenen Worten.*
3. *Inwiefern unterscheiden sich interne und externe Personalbeschaffung?*
4. *Was ist ein Assessmentcenter?*
5. *Was ist das Duale System?*
6. *Erläutern Sie den Unterschied zwischen internem und externem Personalabbau und nennen Sie je ein Beispiel.*
7. *Stellen Sie die Vergütungsmodelle vor, die Sie kennen.*
8. *Warum kommt ein Unternehmen ohne qualifizierte Personalführung nicht aus?*

10 Externes Rechnungswesen

Das Rechnungswesen nimmt eine wichtige Stellung im Unternehmen ein. Es versorgt Entscheidungsträger mit **Informationen** über zahlenmäßige Vorgänge und den **finanziellen Zustand** des Unternehmens. Daneben informiert es Dritte, z.B. Banken und andere Fremdkapitalgeber oder das Finanzamt, über die Finanzsituation. Dabei ist eine Reihe rechtlicher Vorschriften zur Rechnungslegung (Gesamtheit aus Jahresabschluss, Lagebericht, Anhang und GuV) zu beachten. Zudem dokumentiert das Rechnungswesen sämtliche finanzwirtschaftliche Vorgänge und hat damit auch eine **Kontrollfunktion**. Schließlich dienen Größen und Kennzahlen des Rechnungswesens als Grundlage für die **Planung** und **Steuerung** eines Unternehmens.

Das Rechnungswesen dient also vor allem zwei Interessensgruppen, den internen (unternehmenseigenen) Interessenten, z.B. Geschäftsführung oder Gesellschafter, und den externen (unternehmensfremden) Interessenten, z.B. Finanzamt, Banken, Kunden oder Fremdkapitalgeber. Aus diesem Grund haben sich das interne und das externe Rechnungswesen herausgebildet. Das **interne Rechnungswesen** dient den unternehmenseigenen Interessenten als **Kosten-** und **Leistungsrechnung** und unterliegt damit keinen rechtlichen Vorschriften (vgl. Lektion 11). Das **externe Rechnungswesen** besteht im Wesentlichen aus der **Buchführung** und dem Jahresabschluss. Der Jahresabschluss eines Unternehmens setzt sich aus der **Bilanz**, der **Gewinn- und Verlustrechnung**, dem **Anhang** und dem **Lagebericht** zusammen. Aufgabe des **Jahresabschlusses** ist es, die wirtschaftliche Lage des Unternehmens offen zu legen und auf dessen Basis Steuern und Abgaben zu errechnen.

10.1 Bilanz

Begriffe *Vermögen • Aktiva • Kapital • Passiva • Reinvermögen • Anlagevermögen • Umlaufvermögen • Rechnungsabgrenzungsposten (RAP) • Handelsbilanz • Steuerbilanz*

In der Bilanz werden Vermögen und Kapital eines Betriebes einander gegenübergestellt. Das **Vermögen** stellt die Gesamtheit aller im Betrieb genutzten Wirtschaftsgüter und Geldmittel als **Aktiva** dar. Das **Kapital** steht für die Summe aller Schulden gegenüber Beteiligten und Gläubigern als **Passiva**. Anders gesagt: Die Passivseite zeigt, woher das Geld stammt, das in die Aktiva investiert wurde. So werden Maschinen z.B. über eine langfristige Bankverbindlichkeit wie einen Kredit finanziert. Verbucht wird der Betrag dann zum einen auf der Passiv- und zum anderen auf der Aktivseite. Darum sind die beiden Seiten der Bilanz stets Ausdruck für ein und dieselbe Wertgesamtheit. Es gilt folgende Feststellung:

- Die **Passivseite** zeigt die **Herkunft** der finanziellen Mittel.
  Beteiligungskapital = Eigenkapital; Darlehen = Fremdkapital
- Die **Aktivseite** verdeutlicht die **Verwendung** der Mittel als Anlage- und Umlaufvermögen.

Die Differenz zwischen den Aktiva und den Verbindlichkeiten ist das **Reinvermögen**, das dem Eigenkapital auf der Passivseite gleicht. Das Vermögen auf der Aktivseite besteht aus zwei Gruppen: dem **Anlage-** und dem **Umlaufvermögen**.

> ***Die Bilanz ist eine Gegenüberstellung von Vermögen und Kapital eines Betriebes.***
>
> ***Zum Anlagevermögen zählen die Wirtschaftsgüter, die das Unternehmen für längere Zeit nutzen wird. Das Umlaufvermögen besteht aus Wirtschaftsgütern, die innerhalb kurzer Zeit verbraucht oder umgesetzt werden.***

Das Anlagevermögen gliedert sich in drei Gruppen:

- Materielles Anlagevermögen (Sachanlagen, z.B. Grund und Boden, Maschinen)
- Immaterielles Anlagevermögen (z.B. Patente, Lizenzen)
- Finanzanlagevermögen (dazu gehören Beteiligungen, Wertpapiere, langfristige Darlehens- und Hypothekenforderungen, Aktien- und Fondsanteile)

Auch das Umlaufvermögen lässt sich gliedern:

- Vorräte (z.B. Roh-, Hilfs- und Betriebsstoffe, Waren, Halbfertig- und Fertigfabrikate)
- kurzfristige Forderungen (soweit nicht im Anlagevermögen berücksichtigt)
- Wertpapiere (die nur kurzfristig zur Verfügung stehen)
- Bestand an Zahlungsmitteln (z.B. Bankguthaben, Kasse)

Auf der **Aktivseite** der Bilanz finden sich außerdem die so genannten aktiven **Rechnungsabgrenzungsposten (RAP)**. Ein RAP ist ein Betrag, der vom Bilanzstichtag aus gesehen in eine andere Rechnungsperiode übergreift. Ein aktiver RAP ist z.B. eine im Voraus bezahlte Versicherungsprämie. Mit Periode ist das Geschäftsjahr gemeint, es kann vom Kalenderjahr abweichen, darf jedoch 12 Monate nicht überschreiten.

Auf der **Passivseite** der Bilanz wird das Kapital eines Unternehmens ausgewiesen. Auch hier finden sich RAP – eben passive RAP. Ein passivischer RAP wird z.B. dann genutzt, wenn ein Vermieter bereits im Jahr 2002 eine Mietvorauszahlung für das Jahr 2003 bekommen hat.

> ***Das Kapital eines Unternehmens setzt sich zusammen aus den Mitteln, die die Gesellschafter zur Verfügung stellen (Eigenkapital) und den Mitteln, die Dritte dem Unternehmen zur Verfügung stellen (Fremdkapital).***

Das **Eigenkapital** wird maßgeblich von der Rechtsform bestimmt. Es setzt sich aus den folgenden Bestandteilen zusammen:

– gezeichnetes Kapital (Stammkapital, vgl. Abschnitt 5.2.3),
– Kapitalrücklage (bei Kapitalgesellschaften: Betrag, der bei der Ausgabe neuer Aktien über deren Nennwert hinaus erzielt wird),
– Gewinnrücklage (Rücklagen, die z.B. dem Gläubigerschutz dienen oder satzungsgemäß bestimmt sind, sog. „Notgroschen" eines Unternehmens),
– Gewinnvortrag/Verlustvortrag (angehäuftes Ergebnis vergangener Bilanzen),
– Jahresüberschuss/Jahresfehlbetrag (Ergebnis aus der Gewinn- und Verlustrechnung).

Beide Seiten einer Bilanz werden jeweils addiert. Die Summe der linken und der rechten Seite ist stets gleich. Formal gestaltet sich die Bilanz wie folgt:

Bilanz zum 31.12.2003

Aktiva	**Passiva**
Anlagevermögen Sachanlagen Immaterielle Anlagen Finanzanlagen **Umlaufvermögen** Vorräte Forderungen Wertpapiere Zahlungsmittel	**Eigenkapital** **Fremdkapital** langfristige Verbindlichkeiten kurzfristige Verbindlichkeiten
RAP	**RAP**
(Summe)	**(Summe)**

Die Bilanz wird jedes Jahr erstellt **(ordentliche Bilanz)**. Es gibt dabei zwei unterschiedliche Arten von Bilanzen:

- **Handelsbilanz**
  Die Handelsbilanz hat als Adressaten die Gesellschafter, Gläubiger, die Öffentlichkeit oder ähnliche Interessenten.

- **Steuerbilanz**
  Die Steuerbilanz wird für die Finanzverwaltung erstellt, mit dem Ziel, die richtige Steuer zu ermitteln.

Die Bilanzierung unterliegt damit auch verschiedenen gesetzlichen Vorschriften und Regelungen, insbesondere aus dem Handelsgesetzbuch (HGB) und dem Einkommensteuergesetz (EStG). Eine Reihe von Grundsätzen bestimmen die Erstellungen des Jahresabschlusses und der Bilanz, z.B.:

– der Jahresabschluss muss **den GoB** (vgl. Abschnitt 10.2) **entsprechen**,
– Bilanz, GuV, Anhang und Lagebericht müssen **klar** und **übersichtlich** aufgebaut sein,
– die Bilanz muss der **Wahrheit** entsprechen,
– Jahresabschluss und Bilanz müssen **vollständig** sein.

10.2 Buchführung

Begriffe Grundsätze ordnungsgemäßer Buchführung (GoB) • doppelte Buchführung • Bilanz

Die Buchführung erfasst den außerbetrieblichen Werteverkehr eines Unternehmens, der sich aus Geschäftsbeziehungen z.B. mit Kunden, Lieferanten oder der öffentlichen Hand ergibt. Als öffentliche Hand werden die Organisationen des öffentlichen Rechts bezeichnet, z.B. des Staates oder der Länder. Das heißt also, dass alle Vorgänge, die eine Veränderung der Vermögens- und Kapitalverhältnisse im Unternehmen hervorrufen, über die Buchführung erfasst werden. Andere Begriffe für die Buchführung sind **Finanzbuchhaltung**, **kaufmännische** oder **pagatorische Buchhaltung**.

Die Buchführung dient der sachlich und zeitlich geordneten Aufzeichnung aller Geschäftsvorfälle eines Geschäftsjahres.*

Die Buchführung eines Unternehmens erfolgt unter den **Grundsätzen ordnungsgemäßer Buchführung (GoB)**. Die GoB sind die allgemein anerkannten Regeln zur Aufstellung der Geschäftsvorfälle und zur Erstellung des Jahresabschlusses. Aus diesen Grundsätzen ergeben sich folgende Anforderungen:

- **Materielle Ordnungsmäßigkeit**
  Alle Geschäftsvorfälle müssen vollständig und richtig aufgezeichnet werden. Nicht getätigte Geschäfte dürfen nicht aufgezeichnet werden.
- **Formelle Ordnungsmäßigkeit**
  Alle Aufzeichnungen müssen klar, übersichtlich und nachprüfbar sein.

Wortwörtlich sind die GoB in § 238 I HGB geregelt: „Die Buchführung muss so beschaffen sein, dass sie einem sachverständigen Dritten innerhalb angemessener Zeit einen Überblick über die Geschäftsvorfälle und über die Lage des Unternehmens vermitteln kann. Die Geschäftsvorfälle müssen sich in ihrer Entstehung und Abwicklung verfolgen lassen."

Aber wer ist überhaupt buchführungspflichtig? Nach dem **Handelsrecht** (§ 238 I HGB) ist jeder Kaufmann verpflichtet, Bücher zu führen. **Kaufmann** ist, wer ein **Handelsgewerbe** betreibt. **Steuerrechtlich** ist nicht jeder Unternehmer buchführungspflichtig. Gewerbliche Unternehmer, deren Unternehmen nach Art und Umfang einen in kaufmännischer Weise eingerichteten Geschäftsbetrieb nicht erforderlich macht, müssen keine Bücher führen. Das kann z.B. ein Unternehmer sein, der wenig Umsatz oder Gewinn erzielt, weil er sein Geschäft nur nebenbei betreibt. Die steuerrechtliche Buchführungspflicht tritt erst ein, wenn in einer Periode

– der Umsatz > 260.000 Euro oder – der Gewinn > 25.000 Euro ist.

Buchführungspflichtige Unternehmer müssen auch eine **Inventur** vornehmen (vgl. Abschnitt 10.3).

---

* Ein **Geschäftsvorfall** bezeichnet unternehmerisches Handeln, das sich auf die Höhe und die Zusammensetzung des Vermögens oder des Kapitals auswirkt.

10

Das System der doppelten Buchführung

Ausgangspunkt der Buchführung ist die **Bilanz** (vgl. Abschnitt 10.1). Für jede Bilanzposition wird ein Konto eröffnet, da die Bilanz zwar die Anfangsbestände der einzelnen Positionen wie Waren, Lager oder Eigenkapital enthält, aber nicht geeignet ist, Veränderungen in den Positionen wiederzugeben. Veränderungen können entweder Zugänge oder Abgänge sein.

Man bezeichnet die Buchführung auch als **doppelte Buchführung**, weil alle Geschäftsvorfälle auf zwei Konten festgehalten werden: Auf einem Konto wird im **Soll** und auf dem Gegenkonto im **Haben** verbucht. Beide Beträge müssen einander entsprechen. Soll (S) bezeichnet die linke, Haben (H) die rechte Seite eines Kontos. Im **Journal**, dem so genannten **Grundbuch**, werden die einzelnen Geschäftsvorfälle in chronologischer Reihenfolge erfasst. In einem Unternehmen mit unzähligen Geschäftsvorfällen ist diese chronologische Aufführung nicht ausreichend. Darum werden alle Geschäftsvorfälle systematisch auf einzelnen **Konten** erfasst.

10.2.1 Erfolgsunwirksame Geschäftsvorfälle

Begriffe *Bestandskosten • Aktiv- und Passivkonten • Aktivtausch • Passivtausch • Bilanzverlängerung • Bilanzverkürzung • Jahresabschluss*

Auf **Bestandskonten** werden Bestände und deren Änderung an Vermögensgegenständen verbucht, z.B. an Sachanlagen oder Forderungen, Kapital und Verbindlichkeiten. Bestandskonten sind unterteilt in Aktiv- und Passivkonten. Ein **Aktivkonto** ist ein Vermögenskonto, ein **Passivkonto** beinhaltet die Passivposten der Bilanz, dazu gehören Verbindlichkeiten und das Eigenkapital.

- **Aktivkonten** enthalten im Soll den **Anfangsbestand** und die **Zugänge**. Im Haben enthalten sie die **Abgänge** und den **Endbestand**.
- **Passivkonten** enthalten im Soll die **Abgänge** und den **Endbestand**. Im Haben enthalten sie den **Anfangsbestand** und die **Zugänge**.

S — Aktivkonto	H
Anfangsbestand Zugänge	Abgänge Endbestand
Summe	Summe

S — Passivkonto	H
Abgänge Endbestand	Anfangsbestand Zugänge
Summe	Summe

Wegen ihrer äußeren Form werden die Konten auch als **T-Konten** bezeichnet. Bestimmte Bestandskonten, z.B. das Konto „Bank“ können im Laufe des Geschäftsjahres vom Aktiv- zum Passivkonto werden. Dies ist z.B. der Fall, wenn bei einem Aktivkonto die Abgänge größer als der Anfangsbestand und die Zugänge sind, sodass sich ein negativer Endbestand ergibt. Grundsätzlich gilt die Gleichheit von Soll- und Habenseite durch die Kontogleichung:

Anfangsbestand (AB) + Zugänge = Abgänge + Endbestand (EB)

Bei den Buchungen auf Bestandskonten handelt es sich um **erfolgsunwirksame Geschäftsvorfälle**. Das sind Geschäftsvorfälle, die keine Auswirkungen auf das Eigenkapital, also den **Erfolg** einer Periode haben. Hier erfolgen die Buchung und die entsprechende Gegenbuchung auf Bestandskonten mit folgenden Möglichkeiten:

- **Aktivtausch**
  Es werden zwei Aktivkonten berührt: z.B. Barabhebung bei der Bank. Das Geld wurde noch nicht ausgegeben, es hat lediglich das Bankguthaben gemindert und den Kassenbestand erhöht.

- **Passivtausch**
  Es werden zwei Passivkonten berührt: z.B. eine Verbindlichkeit **a**us **L**ieferungen und **L**eistungen **(aLuL)** wird durch eine Banküberweisung beglichen, wobei das Bankkonto im Minus ist.

- **Bilanzverlängerung**
  Es werden ein Aktivkonto Soll und ein Passivkonto Haben berührt: Das Vermögen nimmt zu, ebenso die Verbindlichkeiten, z.B. wenn Waren **auf Ziel** (auf Rechnung) gekauft werden.

- **Bilanzverkürzung**
  Es werden ein Passivkonto Soll und ein Aktivkonto Haben berührt: Das Vermögen und die Verbindlichkeiten verringern sich, z.B. Barzahlung einer Schuld.

Die Bewegungen auf den einzelnen Konten werden mit **Buchungssätzen** beschrieben. Bei einem Buchungssatz wird zuerst das im Soll belastete Konto und dann das im Haben erkannte Konto genannt und mit „an“ verbunden: Konto Soll an Konto Haben (Betrag). Wählen wir als Beispiel einen Barkauf von Waren für 5.000 Euro. Der Buchungssatz lautet dann: „Waren an Kasse 5.000 Euro“.

Beispiele

Schauen wir uns nun einmal an Beispielen an, was Sie bisher gelernt haben. Zunächst betrachten wir, wie sich Konten aus der Bilanz ableiten lassen:

Aktiva	Bilanz 31.12.2003		Passiva
Grundstücke	200.000	Eigenkapital	169.500
Maschinen	120.000	kurzfristige Bankverbindlichkeiten	10.000
Waren	10.000	langfristige Bankverbindlichkeiten	150.000
Bankguthaben	10.000	Lieferantenverbindlichkeiten	12.000
Kasse	1.500		
Summe	**341.500**	**Summe**	**341.500**

Aus dieser Bilanz lassen sich folgende Konten eröffnen:

10

Aktivkonten			
S	**Grundstücke**		**H**
AB	200.000		
S	**Maschinen**		**H**
AB	120.000		
S	**Waren**		**H**
AB	10.000		
S	**Bankguthaben**		**H**
AB	10.000		
S	**Kasse**		**H**
AB	1.500		

Passivkonten			
S	**Eigenkapital**		**H**
		AB	169.500
S	**kurzfr. Bankverb.**		**H**
		AB	10.000
S	**langfr. Bankverb.**		**H**
		AB	150.000
S	**Lieferantenverb.**		**H**
		AB	12.000

Der Anfangsbestand wird jeweils aus der Bilanz, die zum Ende eines Geschäftsjahres aufgestellt wird, übertragen. Schauen wir uns nun einige Geschäftsvorfälle und ihre Wirkungen auf die Konten an:

1. Barzahlung an einen Lieferanten 1.500 Euro

Kasse wird vermindert um 1.500 Euro	Lieferantenverbindlichkeiten werden vermindert um 1.500 Euro
Kasse ist ein Aktivkonto (Abgänge im Haben)	Lieferantenverbindlichkeiten sind ein Passivkonto (Abgänge im Soll)

S	**Kasse**		**H**
		Lief.verb.	1.500

S	**Lieferantenverb.**		**H**
Kasse	1.500		

Buchungssatz: Lieferantenverbindlichkeiten an Kasse 1.500 Euro

2. Begleichung einer kurzfristigen Bankverbindlichkeit durch Banküberweisung 5.000 Euro

Bank wird vermindert um 5.000 Euro	kurzfristige Bankverbindlichkeit wird vermindert um 5.000 Euro
Bank ist ein Aktivkonto (Abgänge im Haben)	kurzfristige Bankverbindlichkeit ist ein Passivkonto (Abgänge im Soll)

S	Bankguthaben	H
		kurzfr. Bankverb. 5.000

S	kurzfr. Bankverb.	H
Bank	5.000	

Buchungssatz: kurzfristige Bankverbindlichkeit an Bank 5.000 Euro

3. Kauf einer Maschine gegen Banküberweisung 3.000 Euro

Maschinen wird erhöht um 3.000 Euro	Bank wird vermindert um 3.000 Euro
Maschinen ist ein Aktivkonto (Zugänge im Soll)	Bank ist ein Aktivkonto (Abgänge im Haben)

S	Maschinen	H
Bank	3.000	

S	Bankguthaben	H
		Maschinen 3.000

Buchungssatz: Maschinen an Bank 3.000 Euro

Die Endsalden, also die Beträge, die nach Berücksichtigung aller Zu- und Abgänge auf den Bestandskonten vorliegen, gehen in die Bilanz am Ende des Geschäftsjahres ein. Man spricht vom so genannten **Jahresabschluss**.

Betrachten wir nun, wie sich unsere Anfangsbilanz durch die einzelnen Geschäftsvorfälle verändert:

1. Buchungssatz: Barzahlung an einen Lieferanten 1.500 Euro:

S	Kasse		H
AB	1.500	Lief.verb.	1.500

S	Lieferantenverb.		H
Kasse	1.500	AB	12.000

a) Der Anfangsbestand der Kasse von 1.500 Euro vermindert sich um 1.500 Euro. Er ist also gleich Null.
b) Die Lieferantenverbindlichkeiten sinken von 12.000 Euro um 1.500 Euro auf 10.500 Euro.

10

2. Buchungssatz: Begleichung einer kurzfristigen Bankverbindlichkeit durch Banküberweisung 5.000 Euro

S	Bankguthaben		H
AB	10.000	kurzfr. Bankverb.	5.000

S	kurzfr. Bankverb.		H
Bank	5.000	AB	10.000

a) Der Anfangsbestand des Bankguthabens von 10.000 Euro vermindert sich um 5.000 Euro. Der Endbestand beträgt also 5.000 Euro.
b) Der Anfangsbestand der kurzfristigen Bankverbindlichkeiten in Höhe von 10.000 Euro vermindert sich ebenfalls um 5.000 Euro auf 5.000 Euro.

3. Buchungssatz: Kauf einer Maschine gegen Banküberweisung 3.000 Euro

S	Maschinen	H
AB	120.000	
Bank	3.000	

S	Bankguthaben	H	
AB	10.000	Maschinen	3.000
		kurzfr. Bank-verb.	5.000

a) Das Maschinenkonto erhöht sich um 3.000 Euro. Der Endbestand beträgt also 123.000 Euro.
b) Das Bankguthaben vermindert sich um 3.000 Euro. Da sich der Anfangsbestand durch den 2. Buchungssatz bereits um 5.000 Euro reduziert hat, beträgt der Endbestand dieses Kontos nur noch 2.000 Euro.

Unsere Schlussbilanz zum Ende dieser Periode gestaltet sich also wie folgt:

Aktiva	Bilanz 31.12.2004		Passiva
Grundstücke	200.000	Eigenkapital	169.500
Maschinen	123.000	kurzfristige Bankverbindlichkeiten	5.000
Waren	10.000	langfristige Bankverbindlichkeiten	150.000
Bankguthaben	2.000	Lieferantenverbindlichkeiten	10.500
Kasse	0		
Summe	**335.000**	**Summe**	**335.000**

10.2.2 Erfolgswirksame Geschäftsvorfälle

Begriffe ***Erfolgskonten • Aufwands- und Ertragskonten • Wertverzehr • Wertzuwachs***

Bislang haben wir nur Veränderungen betrachtet, die sich auf die Bestandskonten ausgewirkt haben. Daneben gibt es jedoch auch so genannte **erfolgswirksame Geschäftsvorfälle**. Das sind Geschäftsvorfälle, die sich direkt auf den Erfolg, also das Eigenkapital eines Unternehmens auswirken, indem sie es vermindern oder erhöhen. Die erfolgswirksamen Geschäftsvorfälle werden auf **Erfolgskonten** gebucht. Diese sind unterteilt in Aufwands- und Ertragskonten. Im **Aufwandskonto** werden die Minderungen des Eigenkapitals verzeichnet; Aufwand beschreibt also einen **Wertverzehr**. Im **Ertragskonto** wird die Mehrung des Eigenkapitals festgehalten; Ertrag beschreibt somit einen **Wertzuwachs**.

- Bei den Aufwandskonten werden die Zugänge im **Soll** gebucht.
- Bei den Ertragskonten werden die Zugänge im **Haben** gebucht.

Aufwandskonto			
Soll	+	Haben	-

Ertragskonto			
Soll	-	Haben	+

Am Ende eines Geschäftsjahres werden die Erfolgskonten wieder zusammengeführt und in einer so genannten **Gewinn- und Verlustrechnung** gesammelt. Der darin erfasste Jahresüberschuss bzw. Jahresfehlbetrag (vgl. Abschnitt 10.4) wird am Geschäftsjahresende auf das Eigenkapitalkonto der Bilanz verbucht. Für den Jahresabschluss wird die GuV jedoch gesondert aufgeführt und zusammen mit der Bilanz, dem Anhang und dem Lagebericht abgegeben.

10.3 Inventur

Begriffe *Inventar • körperliche Bestandsaufnahme • Buchinventur • Bilanzstichtag • Skontren*

Bevor eine Bilanz erstellt werden kann, ist durch § 240 HGB zunächst ein vollständiges Verzeichnis der Vermögensgegenstände und Schulden eines Unternehmens vorgesehen, das so genannte **Inventar**.

> ***Das Inventar ist ein Verzeichnis der Vermögensgegenstände und Schulden eines Unternehmens.***

Das Inventar wird über die **Inventur** (körperliche Bestandsaufnahme) ermittelt. Sie kann auf zwei Wegen erfolgen:

- als **körperliche Bestandsaufnahme**, das heißt, alle Vermögensgegenstände werden gezählt, gemessen oder gewogen,
- als **Buchinventur** auf Basis schriftlicher Unterlagen.

Die Inventur erfolgt zum **Bilanzstichtag**. In der Regel fällt der Bilanzstichtag auf den 31. Dezember eines Jahres. Dann muss auch die Inventur an diesem Tag erfolgen. Unter bestimmten Bedingungen kann von diesem Stichtag jedoch abgewichen werden. So z.B. bei der permanenten Inventur, bei der die Lagerbestände auf so genannten **Skontren** erfasst werden. Die Übereinstimmung mit den tatsächlichen Beständen wird durch laufende Kontrolle sichergestellt. Auf einem Skontro werden Stücke oder Mengen kontenmäßig erfasst.

Zweck der Inventur ist es, die tatsächlichen Bestände zu ermitteln, die auch bei sorgfältigster Buchführung durch Schwund, Diebstahl oder Fehlbuchungen vom eigentlichen Buchwert abweichen können. Alle in der Inventur ermittelten Vermögensbestände und Schulden sind nach Art, Menge und Wert aufzuführen.

10.4 Gewinn- und Verlustrechnung (GuV)

Begriffe *Bestandsrechnung • Zeitraumrechnung • Jahresüberschuss • Jahresfehlbetrag*

Zum ordentlichen Jahresabschluss gehört auch die Gewinn- und Verlustrechnung. Die Bilanz als **zeitpunktbezogene Bestandsrechnung** ermittelt den Erfolg einer Periode, indem sie Vermögen und Kapital einander gegenüberstellt. Die GuV lässt als **Zeitraumrechnung** erkennen, wie das

Betriebsergebnis, also der Gewinn oder Verlust einer Periode, entstanden ist, indem sie **Aufwendungen** und **Erträge** einander gegenüberstellt. Oder anders gesagt: Während die Bilanz nur den **Zustand** eines Unternehmens am Bilanzstichtag darstellt, zeigt die GuV das **wirtschaftliche Geschehen**, das sich im Laufe eines Geschäftsjahres im Unternehmen vollzogen hat.

Aufwendungen vermindern, Erträge erhöhen das Reinvermögen.

Bei der Darstellung der GuV in Kontenform stehen sich in einem T-Konto auf der Soll-Seite die Aufwendungen und auf der Haben-Seite die Erträge gegenüber, die über die Erfolgskonten (vgl. 10.2.2) ermittelt wurden. Ergebnis der GuV ist der **Jahresüberschuss** bzw. **Jahresfehlbetrag**. Diese Position fließt wiederum in das Eigenkapitalkonto auf der Passivseite der Bilanz. Die GuV ist also Bestandteil der Bilanz. Die genaue Form der GuV sowie die Wahl eines Kostenverfahrens werden von verschiedenen Vorschriften und Gesetzen beeinflusst, auf die hier nicht genauer eingegangen wird.

10.5 Anhang und Lagebericht

Begriffe *Bilanzpositionen • ergänzende Informationsquelle*

Kapitalgesellschaften haben neben der Bilanz und der GuV zusätzlich einen Anhang und einen Lagebericht zu erstellen.

Aufgabe von Anhang und Lagebericht ist es, den Jahresabschluss transparenter und verständlicher zu gestalten. Sie enthalten zusätzliche Angaben und Informationen über finanzielle Daten.

Der **Anhang** enthält Pflichtangaben zu den einzelnen Posten der Bilanz und der GuV sowie zu den angewandten Bewertungs- und Bilanzierungsmethoden. Darüber hinaus gibt es Wahlpflichtangaben, die im Anhang aufzunehmen sind, wenn sie noch nicht in der Bilanz oder GuV ausgewiesen wurden. Auch freiwillige Angaben sind möglich. Die Aufgabe des Anhangs ist es, die Bilanzpositionen zu erläutern und zu ergänzen.

Der **Lagebericht** bezieht sich auf

- den Geschäftsablauf im Berichtsjahr,
- die aktuelle wirtschaftliche Lage des Unternehmens,
- die voraussichtliche Entwicklung des Unternehmens,
- besondere Vorgänge, die nach Abschluss des Geschäftsjahres eingetreten sind,
- Forschung und Entwicklung,
- Zweigniederlassungen der Kapitalgesellschaft.

Der Lagebericht ist also eine **ergänzende Informationsquelle** für die Adressaten der Bilanz, z.B. Finanzamt, Banken oder mögliche Investoren.

Aufgaben zur Lernkontrolle

1. *Was ist ein Jahresabschluss? Welchen Zweck erfüllt er?*

2. *Setzen Sie die fehlenden Begriffe ein:*

Bilanz zum 31.12.2003

a)	**b)**
c)	**k)**
d)	**l)**
e)	langfristige Verbindlichkeiten
f)	m)
Umlaufvermögen	
g)	
Forderungen	
h)	
i)	
j)	**RAP**
Summe	**Summe**

3. *Warum spricht man bei der Buchführung auch von einer doppelten Buchführung?*

4. *Was besagt die Kontogleichung?*

5. *Leiten Sie aus den folgenden Geschäftsvorfällen die dazugehörigen Konten ab und bilden Sie die jeweiligen Buchungssätze.*

a) *Zahlung an einen Lieferanten per Banküberweisung 3.000 Euro*
b) *Barkauf von Waren im Wert von 500 Euro*
c) *Zahlung langfristiger Bankverbindlichkeiten durch Banküberweisung 12.000 Euro*
d) *Kauf einer Maschine gegen langfristigen Kredit 300.000 Euro*

6. *Grenzen Sie die Begriffe Inventur und Inventar voneinander ab!*

7. *Worin unterscheiden sich GuV und Bilanz? Inwiefern gehören sie zusammen?*

8. *Was ist die Aufgabe des Lageberichts?*

11 Internes Rechnungswesen

Während das externe Rechnungswesen insbesondere Informationen für unternehmensfremde Interessenten zur Verfügung stellt, bedient das interne Rechnungswesen die unternehmenseigenen Bedürfnisse. Kern des internen Rechnungswesens ist die **Kosten- und Leistungsrechnung (KLR)**. Aufgabe der KLR ist es, der Unternehmensführung wichtige Informationen zu liefern, die sie bei ihren zukunftsweisenden Entscheidungen unterstützen. Diese Informationen sollen helfen,

- die **Wirtschaftlichkeit** eines Unternehmens zu erhöhen. Um dies zu erreichen, werden die einzelnen Kosten genau untersucht und geplant. Wenn ein Unternehmen weiß, wodurch Kosten verursacht werden, kann es an diesen Stellen eingreifen.
- herauszufinden, welchen **Preis** man mindestens für ein Produkt ansetzen muss. Denn die Selbstkosten müssen gedeckt und eine angemessene Gewinnspanne kalkuliert sein.
- **Kostenabweichungen** festzustellen, sodass rechtzeitig mit Gegensteuerungsmaßnahmen reagiert werden kann. Dies ist z.B. möglich durch Vergleiche von Plan- und Istkosten. Die Plan- und die Istkosten sollen sich so weit wie möglich annähern.

Da die KLR dem Unternehmen selbst dient, ist sie anders als die Finanzbuchhaltung oder die Bilanz gestaltet und gegliedert. Während im externen Rechnungswesen sämtliche Beträge berücksichtigung finden, werden in der KLR nur die Beträge verrechnet, die mit dem eigentlichen **Betriebszweck** in Verbindung stehen. Der Betriebszweck der BMW AG z.B. ist die Produktion von Pkws und Motorrädern. Im Gegensatz zur Finanzbuchhaltung enthält die KLR zudem auch **kalkulatorische Kosten** bzw. **kalkulatorische Leistungen**. Derartige Kosten dürfen in der Finanzbuchhaltung nicht verwendet werden, da hier das Prinzip gilt, dass nur tatsächlich angefallene Kosten in der tatsächlichen Höhe angesetzt werden.

11.1 Begriffsklärungen und Abgrenzungen

Die KLR ist als interne Rechnung nicht an gesetzliche Vorschriften gebunden. Es bestehen jedoch einheitliche Verfahren und Begriffe. Im Folgenden sollen zunächst grundlegende Begriffe des internen Rechungswesens geklärt und von den Begriffen des externen Rechnungswesens abgegrenzt werden, bevor wir anschließend auf die wesentlichen Verfahren der KLR eingehen.

11.1.1 Aufwand und Kosten

Begriffe *Aufwand • Kosten • neutraler Aufwand • Zweckaufwand • aufwandsgleiche Kosten • kalkulatorische Kosten • Anderskosten • Zusatzkosten*

Aufwand ist ein Begriff des externen Rechnungswesens. Er beschreibt den **Wertverbrauch** von Gütern innerhalb einer Rechnungsperiode. Dieser Wertverbrauch wird in Geldeinheiten ausgedrückt. Aufwand muss nicht zwangsläufig dem eigentlichen Betriebszweck dienen. Wenn der Betriebszweck beispielsweise in der Produktion von Waschmaschinen liegt und der Betrieb Geld für ein SOS Kinderdorf spendet, so hat diese Spende nichts mit dem eigentlichen Betriebszweck zu tun. Die Spende würde in der Finanzbuchhaltung zwar als „normaler" Kostenblock verbucht, in der KLR werden jedoch nur Kosten erfasst, die mit dem eigentlichen Betriebszweck in Verbindung stehen.

Aufwand ist der Wertverbrauch von Gütern innerhalb einer Rechnungsperiode.

Der **neutrale Aufwand** stellt keine Kosten im Sinne der KLR dar, da er nicht oder nur entfernt mit dem Betriebszweck in Verbindung steht. Beim neutralen Aufwand unterscheiden wir:

- den **betriebsfremden Aufwand**, der nichts mit dem Betriebszweck zu tun hat und daher nicht in die Kalkulation eingeht wie z.B. Spenden für wohltätige Zwecke,
- den **außerordentlichen Aufwand**, der zwar mit dem Betriebszweck in Zusammenhang steht, aber unvorhergesehen oder schwankend eintritt z.B. Gebäudereparaturen,
- den **periodenfremden Aufwand**, der in früheren Perioden angefallen ist und damals nicht erfasst wurde, z.B. Steuernachzahlungen.

Der **Zweckaufwand** ist der Aufwand, der zugleich Kosten darstellt. Dazu gehören beispielsweise Rohstoffkosten. Diese Kosten werden durch den eigentlichen Betriebszweck verursacht.

Kosten ist ein Begriff aus dem internen Rechnungswesen. Sie unterscheiden sich vom Aufwand dadurch, dass sie betrieblich bedingt sind. Ganz allgemein gesehen beschreiben **Kosten** den Wert der Güter und Dienstleistungen, die für die Leistungserstellung verbraucht werden. Kosten können einerseits im **normalen Betriebsablauf** anfallen, also in der Produktion, im Absatz oder in sonstigen Funktionsbereichen. Andererseits fallen Kosten für die **Sicherung der Betriebsbereitschaft** an, z.B. wenn es um die Schaffung und Erhaltung des Betriebes geht.

Kosten sind die Werte der Güter und Dienstleistungen, die für die Leistungserstellung verbraucht werden.

Zu den Kosten zählen die **aufwandsgleichen Kosten** oder **Grundkosten**. Diese Kosten entsprechen dem Aufwand. Dazu gehören z.B. Werbekosten oder Fertigungslöhne. Die entsprechenden Aufwandsbeträge werden in gleicher Höhe in die KLR übernommen.

Kosten ohne Aufwandscharakter sind **kalkulatorische Kosten**. Dazu gehören die **Anderskosten**. Das sind Kosten, die durch den Verbrauch von Gütern oder Dienstleistungen verursacht werden und in der in der Kostenrechnung anders bewertet werden als in der Finanzbuchhaltung. Dies ist z.B. bei Abschreibungen* der Fall, die aufgrund steuerrechtlicher Vorschriften im externen Rechnungswesen mit einem bestimmten Wert angesetzt werden. Die realen Kosten weichen jedoch davon ab. Dieser realistischere Wert geht als Anderskosten in die KLR ein.

* Abschreibungen erfassen den betriebsbedingten Werteverzehr für Gegenstände des Anlagevermögens. Maschinen z.B. verlieren täglich an Wert, weil sie benutzt werden und der technische Fortschritt sie veralten lässt. Dieser Wertverlust soll sich auch in der Bilanz wiederfinden. Dabei wird der Wert einer einzelnen Maschine in jährliche Abschreibungsbeträge aufgeteilt.

Auch die **Zusatzkosten** zählen zu den kalkulatorischen Kosten. Dies sind Kosten, mit denen kein Aufwand verbunden ist. So z.B. der kalkulatorische Unternehmerlohn, der im Gegensatz zum Geschäftsführergehalt bei Kapitalgesellschaften nicht zu den Personalaufwendungen zählt, sondern im Gewinn enthalten ist.

Die folgende Abbildung zeigt Zusammenhänge und Abgrenzungen zwischen Aufwand und Kosten.

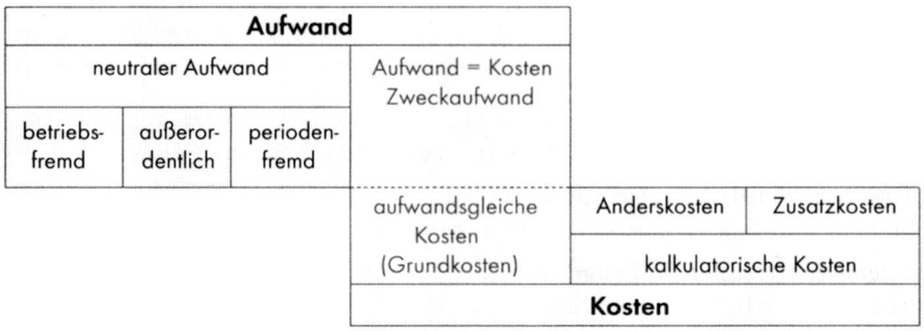

Abb. 11.1 Zusammenhänge und Abgrenzungen von Aufwand und Kosten

11.1.2 Erträge und Leistungen

Begriffe ***Ertrag • Wertzuwachs • neutrale Erträge • Leistung • Zweckertrag • kalkulatorische Leistungen***

Ertrag ist ein Begriff aus dem externen Rechnungswesen. Er bezeichnet einen **Wertzuwachs**. Erträge, die nicht betriebsbedingt sind und darum nicht im internen Rechnungswesen verrechnet werden dürfen, werden als **neutrale Erträge** bezeichnet. Spekulationsgewinne beispielsweise haben nichts mit dem eigentlichen Betriebszweck zu tun, wenn ein Unternehmen Kühlschränke produziert. Unter den neutralen Erträgen unterscheiden wir:

- **betriebsfremde Erträge**, die nicht durch das eigentliche Betriebsziel entstanden sind z.B. Spekulationsgewinne,
- **außerordentliche Erträge**, die unregelmäßig oder unerwartet angefallen sind z.B. der Zahlungseingang einer Forderung, die eigentlich schon abgeschrieben war,
- **periodenfremde Erträge** die sich aus früheren Perioden ergeben, z.B. Steuerrückzahlung.

Der wesentliche Teil des Ertrages entspricht den Leistungen als so genannte **Grundleistung** (aus Sicht der KLR) oder **Zweckertrag** (aus Sicht des externen Rechnungswesens). Hierzu gehören die Erträge aus der betriebsbedingten Tätigkeit.

Leistungen ohne Ertragscharakter sind **kalkulatorische Leistungen**. Ein Beispiel: Dr. Bruckmann, Leiter der Forschungsabteilung der Innovativ GmbH, hat ein Patent entwickelt, das in das neue Produkt Ultra plus einfließt. Dieses Patent von außen einzukaufen, hätte die Innovativ GmbH 20.000 Euro gekostet. In der KLR wird dieses Patent daher als kalkulatorische Leistung mit 20.000 Euro angesetzt.

Ertrag ist der Wertzuwachs, der innerhalb einer Rechnungsperiode vom Unternehmen erwirtschaftet wird.

Leistung ist das in Geld bewertete Ergebnis der betrieblichen Tätigkeit.

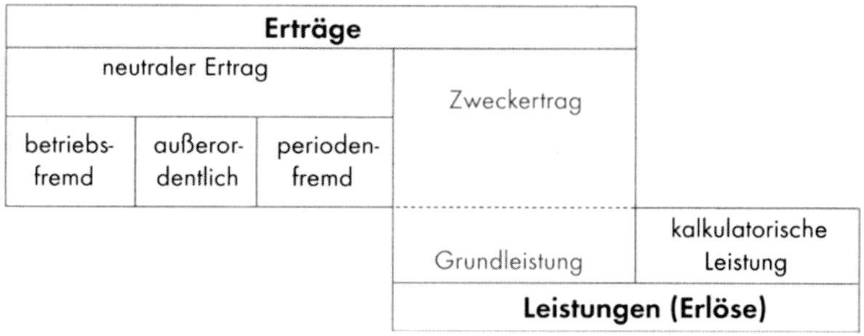

Abb. 11.2 Zusammenhänge und Abgrenzungen von Erträgen und Leistungen

11.1.3 Kostenbegriffe

Begriffe Einzelkosten • Gemeinkosten • variable Kosten • fixe Kosten

Bis hierher haben wir die einzelnen Begriffe sehr weit gefasst. Um insbesondere den wichtigen Begriff der Kosten besser zu verstehen, ergeben sich weitere Differenzierungen:

- **Einzel- und Gemeinkosten**

  Bei dieser Unterscheidung geht es um die Frage, inwieweit Kosten einer Bezugsgröße zugeordnet werden können. Solche Bezugsgrößen sind z.B. Produkte oder Aufträge. Einzelkosten sind direkte Kosten z.B. Materialkosten, die für ein einzelnes Produkt anfallen. Sie sind einer Bezugsgröße direkt zurechenbar. Gemeinkosten betreffen mehrere Produkte oder Aufträge gleichzeitig und lassen sich deshalb nicht direkt zuordnen. Die Gemeinkosten werden über Kostenstellen erfasst (vgl. Abschnitt 11.3). Beispiele für Gemeinkosten sind die Gehälter des Verwaltungspersonals oder Versicherungsbeiträge.

Einzelkosten sind einer Bezugsgröße direkt zurechenbar. Gemeinkosten lassen sich einer Bezugsgröße nicht direkt zuordnen.

- **Variable und fixe Kosten**

  Diese Unterscheidung basiert auf der Abhängigkeit der Kosten von bestimmten Einflussgrößen z.B. Ausbringungsmenge (produzierte Stückzahl) oder Ressourceneinsatz (Maschinenstunden). Variable Kosten sind also abhängig von einer Veränderung der Einflussgrößen. Die fixen Kosten fallen unabhängig davon an. Innerhalb einer Periode sind sie unveränderlich, solange die Kapazität eines Unternehmens nicht verändert wird.

11.1.4 Kostenrechnungssysteme

Begriffe *Istkostenrechnung • Normalkostenrechnung • Plankostenrechnung • Vollkostenrechnung • Teilkostenrechnung*

Bevor wir uns mit der eigentlichen Kostenrechnung beschäftigen, setzen wir uns zunächst mit verschiedenen Kostenrechnungssystemen auseinander:

- **Ist-, Normal- und Plankostenrechnung**
  Hier steht der zeitliche Bezug der Kosten im Mittelpunkt:
  - Die **Istkostenrechnung** bezieht sich auf die tatsächlich angefallenen Mengen und Kosten. Sie ist vergangenheitsbezogen, da die Kosten im Nachhinein ermittelt werden.
  - Die **Normalkostenrechnung** berücksichtigt ebenfalls Vergangenheitswerte, wobei sie Zufälligkeiten und Schwankungen ausschaltet. Die Normalkosten ergeben sich aus dem Durchschnitt der Istkosten vergangener Perioden.
  - Die **Plankostenrechnung** ist zukunftsorientiert. Die ermittelten Kosten sind daher geschätzte Kosten.

- **Voll- und Teilkostenrechnung**
  Bei dieser Unterscheidung steht die Kostenzurechnung auf die Kostenträger im Mittelpunkt. **Kostenträger** sind die Leistungen eines Unternehmens, deren Erstellung Kosten verursacht.
  - Bei der **Vollkostenrechnung** werden alle angefallenen Kosten auf die Kostenträger verteilt. Einzelkosten werden den Kostenträgern direkt zugerechnet und Gemeinkosten mithilfe von Schlüsselgrößen auf die Kostenträger umgelegt (vgl. Abschnitt 11.3).
  - Bei der **Teilkostenrechnung** wird den Kostenträgern nur ein Teil der Kosten zugerechnet, nämlich die direkt zuordbaren Kosten. Dies geschieht beispielsweise durch die Aufspaltung der Kosten in fixe und variable Kosten.

Die KLR wird in drei Schritten vorgenommen: zuerst die Kostenartenrechnung, anschließend die Kostenstellenrechnung und zum Schluss die Kostenträgerrechnung. Nachfolgend werden wir vertieft auf diese Schritte eingehen. Abb. 11.3 veranschaulicht das Prinzip der Vollkostenrechnung der KLR.

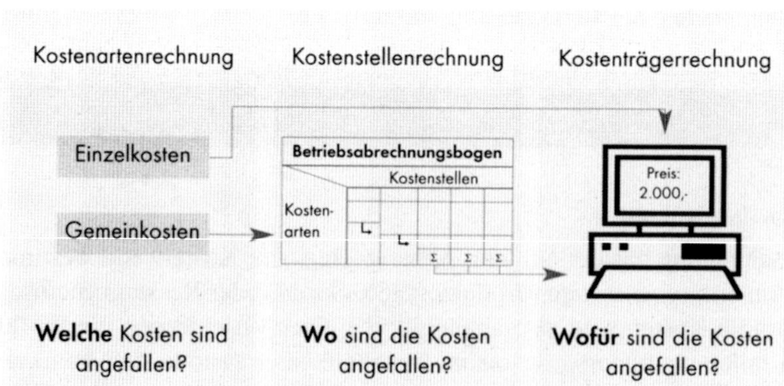

Abb. 11.3 Von der Kostenarten- zur Kostenträgerrechnung

11.2 Kostenartenrechnung

Begriffe *Primärkosten • Sekundärkosten • Materialkosten • Personalkosten • Fremdleistungskosten • kalkulatorische Kosten*

Die Leitfrage der Kostenartenrechnung lautet: Welche Kosten sind angefallen? Die Kostenartenrechnung ist keine Rechnung im eigentlichen Sinn, sondern erfasst nur die Kosten in bestimmten Kategorien – eben als Kostenarten. Alle anfallenden Kosten werden erfasst, nach Arten abgegrenzt, bewertet und gegliedert, z.B. nach Material- oder Personalkosten. Diese Kosten lassen sich weiter unterteilen in Einzel- und Gemeinkosten (vgl. Abschnitt 11.1.3). Die Gemeinkosten werden über die Kostenstellenrechnung ihren Kostenträgern zugeordnet. Die Einzelkosten gehen direkt in die Kostenträgerrechnung ein. Fehlerhafte Erfassung und falsche Daten in der Kostenartenrechnung führen also dazu, dass auch die anschließenden Rechnungen nicht stimmen.

In der Kostenartenrechnung werden ausschließlich **Primärkosten** erfasst. Das sind Kosten, die durch den bewerteten Verbrauch von Gütern und Dienstleistungen entstehen, die von außen bezogen werden, z.B. Rohstoffe oder Löhne. **Sekundärkosten** entstehen aus dem Wiedereinsatz innerbetrieblich erstellter Leistungen z.B. die Kosten für selbst erzeugten Strom oder für innerbetriebliche Transportleistungen.

Wir unterscheiden folgende gängige Kostenarten:

- **Materialkosten**
  Diese Kostenart ist insbesondere in Industrieunternehmen relevant. Die Rohstoffe, die in die Endprodukte eingehen, werden als Einzelkosten direkt für die Kostenträger erfasst. Hilfs- und Betriebsstoffe hingegen werden über die Kostenstellenrechnung erfasst.

- **Personalkosten**
  Zu den Personalkosten gehören die Lohn- und Gehaltskosten sowie sonstige Personalkosten, die auch Zusatzkosten wie Lohnnebenkosten, Prämien oder Zulagen beinhalten.

- **Fremdleistungskosten**
  Das sind Kosten, die durch Leistungen unternehmensfremder Dienstleister entstehen wie etwa Dienstleistungskosten (z.B. Versandkosten einer Spedition) oder für die Instandhaltung des Unternehmenseigentums (z.B. Leistung eines Handwerkers).

- **Kalkulatorische Kosten**
  Kalkulatorischen Kosten sind Zusatz- oder Anderskosten. Wir unterscheiden:
  - kalkulatorische Abschreibungen = andere Abschreibungsbeträge als in der Finanzbuchhaltung, die den tatsächlichen Wertverlust erfassen,
  - kalkulatorische Zinsen = Kosten zur Verzinsung des Eigenkapitals,
  - kalkulatorisches Wagnis = Kosten für die Risiken, die mit der Leistungserstellung verbunden sind,

11

- kalkulatorischer Unternehmerlohn = Kosten, die als vergleichbares Gehalt für die Arbeitsleistung des Inhabers einer Personengesellschaft oder eines Einzelunternehmens angesetzt werden,
- kalkulatorische Miete = Kosten für Räume, die zum Eigentum des Unternehmers zählen und die er dem Unternehmen unentgeltlich zur Verfügung stellt.

Die Gemeinkosten, die über die Kostenartenrechnung erfasst werden, gehen im nächsten Schritt in die Kostenstellenrechnung ein, wo sie den einzelnen Kostenstellen zugeordnet werden.

11.3 Kostenstellenrechnung

Begriffe *Kostenstellenplan • Betriebsabrechnungsbogen (BAB) • Endstellenkosten • innerbetriebliche Leistungsverrechnung • Verrechnungs- und Zuschlagssätze*

Die zentrale Frage der Kostenstellenrechnung lautet: Wo sind Kosten angefallen? Die Kostenstelle ist der eigentliche Ort, an dem die Kosten entstehen. Das kann z.B. eine Abteilung sein, aber auch eine andere Einheit, die aus kostenrechnerischen Gründen gebildet wurde. Die Kostenstellenrechnung ist Bindeglied zwischen Kostenarten- und Kostenträgerrechnung, denn hier werden die Gemeinkosten auf die einzelnen Kostenstellen verrechnet und gehen anschließend in die Kostenträgerrechnung ein. Die Kostenstellenrechnung läuft in drei Schritten ab:

❶ Bildung von Kostenstellen und Verteilung der Gemeinkosten auf die Kostenstellen,

❷ Innerbetriebliche Leistungsverrechnung (Abrechnung der Kostenstellen untereinander),

❸ Ermittlung der Gemeinkostenzuschlagssätze als Grundlage für die Kostenträgerrechnung.

Letztlich sind alle Aufgabenstellungen auf die Lösung von Kostenverteilungsproblemen ausgerichtet: Erstens sind die Gemeinkosten auf Kostenstellen, zweitens die Kosten der Hilfskostenstellen auf die Endkostenstellen und drittens schließlich die Kosten der Endkostenstellen auf die Kostenträger zu verteilen.

Bildung von Kostenstellen und Verteilung der Gemeinkosten auf die Kostenstellen

Wir haben bereits gelernt, dass Einzelkosten den Kostenträgern direkt zugerechnet werden können. Bei den Gemeinkosten ist dies nur indirekt möglich. Dazu wird das Unternehmen in einzelne **Kostenstellen** aufgespaltet. Daraus ergibt sich ein **Kostenstellenplan** (vgl. Abb. 11.4), der nach verschiedenen Punkten gegliedert sein kann:

- **Produktionstechnische Aspekte**

  Hier werden **Hauptkostenstellen** (Bearbeitung der Hauptprodukte), **Nebenkostenstellen** (Erstellung von Zwischenprodukten) und **Hilfskostenstellen** (unterstützende Kostenstellen) unterschieden.

- **Betriebliche Funktionsbereiche**

  Die Kostenstellen werden nach den einzelnen betrieblichen Funktionsbereichen gegliedert, um möglichst gleiche oder ähnliche Verrichtungen zusammenzufassen. Man unterscheidet:

  - Materialstellen (z.B. Einkauf, Materiallager)
  - Fertigungsstellen (z.B. Dreherei, Montage)
  - Verwaltungsstellen (z.B. Controlling, Personalwesen)
  - Vertriebsstellen (z.B. Versand, Verkauf)
  - Forschungs- und Entwicklungsstellen (z.B. Labor, Konstruktion)
  - allgemeine Kostenstellen (z.B. Kantine, Betriebsarzt)

  Diese Kostenstellen können weiter in Hilfs- und Hauptkostenstellen gegliedert sein, z.B. Fertigungshauptkostenstelle und Fertigungshilfskostenstelle. Die **Hauptkostenstellen** erbringen dabei ausschließlich oder überwiegend Leistungen für die Herstellung der Produkte. **Hilfskostenstellen** erbringen nur innerbetriebliche Leistungen, die bestimmten Hauptkostenstellen zugeordnet werden können.

Kostenstelle		Kostenstelle	
0	Material 001 Materialeinkauf 002 Wareneingang 003 Außenlager ...	3	Verwaltung 301 Geschäftsleitung 302 Controlling 303 Rechenzentrum ...
1	Fertigungshauptkostenstellen 101 Montage 102 Dreherei 103 Leitung ...	4	Vertrieb 401 Dienstfahrzeuge 402 Produktproben 403 Kundenbetreuung ...
2	Fertigungshilfskostenstellen 201 Elektrizitätserzeugung 202 Ablaufplanung ...	5	Forschung und Entwicklung 501 Versuchswerkstatt 502 Labor ...

Abb. 11.4 Beispiel eines Kostenstellenplans

Die Bildung der einzelnen Kostenstellen erfolgt nach bestimmten Grundsätzen:

- Es müssen **genaue Beziehungen** zur Kostenverursachung hergestellt werden können,
- jede Kostenstelle muss ein **eigener Verantwortungsbereich** sein, damit die Entscheidungsträger (z.B. Abteilungsleiter) überwacht werden können,
- die Bildung der Kostenstelle muss **wirtschaftlich** sein, d.h. Nutzen und Aufwand müssen in einem angemessenen Verhältnis stehen.

Das wichtigste Instrument der Kostenstellenrechnung ist der **Betriebsabrechnungsbogen (BAB)**. Im BAB werden die Gemeinkosten den Hauptkostenstellen zugerechnet. Diese Gemeinkosten werden als **Endstellenkosten** bezeichnet. Die Endstellenkosten stehen für die Leistung, die diese Hauptkostenstelle insgesamt erbracht hat. Aufgabe des BAB ist es, die Kosten pro Leistungseinheit, z.B. pro Reifen, zu ermitteln. Es muss also eine Verteilungsbasis für die Gemeinkosten je Kostenstelle gefunden werden, die es ermöglicht, die Kosten auf die Kostenträger, also die Leistungseinheiten, zu verteilen. Diese Basis nennt man **Bezugsgröße**. Solche Bezugsgrößen sind z.B. Stückzahl, Fertigungsstunden oder Maschinenstunden. Setzt man die Endstellenkosten nun ins Verhältnis zur ausgewählten Bezugsgröße, erhält man den **Kalkulationssatz** je Kostenträger.

Der BAB ist eine Tabelle, in der die Kostenarten (vertikal) und die Kostenstellen (horizontal) erfasst werden. Er dient der Verteilung der Gemeinkosten auf die Kostenstellen.
Zur Erfüllung dieser Aufgabe sind innerbetriebliche Kosten- und Leistungsverrechnungen nötig.

Innerbetriebliche Leistungsverrechnung

Unter **innerbetrieblichen Leistungen** versteht man Leistungen, die nicht am Markt veräußert, sondern unternehmensintern verwendet werden, z.B. selbst erstellte Werkzeuge oder eigene Forschungs- und Entwicklungsergebnisse. Diese Leistungen werden entweder in der Höhe bewertet, die der Zukauf ebendieser Leistungen von unternehmensfremden Dienstleistern kosten würde, oder mit dem Ertrag, den der Verkauf der Leistungen am Markt einbringen würde. Die innerbetrieblich erstellten Leistungen werden über die Kostenstellen untereinander abgerechnet **(Kostenstellenumlage)**.

Ermittlung der Gemeinkostenzuschlagssätze als Grundlage für die Kostenträgerrechnung

Um die Preise für ein Produkt oder eine Dienstleistung zuverlässig zu ermitteln, ist es notwendig, die Kalkulationssätze dafür zu bestimmen. Dazu werden Gemeinkostenzuschlagssätze zur weiteren Verwendung in der Kostenträgerrechnung ermittelt. Abb. 11.5 zeigt beispielhaft einen BAB mit den einzelnen Kostenstellen (horizontal) und den Kostenarten (vertikal) sowie der bisher beschriebenen Vorgehensweise.

11.4 Kostenträgerrechnung

Begriffe Kostenträger • Kostenträgerstückrechnung • Kostenträgerzeitrechnung

Im letzten Schritt der KLR werden die in der Kostenartenrechnung erfassten, zum Teil über die Kostenstellenrechnung verrechneten Kosten in der Kostenträgerrechnung ausgewiesen. Die Kernfrage der Kostenträgerrechnung lautet: Wofür sind Kosten angefallen? Kostenträger sind entweder **Absatzleistungen** (für den Absatzmarkt bestimmte Leistungen) oder **Eigenleistungen** (innerbetriebliche Leistungen).

Kostenträger sind Leistungen, deren Erstellung Kosten verursacht.

Kostenstellen: / Kostenarten:	Allgemeine- und Hilfskostenstellen						Hauptkostenstellen				
	1	2	3	4	5	-	Material-bereich	Fertigungs-bereich	(F & E Bereich)	Verwaltungs-bereich	Vertriebs-bereich
(Einzelkostenausweis, i.d.R. Fertigungslöhne)											
Primäre Gemeinkosten: Stelleneinzelkosten + Stellengemeinkosten					Teil 1 Bildung von Kostenstellen und Verteilung der Gemeinkosten auf die Kostenstellen						
= Summe der Primären Stellenkosten (PSK)											
Sekundäre Gemeinkosten: ./. Entlastungen von Sekundären Stellenkosten + Belastungen von Sekundären Stellenkosten					Teil 2 Innerbetriebliche Leistungsverrechnung (Abrechnung der Kostenstellen untereinander)						
Summe der Ist-Endstellenkosten (ESK)					Teil 3 Ermittlung der Gemeinkostenzuschlagssätze als Grundlage für die Kostenträgerrechnung						
Zuschlagsbasis											
Ist-Zuschlagssatz $\left(= \frac{\text{Ist-ESK} - 100}{\text{Zuschlagsbasis}}\right)$											
Normal-Zuschlagssatz											
Normal-Endstellenkosten (Normal-ESK)											
Kostenstellenabweichungen (Normal-ESK ./. Ist-ESK)											

Abb. 11.5 Beispielhafter Betriebsabrechnungsbogen (BAB)*

Die Kostenträgerrechnung erfüllt drei wesentliche Aufgaben:

- Die **Vorkalkulation** wird vor Beginn der Produktion anhand von geplanten oder geschätzten Kostendaten durchgeführt. Eine Vorkalkulation bezieht sich auf bestimmte Kundenanfragen oder Aufträge und gilt nur für einen bestimmten Zeitpunkt. Mit der Vorkalkulation können so Angebotspreise oder Kostenvoranschläge erstellt werden.
- Die **Nachkalkulation** vergleicht die geplanten mit den tatsächlich angefallenen Kosten. Dabei werden nach der Leistungserbringung die Kosten je Leistungseinheit ermittelt.

* Nach: Jórasz, William, *Kosten- und Leistungsrechnung*, Schäffer-Poeschel Verlag 2000, S. 123.

- Die **mitlaufende Kalkulation** oder **Zwischenkalkulation** erstellt der Projektleiter, um das Projekt wirtschaftlich steuern zu können. Er kalkuliert vorausschauend die für das Projekt erforderlichen Ausgaben und Kosten. Die Zwischenkalkulation wird insbesondere bei Aufträgen mit langer Laufzeit genutzt.

Es gibt zwei Arten der Kostenträgerrechnung:

- **Kostenträgerstückrechnung**
  Als Grundlage der Kalkulation werden die Kosten für eine Leistungseinheit (z.B. Stück) ermittelt.

- **Kostenträgerzeitrechnung**
  Es werden die Kosten für einen bestimmten Zeitraum (Monat, Quartal) erfasst und den Leistungen dieses Zeitraums gegenübergestellt. So ergibt sich eine zeitraumbezogene Erfolgsrechnung, wobei eine Untergliederung z.B. nach Produkten oder Produktgruppen möglich ist.

Die Kostenträgerrechnung nimmt somit eine wichtige Rolle bei der Entscheidungsfindung ein, da sie Informationen zur **Preispolitik**, zur **Programmpolitik**, zur **Beschaffungspolitik** und zur **Bestandsbewertung** liefert.

In der Kostenträgerrechnung sollen also die Kosten je Leistungseinheit ermittelt und zugerechnet werden. Eine eindeutige Zurechnung der Gemeinkosten ist jedoch nicht immer möglich. Darum gibt es verschiedene **Kalkulationsverfahren**. Hier werden die einfache Divisionskalkulation und die Stufenkalkulation dargestellt:

- **Einfache Divisionskalkulation**
  Die Kosten je Leistungseinheit ergeben sich wie folgt:

$$\text{Kosten je Leistungseinheit} = \frac{\text{Gesamtkosten}}{\text{Leistungsmenge}}$$

> Beispiel: Im Jahr 2003 fielen Kosten in Höhe von 500.000 Euro an, bei einer Produktionsmenge von 10.000 Stück.
>
> $$\text{Kosten je Leistungseinheit} = \frac{500.000\ \text{Euro}}{10.000}$$
>
> $$= \mathbf{50\ Euro/Stück}$$

- **Zweistufige Divisionskalkulation**
  Diese Kalkulationsart berücksichtigt, dass nicht alle produzierten Erzeugnisse im Betrachtungszeitraum abgesetzt wurden. Die Kosten werden daher einerseits auf die produzierte und andererseits auf die abgesetzte Menge bezogen.

  Die Selbstkosten je Erzeugniseinheit ergeben sich wie folgt:

$$\text{Selbstkosten} = \frac{\text{Herstellkosten}}{\text{Produktionsmenge}} + \frac{\text{Verwaltungskosten + Vertriebskosten}}{\text{Absatzmenge}}$$

Beispiel: Im Jahr 2003 hat ein Unternehmen 10.000 Autoreifen produziert und davon 8.000 Stück verkauft. Es sind Gesamtkosten in Höhe von 50.000 Euro angefallen, davon 15.000 Euro Verwaltungs- und Vertriebskosten.

$$\text{Selbstkosten} = \frac{\text{35.000 Euro}}{\text{10.000}} + \frac{\text{15.000 Euro}}{\text{8.000}}$$

$$= \text{3,50 Euro} + \text{1,87 Euro}$$

$$= \textbf{5,37 Euro/Stück}$$

Aufgaben zur Lernkontrolle

1. *Was sind kalkulatorische Kosten? Warum sind im externen Rechnungswesen keine kalkulatorischen Kosten enthalten?*

2. *Grenzen Sie Gemeinkosten und Einzelkosten gegeneinander ab und finden Sie jeweils ein Beispiel.*

3. *Stellen Sie den Ablauf der Kosten- und Leistungsrechnung grafisch dar.*

4. *Nennen Sie die Kostenarten, die Sie kennen, und beschreiben Sie diese jeweils kurz.*

5. *Was ist ein Betriebsabrechnungsbogen? Welche grundlegenden Aufgaben erfüllt er?*

6. *Wodurch unterscheiden sich Kostenträgerstück- und Kostenträgerzeitrechnung?*

7. *Im Jahr 2003 hat ein Unternehmen 700 Fernseher produziert. Davon wurden 350 Stück verkauft. Es sind Gesamtkosten von 455.000 Euro angefallen, davon 120.000 Euro Verwaltungs- und Vertriebskosten. Führen Sie*

a) *eine einfache Divisionskalkulation,*

b) *eine zweistufige Divisionskalkulation durch.*

Runden Sie auf zwei Stellen nach dem Komma.

12 Entscheidungsunterstützung durch das Controlling

Controlling ist ein unternehmerisches Informations- und Führungsinstrument. Es bietet Entscheidungsunterstützung durch ergebnisorientierte **Planung**, **Steuerung** und **Überwachung** des Unternehmens in allen Bereichen und auf allen Ebenen. Gemeinsam mit dem Marketing gilt das Controlling als **tragende Säule der Unternehmensführung**. Der Begriff „Controlling" könnte zwar auf eine reine Kontrollfunktion schließen lassen, es beinhaltet jedoch vielmehr eine **Steuerungs-** und **Lenkungsfunktion**. Es ist damit nicht nur vergangenheitsbezogen, sondern auch gegenwarts- und vor allen Dingen zukunftsorientiert.

Controlling versteht sich als Planungs-, Steuerungs- und Lenkungsinstrument für eine zukunftsorientierte Unternehmensführung.

Greifen wir noch einmal unser Bild vom Anfang des Buches auf: Verstehen wir den Unternehmer als Kapitän eines Schiffes und die Führungskräfte als Offiziere, so ist der Controller als Lotse zu sehen. Diese Lotsenfunktion ist heute sehr weit gefasst und beinhaltet u.a. folgende Aufgaben:

- Sorge tragen für eine **Transparenz** des Betriebsergebnisses, der Finanzsituation, der betrieblichen Prozesse und der Unternehmensstrategie,
- Koordination von **Teilzielen** und **Teilplänen** sowie Aufbau eines bereichsübergreifenden **Berichtswesens**,
- Sicherstellung der **Informationsversorgung** für die Entscheidungsträger des Unternehmens.

Die Aufgaben des Controllings finden sich im **Controlling-Regelkreis** wieder, der aus Zielsetzung, Definition von Maßnahmen, Soll-Istvergleich und Korrektur der Ziele besteht (vgl. Abb. 12.1). Alle Controlling-Aktivitäten lassen sich in einem solchen Kreislauf beschreiben, der mit der Zielsetzung beginnt.

Ein Ziel kann beispielsweise die Senkung der Ausschussrate auf 5 Prozent sein. Nun müssen Maßnahmen definiert werden, wie dieses Ziel erreicht werden kann, z.B. indem zukünftig ein Mitarbeiter für die Qualitätssicherung zuständig ist. Nach einer gewissen Zeit wird ein Soll-Istvergleich vorgenommen, der anhand von Kennzahlen darlegt, ob eine Reduzierung der Ausschussmenge realisiert werden konnte. Ergibt der Soll-Istvergleich, dass die Ausschussrate trotz aller Bemühungen nur auf 5,9 Prozent reduziert wurde, ist gegebenenfalls eine Anpassung des ursprünglichen Ziels notwendig.

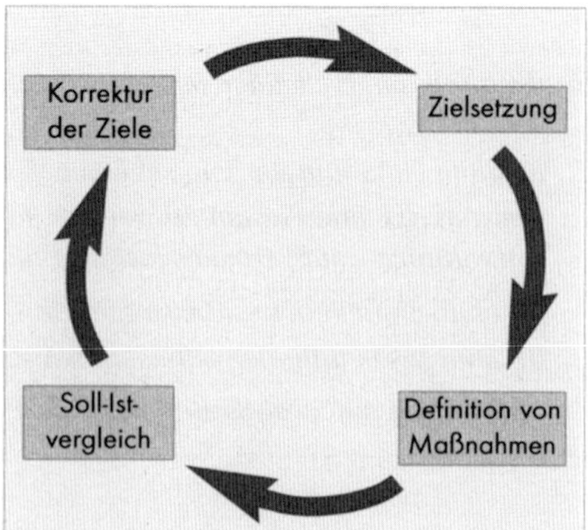

Abb. 12.1 Controlling-Regelkreis

Das Controlling macht sich also auch Kennzahlen zunutze (vgl. Lektion 13). **Kennzahlen** sind quantitative Daten, die über zahlenmäßig erfassbare betriebswirtschaftliche Sachverhalte informieren. Sie stellen komplexe Zusammenhänge vereinfacht dar. Thema dieser Lektion ist zunächst das strategische und operative Controlling.

12.1 Strategisches Controlling

Begriffe *Kostenführerschaftsstrategie • Präferenzstrategie • Spezialisierungsstrategie • Lebenszyklus • Portfolio*

Beim strategischen Controlling handelt es sich um eine **langfristige** Controlling-Perspektive, die auf der **strategischen Unternehmensplanung** basiert.

Beim strategischen Controlling steht im Vordergrund, langfristig erfolgversprechende Geschäftsfelder auszubauen und Kernkompetenzen zu entwickeln.

Das strategische Controlling beschäftigt sich auch mit der Frage, welche Positionierung das Unternehmen im Wettbewerb und bei seinen Kunden einnimmt. Es lassen sich diesbezüglich drei Strategien ableiten:

- **Kostenführerschaftsstrategie**
  Es sollen Kostenvorteile genutzt und über den Preis an den Kunden weitergegeben werden. Preise können so vergleichsweise niedrig gehalten werden. Derartige Kostenvorteile lassen sich insbesondere über Massenproduktion und Standardisierung von Produkten und Dienstleistungen erzielen. Automobilhersteller nutzen Kostenvorteile, indem sie z.B. Kleinwagen nur mit einer standardisierten Ausstattung anbieten.

- **Präferenzstrategie**
  In kleinen Marktsegmenten werden differenzierte Produkte oder Dienstleistungen angeboten, die bestimmte Kundenpräferenzen befriedigen. Dadurch kommt es zu einer Leistungs- oder Qualitätsführerschaft in diesem Segment. Das Marktsegment, in dem sich beispielsweise der Sportwagenhersteller Porsche positioniert hat, ist ein Nischensegment. Im Vergleich zum Kleinwagenmarkt gibt es nur eine begrenzte Anzahl von Käufern, die dieses Produkt bevorzugen. Für diese Käuferschicht spielt der Preis eine unbedeutende Rolle. Die Firma Porsche nutzt in diesem Segment die Präferenzstrategie.

- **Spezialisierungsstrategie**
  Kostenführerschafts- und Präferenzstrategie sind isoliert nicht langfristig durchführbar. Das bedeutet, dass eine Strategiekombination notwendig wird. Als dritte Möglichkeit kann die Spezialisierungsstrategie genutzt werden, die eine Kombination von Kostenführerschaft und Präferenzstrategie darstellt.

Aufgabe des strategischen Controllings ist es, den Unternehmenserfolg zu sichern. Dafür überwacht und korrigiert das strategische Controlling die Unternehmensziele und deren Strategiekonzepte.

Auch der **Produktlebenszyklus** (vgl. Abschnitt 4.3.1) unterstützt das strategische Controlling bei Programm- und Sortimentsanalysen. Dabei werden die Prozesse betrachtet, die in den einzelnen Lebenszyklusphasen notwendig sind. Diese Prozesse werden auf ihre Notwendigkeit hin untersucht. Ziel dieser Betrachtung ist es, Prozesse zu verschlanken und unnötige Prozesse zu eliminieren. So sind in der Einführungsphase Prozesse wie Marktforschung oder Konstruktion notwendig. In der Wachstumsphase stehen logistische Prozesse oder die Qualitätssicherung im Vordergrund, aber auch die Erfolgskontrolle nimmt einen wichtigen Raum ein.

Neben dem Controlling des Produktlebenszyklus gibt es auch die Möglichkeit, über ein Portfolio Kunden oder Produkte zu prüfen. Ein **Portfolio** ist eine grafische Darstellung in Form einer Matrix. Es ermöglicht die Analyse strategischer Geschäftsfelder und hilft damit, über die Zukunft dieser Geschäftsfelder zu entscheiden. Das bekannteste Portfolio ist das der Boston Consulting Group (vgl. Abb. 12.2). Die Geschäftsfelder eines Unternehmens lassen sich demnach abhängig von ihrem Marktanteil und dem voraussichtlichen Marktwachstum in vier Gruppen einteilen:

- **Lahme Hunde**
  Ein Geschäftsfeld, das in diesem Bereich positioniert wird, hat einen geringen Marktanteil und auch das zukünftige Marktwachstum ist nicht sehr erfolgversprechend. Wegen der schwachen Wettbewerbsstellung sollte sich das Unternehmen überlegen, sich von diesem Geschäftsfeld (Produkt, Kundengruppe) zu trennen.

- **Melkkühe**
  Obwohl das Marktwachstum in diesem Bereich gering ist, haben die Produkte einen hohen Marktanteil. Es sind eingeführte und erfolgreiche Produkte, die hohe Umsätze und Gewinne bringen. Dieses Geschäftsfeld sollte „gemolken“ werden, solange es möglich ist.

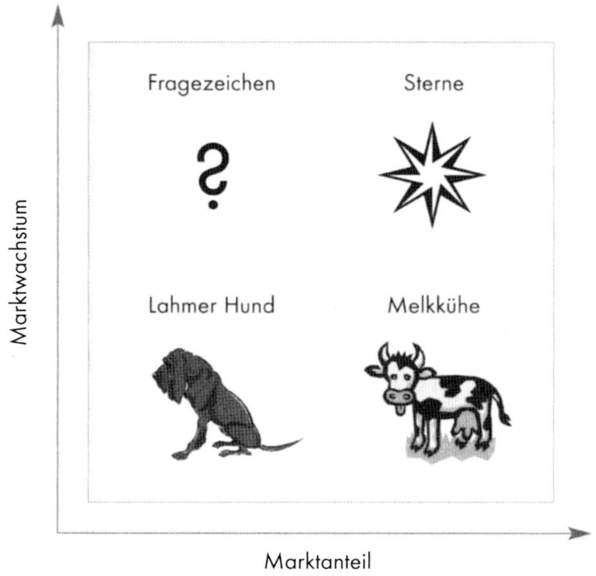

Abb. 12.2 Boston-Matrix

- **Fragezeichen**
  Produkte im Bereich der Fragezeichen haben derzeit einen geringen Marktanteil, sie versprechen jedoch ein hohes Marktwachstum. Aufgabe des Controllers ist es hier, diese Produkte zu fördern und sie nach Möglichkeit zu Sternen auszubauen.

- **Sterne**
  Sterne sind das Aushängeschild eines Unternehmens. Der Marktanteil ist heute bereits hoch und die Zukunft verspricht ein hohes Marktwachstum. In diese Produkte sollte investiert werden, damit die Position erhalten und gestärkt werden kann.

Ein derartiges Portfolio gibt dem Controller eine strategische **Entscheidungshilfe**. So wird deutlich, welche Produkte oder Produktgruppen wesentlich zum Unternehmenserfolg beitragen und daher zukünftig auch gestärkt werden sollen. Portfolios finden auch im Marketing häufig Anwendung, wenn über den Ausbau oder den Abbau strategischer Geschäftsfelder entschieden werden soll. Das Controlling arbeitet jedoch im Vergleich zum Marketing verstärkt mit unternehmensweiten Kennzahlen. Das Marketing bezieht verstärkt die Seite der Nachfrager, also der Kunden und das Unternehmensumfeld in seine Überlegungen mit ein.

Mithilfe von Produktlebenszyklus und Portfolio werden die Zusammenhänge im Unternehmen transparent. Diese Instrumente liefern dem strategischen Controlling wertvolle Informationen, die auch für die Entscheidungsträger des Unternehmens wichtig sind. Denn die Informationen helfen bei Entscheidungen, die den Unternehmenserfolg sichern sollen.

12.2 Operatives Controlling

Begriffe ***Frühwarnsystem • Funktions-Controlling • Budgetierung • Prozesskostenrechnung***

Das operative Controlling beschäftigt sich erstrangig mit **Kalkulationsobjekten**. So wird z.B. der Preis für ein bestimmtes Produkt kalkuliert und schließlich auch kontrolliert. Das operative Controlling nimmt auch Aufgaben der **Liquiditätsüberwachung** wahr. Damit verwischen die Grenzen zum strategischen Controlling. Das operative Controlling basiert analog zum strategischen Controlling auf der operativen Unternehmensplanung.

Das operative Controlling soll für Transparenz in komplexen Zusammenhängen sorgen. Die Informationen, die das Controlling hierfür benötigt, stammen aus allen Unternehmensbereichen, insbesondere jedoch aus dem betrieblichen Rechnungswesen, speziell aus der Kosten- und Leistungsrechnung. Ziel des operativen Controllings ist es, frühzeitig Handlungsbedarf in Problembereichen zu erkennen und geeignete Maßnahmen zur Gegensteuerung einzuleiten. In diesem Sinne ist das operative Controlling ein **Frühwarnsystem** im Unternehmen.

Das Controlling-Konzept eines Unternehmens soll so gewählt sein, dass es Werkzeuge enthält, die den jeweiligen Controlling-Bedarf eines Unternehmens bestmöglich erfüllen. Ein kleines oder mittelständisches Unternehmen braucht sicherlich andere Controlling-Instrumente als ein großes Unternehmen mit vielen tausend Mitarbeitern. Auch die Branche, Fertigungsbreite und Fertigungstiefe bestimmen maßgeblich, welche Controlling-Aktivitäten notwendig sind. Nachfolgend sind einige Controlling-Instrumente dargestellt, die zu den Standardwerkzeugen im Werkzeugkasten des Controllings zählen:

Benchmarking	Beim Benchmarking werden Kennzahlen des eigenen Unternehmens mit den Kennzahlen anderer Unternehmen verglichen, die eine sehr gute Leistung erbringen. Das Unternehmen vergleicht seine Leistung dabei mit der Leistung der Branchenbesten.

Finanz-Controlling	Das Finanz-Controlling gewährt einen Überblick über die Konsequenzen finanzwirtschaftlicher Entscheidungen anhand von Kennzahlen.
Investitions-Controlling	Hier werden Investitionsentscheidungen überwacht, z.B. durch Kostenvergleiche.
Kalkulation	In der Kalkulation werden u.a. Zuschlagssätze für die Preisfestlegung ermittelt.
Kosten-Controlling	Das Kostencontrolling unterstützt die Kosten- und Leistungsrechnung mittels BAB.
Projekt-Controlling	Hier geht es darum, die Fortschritte in Zeit und Leistung von Projekten oder Arbeitspaketen zu überwachen.
Reporting	Das Reporting unterstützt die Darstellung der Controlling-Ergebnisse in Form eines übersichtlichen Berichts, der auf wesentliche Kennzahlen und Kernaussagen beschränkt ist.
Strategisches Controlling	Dieses Instrument umfasst strategische Werkzeuge, z.B. das Controlling des Produktlebenszyklus.

Diese Instrumente können sowohl bereichsübergreifend als auch funktionsbezogen verwendet werden. Die Anwendung der Instrumente z.B. in den einzelnen Funktionsbereichen eines Unternehmens erhöht die Aussagekraft der Ergebnisse, weil Stärken und Schwächen in den einzelnen Bereichen konkret festgestellt werden können. Wir sprechen auch vom **Funktions-Controlling**. Ein unternehmensweites Controlling ohne Trennung der einzelnen Funktionsbereiche verschleiert im Vergleich dazu die Genauigkeit der Ergebnisse. Funktionsbezogene Controlling-Bereiche können u.a. sein:

- **Personal-Controlling**
  (z.B. Überwachung der Krankheitsrate)
  Personaldaten werden in die Controlling-Aktivitäten einbezogen,

- **Beschaffungs-Controlling**
  (z.B. Bewertung von Kosten- und Preisobergrenzen)
  Beschaffungsvorgänge werden auf ihre Zweckmäßigkeit und Wirtschaftlichkeit hin geprüft,

- **Produktions-Controlling**
  (z.B. Kapazitäts-Controlling)
  Produktionsprozesse werden auf ihre Effizienz geprüft.

Budgetierung

Die Budgetierung ist eine Vorschau auf die geplanten Ein- und Auszahlungen einer Periode. Aufgabe der Budgetierung ist die Planung finanzieller Mittel, die Aufrechterhaltung des finanziellen Gleichgewichts und die Kostenkontrolle. Sie ist daher eines der einfachsten und trotzdem wirksamsten Instrumente des operativen Controllings. Bei der Budgetierung werden finanziellen Mittel für ein bestimmtes Projekt oder einen Unternehmensbereich für eine Periode zur Verfügung gestellt. Das Controlling überwacht die Einhaltung des Budgets. Es fungiert dabei wie eine Ampel. Hält das Projektteam sein Budget ein, steht die Ampel auf grün. Droht das Budget überschritten zu werden, signalisiert der Controller gelb, also Vorsicht. Bei einer drastischen Überschreitung zeigt der Controller gar die rote Karte. Der Projektleiter muss sich dann für die Überschreitung rechtfertigen und zukünftig besser auf die Budgetgrenzen achten. Ein Budgetplan einer Marketingabteilung gestaltet sich wie folgt:

Budgetplan 01.01. bis 31.12.2004/Stand: 01.03.2004						
in Euro	Januar		Februar			
Kostenart	**Soll**	**Ist**	**Soll**	**Ist**	**YTD***	**Abweichung in %**
Personalkosten	150.000	180.000	150.000	170.000	350.000	+17
Reisekosten	20.000	15.000	22.000	23.000	38.000	-9
Messen	50.000	50.000	70.000	70.000	120.000	0

Abb. 12.3 Budgetplan einer Marketingabteilung

Prozesskostenrechnung

Die Prozesskostenrechnung ist eines der modernsten Hilfsmittel des Controllings. Sie ermöglicht eine genaue Analyse der einzelnen Aktivitäten und die Untersuchung der Prozesse, die den Aktivitäten zugrunde liegen. Ein Prozess beschreibt die Gesamtheit von aufeinander wirkenden Vorgängen in einem Unternehmen.

Bei der Prozesskostenrechnung geht es vor allem um die Erfassbarkeit, Abgrenzung und Definition von Aktivitäten. Bei immer stärker steigenden Gemeinkosten, die den Leistungseinheiten nicht direkt zugeordnet werden können, greift die Prozesskostenrechnung kontrollierend ein. Die Gemeinkosten sollen dabei verursachungsgerecht den einzelnen Leistungseinheiten zugerechnet werden können. Bei Einführung einer Prozesskostenrechnung werden zunächst die einzelnen Prozesse identifiziert, z.B der Prozess eines Kundenangebots. Ein Kundenangebot durchläuft bei seiner Erstellung mehrere Stationen. Von der Angebotsannahme in der Vertriebsabteilung über die Entwicklungsabteilung zur Controlling-Abteilung, die die Preiskalkulation für die Vorgaben der Entwicklung vornimmt. Schließlich geht das Angebot zurück zur Vertriebsabteilung und von dort direkt zum Kunden (vgl. Abb. 12.4).

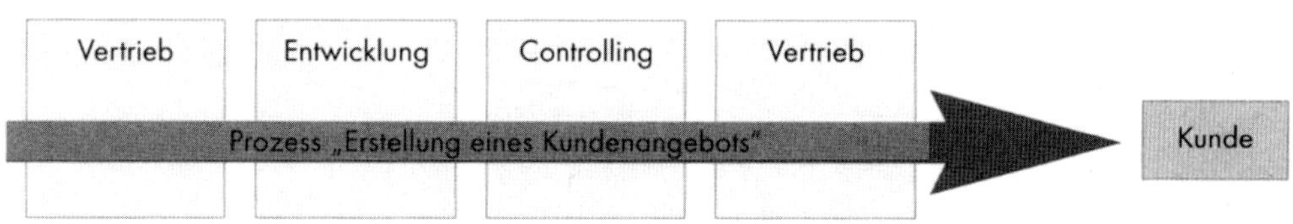

Abb. 12.4 Prozess eines Kundenangebotes

* YTD = Year to date: zeigt die Kosten an, die von Beginn der Periode bis heute entstanden sind.

Damit werden mehrere Kostenstellen berührt. Dies verursacht Aktivitäten, die wiederum zu Kosten führen. Diese Aktivitäten werden als **Kostentreiber** bezeichnet. Die Prozesskostenrechnung analysiert diese Aktivitäten, verdichtet Teilprozesse zu einem Hauptprozess und legt schließlich die Kostensätze für die Preiskalkulation fest.

Das Controlling unterliegt einem ständigen **Fortschritt** und einer kontinuierlichen **Weiterentwicklung**. Hier ist es z.B. das Bewertungskonzept des **Total Quality Management** (TQM), das seit mehreren Jahren die absolute Qualitätsorientierung in Unternehmen vorsieht. Über die Qualitätsorientierung versprechen sich die Unternehmen neben der erhöhten Kundenzufriedenheit auch Kostenvorteile, z.B. durch verminderte Reklamationszahlen. Andererseits bietet ein gutes Controlling-Konzept den Mitarbeitern auch die Möglichkeit zur Selbststeuerung durch Selbstkontrolle.

Aufgaben zur Lernkontrolle

1. *Was ist Controlling? Erklären Sie mit eigenen Worten.*
2. *Stellen Sie den Controlling-Regelkreis grafisch dar.*
3. *Was ist die Aufgabe des strategischen Controllings?*
4. *Was sind Fragezeichen, Sterne, lahme Hunde und Melkkühe aus der Sicht eines strategischen Controllers?*
5. *Nennen Sie drei Controlling-Instrumente!*
6. *Warum empfiehlt sich ein Funktions-Controlling?*
7. *Was verstehen Sie unter Budgetierung?*

13 Entscheidungshilfen durch Kennzahlen

Kernaufgabe des Controllings ist es, die Führungskräfte bei ihrer Entscheidungsfindung mit den nötigen Informationen zu versorgen. So spielen z.B. bei Entscheidungen über die Gestaltung der Produktpalette, über Investitionsmaßnahmen und über den Einsatz von Arbeitskräften die erfassten Daten des Controllings eine große Rolle. Meist sind Entscheidungsträger keine Controlling-Fachleute und haben nur wenig Zeit, sich in die vorgelegten Informationen einzuarbeiten. Damit die Führungskräfte mit dem umfangreichen Datenmaterial des Controllings nicht überfordert sind, müssen die erfassten Daten verdichtet und aufbereitet, d.h. in eine übersichtliche und verständliche Form gebracht werden. Aus diesem Grund gibt es **Kennzahlen**. Dabei handelt es sich um quantitative Daten, die über zahlenmäßig erfassbare betriebswirtschaftliche Sachverhalte informieren und die komplexe Realität vereinfacht darstellen.

Kennzahlen berichten schnell, prägnant und aussagekräftig über unternehmerische Aktivitäten, für die viele bedeutsame Einzelinformationen vorliegen, deren Auswertung für bestimmte Informationsbedürfnisse aber zu zeitintensiv und aufwändig ist.

Es gibt ganz unterschiedliche Arten von Kennzahlen. Grundsätzlich lassen sich absolute und relative Kennzahlen voneinander unterscheiden. Beispiele für **absolute Kennzahlen** sind der Gewinn, der Umsatz und der Deckungsbeitrag. Der **Deckungsbeitrag** (auch Bruttogewinn) ergibt sich aus dem Umsatz abzüglich der variablen Kosten. **Relative Kennzahlen** sind Verhältniszahlen, z.B. die Rentabilität, die Produktivität, die Umschlagsgeschwindigkeit und die Eigenkapitalquote. Relative Kennzahlen haben eine höhere Aussagekraft, da sie bestimmte Sachverhalte in Beziehung zueinander setzen und damit mehr Information beinhalten als die absoluten Kennzahlen.

Aufgabe des Controllings ist es nun, die Kennzahlen so aufzubereiten, dass sie sich für interne und externe Betriebsvergleiche eignen. Bei **internen Betriebsvergleichen** werden betriebsintern Kennzahlen verglichen, z.B. Vergangenheitswerte mit Gegenwartswerten oder Sollkosten mit Istkosten. Bei **externen Betriebsvergleichen** finden diese Vergleiche betriebsübergreifend statt. Wir haben diese Art des Betriebsvergleichs schon als **Benchmarking** kennen gelernt (vgl. Abschnitt 12.2). Sie decken nicht nur den Informationsbedarf des Top Managements, sondern auch den der mittleren und unteren Führungsebenen. Am aussagekräftigsten sind Kennzahlen wenn man sie im **Vergleich** betrachtet. Deshalb werden Kennzahlen im Zeit-, Betriebs- oder Soll-Istvergleich aufgeführt.

Funktionen von Kennzahlen

Kennzahlen ermöglichen und erleichtern eine auf Zahlen basierte Führung des Unternehmens. Sie erfüllen dabei folgende wichtige Funktionen:

- **Operationalisierungsfunktion:** Anhand von Kennzahlen werden die Ziele des Unternehmens greifbar und messbar gemacht. Ein Unternehmen setzt sich z.B. zum Ziel, in diesem Geschäftsjahr einen Umsatz von 150 Mio. Euro zu erreichen.

- **Vorgabefunktion:** Kennzahlen werden häufig dazu benutzt, kritische Zielwerte vorzugeben.

Dies ist z.B. der Fall, wenn ein Unternehmen die Krankentage seiner Mitarbeiter um 25 % reduzieren möchte.

- **Anregungsfunktion:** Kennzahlen tragen dazu bei, dass Auffälligkeiten und Veränderungen erkannt werden und zeigen dem Management, wo Handlungsbedarf besteht, z.B. indem über Vergleiche mit Vergangenheitsdaten Veränderungen in der Gegenwart aufgezeigt werden.
- **Steuerungsfunktion:** Durch Verwendung einer oder weniger Kennzahlen werden komplexe Steuerungsprozesse vereinfacht. So benötigt ein kleines oder mittelständisches Unternehmen ein anderes Kennzahlensystem als ein großer Konzern.
- **Kontrollfunktion:** Kennzahlen ermöglichen Soll-Istvergleiche und daran anknüpfende Abweichungsanalysen.

Erfolgs- bzw. Rentabilitätskennzahlen

Von großer Bedeutung für einen guten und schnellen Überblick über die Situation des Unternehmens sind Kennzahlen, die eine Aussage über den Erfolg bzw. die Rentabilität des Betrachtungsobjektes (z.B. das Gesamtunternehmen, eine strategische Geschäftseinheit, ein Produktbereich oder ein Produkt) im beobachteten Zeitraum treffen.

Rentabilität wird häufig mit Gewinnerzielung gleichgesetzt. Ein Unternehmen, das Gewinn erwirtschaftet, wird als rentabel, eines, das Verlust verzeichnet, als unrentabel angesehen. Bei der Überlegung, ob ein Unternehmen, das mehr Gewinn erzielt, nun rentabler ist als das andere, wird klar, dass Rentabilität nicht nur eine Frage des Gewinns ist. Große Konzerne investieren meist viel Kapital und erwirtschaften einen dementsprechend höheren Gewinn als vergleichbare Unternehmen mit geringerer Betriebsgröße und kleinerem Kapitaleinsatz, sie müssen deshalb aber nicht rentabler sein. Bei der Berechnung der Rentabilität wird der Gewinn eines Unternehmens somit immer mit dem **eingesetzten Kapital** in Beziehung gesetzt. Im Folgenden werden wir ausführlicher auf die in der Praxis sehr häufig verwendeten **relativen Rentabilitäts-** bzw. **Erfolgskennzahlen** eingehen. Dazu zählen die Eigenkapitalrentabilität, die Gesamtkapitalrentabilität, die Umsatzrentabilität, die Kapitalumschlagshäufigkeit und der Return on Investment.

13.1 Eigenkapitalrentabilität (EKR)

Begriffe *Jahresüberschuss • Unternehmerrentabilität • Anfangsbestand • Vergleichszahlen*

Spricht man von der Rentabilität eines Unternehmens ist meistens die **Eigenkapitalrentabilität** gemeint. Bei der EKR wird der Gewinn, der bei Kapitalgesellschaften als **Jahresüberschuss** bezeichnet wird, ins Verhältnis zum Eigenkapital gesetzt:

$$EKR = \frac{\text{Gewinn (Jahresüberschuss)} * 100}{\text{Eigenkapital}}$$

Die EKR drückt aus, wie hoch das eingesetzte Eigenkapital durch das Wirtschaften des Unternehmens verzinst wurde.

Das Eigenkapital ist eine maßgebliche Größe privater Unternehmen. Es wird von den Eigentümern des Unternehmens zur Verfügung gestellt bzw. von ihnen als Haftungsmasse in Form von Privatvermögen in das Unternehmen eingebracht. Deshalb steht den Eigentümern auch der Gewinn des Unternehmens zu. Gleichzeitig müssen sie aber auch das Risiko eines möglichen Verlustes tragen. Ziel der Eigentümer ist es, bezogen auf das eingesetzte Eigenkapital einen möglichst hohen Gewinn bzw. eine möglichst hohe EKR zu erreichen. Da die Unternehmer der privaten Unternehmen auch die Eigentümer sind, die das Eigenkapital bereitstellen, wird die EKR auch **Unternehmerrentabilität** genannt.

Ermittelt wird die EKR eines Unternehmens anhand des handelsrechtlichen **Jahresabschlusses**, also der GuV, sowie der Bilanz eines Unternehmens. Dabei ist zu beachten, dass der Schlussbestand des Eigenkapitals keine geeignete Berechnungsgrundlage für die EKR ist, da im Schlussbestand der Gewinn als Ergebnis des Wirtschaftens enthalten ist:

Anfangsbestand des Eigenkapitals	(Kapitaleinsatz)
+ nicht ausgeschütteter Gewinn	(Ergebnis unternehmerischer Tätigkeit)
= Schlussbestand des Kapitals	

Aus diesem Grund verwendet man zur Berechnung der EKR den **Anfangsbestand des Eigenkapitals**, der dem **Schlussbestand des Vorjahres** entspricht. Auch für die übrigen Rentabilitätskennzahlen ist die Berechnungsbasis immer der Anfangsbestand des Kapitals. Hierzu ein Rechenbeispiel:

Im Geschäftsjahr 2002 betrug der Eigenkapitalanfangsbestand des Glasunternehmens Kristall AG 748 Mio. Euro. Nach Abschluss des Geschäftsjahres 2002 wurde ein Jahresüberschuss von 61 Mio. Euro festgestellt.

$$EKR = \frac{61 * 100}{748} = 8{,}2\%$$

Die Firma Kristall AG erzielte im Geschäftsjahr 2002 eine Verzinsung des Eigenkapitals in Höhe von 8,2%.

Um die erwirtschaftete EKR beurteilen zu können, sind **Vergleichszahlen** heranzuziehen (dies gilt grundsätzlich für alle Kennzahlen), z.B.:

- die Verzinsung für langfristige Anlagen auf dem Kapitalmarkt + Risikozuschlag,
- Vergleichszahlen aus der Branche,
- Vergleichszahlen aus dem Vorjahr,
- Verzinsung konkurrierender Anlagemöglichkeiten.

Die EKR soll mindestens der Verzinsung am Kapitalmarkt entsprechen. Die Zinsen am Kapitalmarkt richten sich in Europa am Leitzins der Europäischen Zentralbank aus, wie Sie bereits in der

Volkswirtschaftslehre gelernt haben. Wir sprechen hier von Verzinsung, weil sich die Geldanlage in Form von Eigenkapital in einem Unternehmen für einen Investor auch lohnen soll. Das ist dann der Fall, wenn die EKR mindestens der Verzinsung am Kapitalmarkt entspricht – der Investor also bei einer Geldanlage am Kapitalmarkt mindestens den gleichen Zins erhalten hätte.

13.2 Gesamtkapitalrentabilität (GKR)

Begriffe *Verzinsung • Unternehmensrentabilität • Gesamtkapital*

Neben dem **Eigenkapital** wird **Fremdkapital** in das Unternehmen eingebracht, um den Wertschöpfungsprozess des Unternehmens durch Finanzierung und Investition zu unterstützen (vgl. Abschnitt 6.3). Für Eigen- und Fremdkapital muss eine **angemessene Verzinsung** erwirtschaftet werden. Aus diesem Grund wird neben der EKR auch die Gesamtkapitalrentabilität berechnet. Da sich die GKR auf das gesamte Unternehmen bezieht, wird sie auch als **Unternehmensrentabilität** bezeichnet. Ermittelt wird die GKR, indem nicht nur der Gewinn sondern auch die Fremdkapitalzinsen ins Verhältnis zum Gesamtkapital gesetzt werden.

$$GKR = \frac{\{Gewinn\ (Jahresüberschuss) + Fremdkapitalzins\} * 100}{Gesamtkapital}$$

Gesamtkapital = Eigenkapital + Fremdkapital

Rechenbeispiel Kristall AG:

Anfangsbestand des Eigenkapitals 2002:	748 Mio. Euro
Anfangsbetand des Fremdkapitals 2002:	1.458 Mio. Euro
Gezahlte Fremdkapitalzinsen:	29 Mio. Euro
Jahrsüberschuss 2002:	61 Mio. Euro

$$GKR = \frac{\{61 + 29\} * 100}{\{748 + 1.458\}} = 4{,}08\%$$

Die Firma Kristall AG erzielte im Geschäftsjahr 2002 eine Verzinsung des Gesamtkapitals in Höhe von 4,08%. Das ist ein sehr gutes Ergebnis.

Die GKR zeigt auf, wie hoch das Gesamtkapital des Unternehmens verzinst wurde.

Für unternehmensinterne Entscheidungen hat die EKR eine größere Bedeutung als die GKR, da das Interesse des Unternehmens vor allem einer angemessenen Eigenkapitalverzinsung gilt. In die GKR sind aber ebenso die Zinsaufwendungen für das Fremdkapital einbezogen, die bei gleichem Vermögen zu einer Abnahme des Gewinns und damit zur Abnahme der EKR führen. Denn je höher das Fremdkapital, desto geringer ist bei gleichem Vermögen das Eigenkapital. Je höher die Fremdkapitalzinsen, desto geringer ist der Gewinn.

13.3 Umsatzrentabilität (UR)

Begriffe Quotenkennziffer • Gewinn • Kapitalertrag

Neben der Verzinsung des eingesetzten Kapitals ist es ebenso wichtig zu wissen, welche Anstrengungen notwendig waren, um die erzielte Rendite zu erwirtschaften. Eine Informationsquelle hierfür ist die **Umsatzrentabilität**.

Die Umsatzrentabilität gibt den prozentualen Anteil des Gewinns bzw. des Jahresüberschusses am Umsatz an.

Die Umsatzrentabilität unterscheidet sich von EKR und GKR, da sie **keine Mittel-Zweck-Beziehung** zum Ausdruck bringt. Bei EKR und GKR wird das eingesetzte Kapital in Beziehung zu dem erzielten Gewinn gesetzt. Das Kapital ist dabei das Mittel um den Zweck („Gewinn erwirtschaften") zu erfüllen. Die UR hingegen stellt den Erfolg **je Umsatzeinheit** dar und ist somit eine **Anteils-** oder **Quotenkennziffer**. Eine Beurteilung der UR ist jedoch nur im Vergleich mit den Werten anderer Unternehmen der Branche (externer Betriebsvergleich) möglich. Grundsätzlich ist eine hohe Umsatzrentabilität immer positiv zu bewerten. Die UR lässt sich auf zwei Arten ermitteln:

❶ **UR bezogen auf den Gewinn** (= Umsatzverdienstrate bzw. Gewinnquote)

Die UR bezogen auf den Gewinn zeigt auf, wie viel Prozent von einem umgesetzten Euro dem Unternehmen als Gewinn zufließen.

$$UR_G = \frac{\text{Gewinn (Jahresüberschuss)} * 100}{\text{Umsatzerlöse}}$$

❷ **UR bezogen auf den gesamten Kapitalertrag**

Soll die UR des gesamten Kapitalertrages angegeben werden, wird zum Gewinn der Fremdkapitalzins hinzugerechnet.

$$UR_{GKE} = \frac{\{\text{Gewinn (Jahresüberschuss)} + \text{Fremdkapitalzins}\} * 100}{\text{Umsatzerlöse}}$$

Rechenbeispiel Kristall AG:

Im Geschäftsjahr 2002 hat die Kristall AG 1.955 Mio. Euro an Umsatzerlösen erzielt. Der Jahresüberschuss für 2002 betrug 61 Mio. Euro. Für das Fremdkapital musste das Unternehmen 2002 Zinsen in Höhe von 29 Mio. Euro zahlen.

$$UR_G = \frac{61 * 100}{1.955} = 3{,}12\%$$

Die Kristall AG hat also bei einem Umsatz von 100 Euro einen Gewinn von 3,12 Euro erzielt. Anders ausgedrückt beträgt der Gewinn der Kristall AG 3,12% der Umsatzerlöse.

13

$$UR_{GKE} = \frac{(61 + 29) * 100}{1.955} = 4,6\%$$

Die Kristall AG erwirtschaftete bei einem Umsatz von 100 Euro einen Ertrag für das gesamte Kapital (Eigen- und Fremdkapital) von 4,6 Euro. Der Kapitalertrag (Gewinn und Fremdkapitalzinsen) beläuft sich also auf 4,6% der Umsatzerlöse.

13.4 Kapitalumschlagshäufigkeit (KU)

Begriffe *Warenumschlag • Eigenkapital • Gesamtkapital*

Die Kennzahl Kapitalumschlagshäufigkeit dient zur Beurteilung des **Warenumschlags**. Sie zeigt auf, wie viele Absatzvorgänge durch das eingesetzte Kapital durchgeführt wurden, d.h. wie oft das Kapital durch die Umsatztätigkeit innerhalb eines bestimmten Zeitraums umgeschlagen wurde.

Der Kapitalumschlag drückt die am Umsatz gemessene Umschlagshäufigkeit des investierten Kapitals aus.

Eine echte Aussagekraft erhalten die errechneten Werte aber erst im Vergleich mit den KU von ähnlichen Unternehmen der Branche. Die Berechnung der KU kann auf Basis des eingesetzten Eigenkapitals oder auf Basis des Gesamtkapitals erfolgen:

❶ KU bezogen auf das Eigenkapital

$$KU_{EK} = \frac{\text{Umsatzerlöse}}{\text{Eigenkapital}}$$

❷ KU bezogen auf das Gesamtkapital

$$KU_{GK} = \frac{\text{Umsatzerlöse}}{\text{Gesamtkapital}}$$

Rechenbeispiel Kristall AG:

Anfangsbestand des Eigenkapitals 2002:	748	Mio. Euro
Anfangsbestand des Fremdkapitals 2002:	1.458	Mio. Euro
Umsatzerlöse 2002:	1.955	Mio. Euro
Jahrsüberschuss 2002:	61	Mio. Euro
Gezahlte Fremdkapitalzinsen:	29	Mio. Euro

$$KU_{EK} = \frac{1.955}{748} = 2,61$$

Das Eigenkapital der Kristall AG ist 2,61 mal in Form von Umsatzerlösen zurückgeflossen bzw. 2,61 Euro Umsatz wurden mit 1,00 Euro Eigenkapital erreicht.

$$KU_{GK} = \frac{1.955}{748 + 1.458} = 0,9$$

Das Gesamtkapital der Kristall AG ist 0,9 mal in Form von Umsatzerlösen zurückgeflossen. Anders ausgedrückt: 0,90 Euro Verkaufsumsatz wurden mit 1,00 Euro Gesamtkapital erreicht.

13.5 Return on Investment (ROI)

Begriffe *Umsatzrentabilität • Kapitalumschlagshäufigkeit • Gesamtkapital*

Der Return on Investment ist eine in der Praxis sehr häufig verwendete Kennzahl zur Bemessung der Rentabilität. Er setzt sich aus der UR und der KU zusammen und kann entweder in Bezug auf das Eigenkapital oder in Bezug auf das Gesamtkapital ermittelt werden. Wir betrachten den ROI in Bezug auf das **Gesamtkapital**.

$$ROI = \underbrace{\frac{\{\text{Gewinn (Jahresüberschuss)} + \text{Fremdkapitalzins}\} * 100}{\text{Umsatzerlöse}}}_{\text{Umsatzrentabilität}} * \underbrace{\frac{\text{Umsatzerlöse}}{\text{Gesamtkapital}}}_{\text{Kapitalumschlagshäufigkeit}}$$

Aus der Formel des ROI lassen sich die Umsatzerlöse herauskürzen, dann erhält man die Formel für die GKR. Dies wird bestätigt, wenn man die Werte der vorangegangenen Rechenbeispiele in die Formel einsetzt. Für den ROI ergibt sich damit der gleiche Wert wie für die GKR. Der ROI betrachtet die Erfolgsrechnung jedoch aus zwei unterschiedlichen Perspektiven: aus der Perspektive der UR und aus der Perspektive der KU. Er ist eine wichtige Kennzahl, denn er bezieht den Umsatz in die Berechnung mit ein, wodurch das Verfahren aufschlussreicher wird. Abbildung 13.1 stellt die beiden Rechnungskreise des ROI gegenüber.

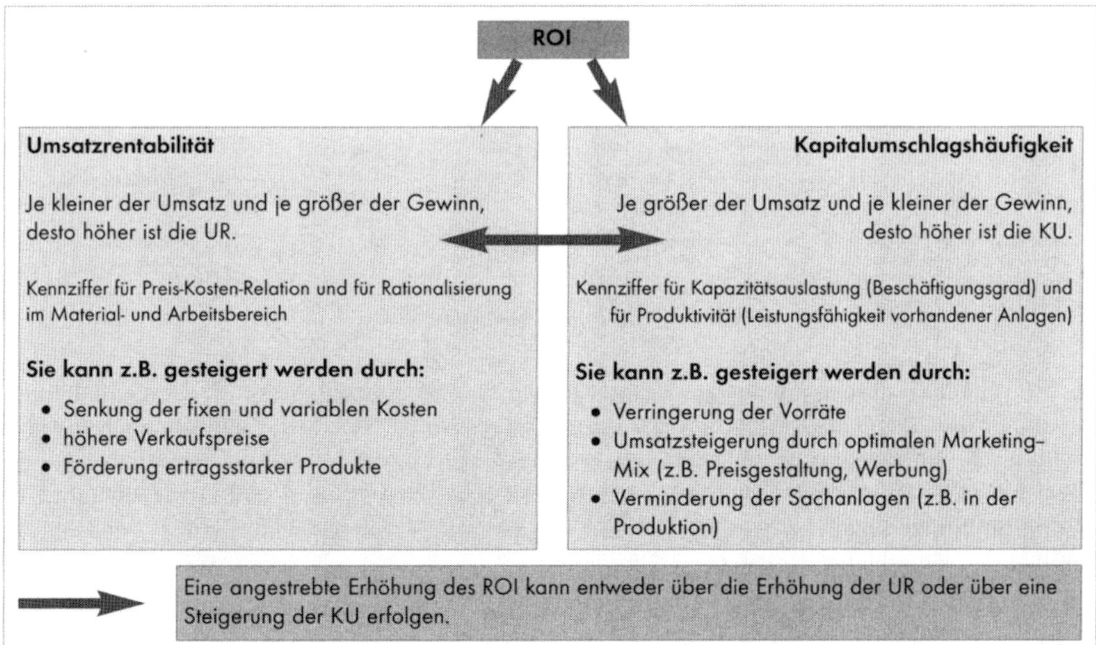

Abb. 13.1 Die Komponenten des ROI

Das ROI-System nach DuPont

Um angemessene Entscheidungen zu fällen und wirtschaftliche Sachverhalte richtig beurteilen zu können, müssen stets **mehrere Kennzahlen** herangezogen werden. Diese können innerhalb eines Kennzahlensystems in einen geordneten und hierarchischen Zusammenhang gebracht werden. Das bekannteste Kennzahlensystem wurde 1918 in den USA vom Chemiekonzern DuPont entwickelt, man spricht deshalb auch vom DuPont-Kennzahlensystem. Dieses System wurde darum bekannt, weil es den ROI zu einem Planungs- und Steuerungsinstrument ausbaute. Wie bereits erläutert kann der ROI über die UR und über die KU gesteuert werden. Abb. 13.2 zeigt die Aufschlüsselung des ROI in seine einzelnen Einflussfaktoren nach DuPont.

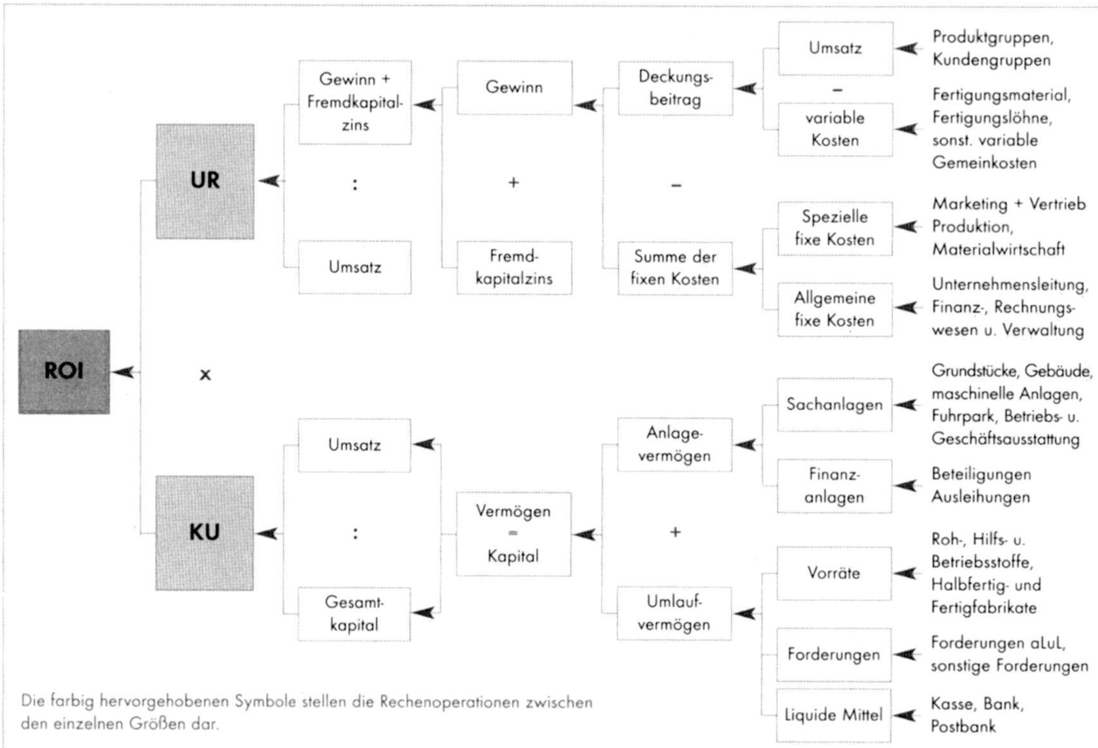

Abb. 13.2 DuPont-Kennzahlensystem

Der ROI dient in diesem Schema als Basiskennzahl. So legt beispielsweise die Geschäftsleitung für die nächste Planungsperiode die Höhe eines angestrebten ROI fest. Durch die schrittweise Analyse der aufgezeigten Einflussfaktoren und durch die Gegenüberstellung der Analyseergebnisse mit Soll- bzw. Vergleichswerten können **Schwachstellen** erkannt und entsprechende **Gegenmaßnahmen** eingeleitet werden. Das Schema ist quasi vergleichbar mit einem Schachbrett, auf dem der Unternehmer mit seiner Führungsmannschaft strategische Züge vornimmt.

Aufgaben zur Lernkontrolle

1. *Was sind Kennzahlen?*

2. *Welche Funktionen erfüllen Kennzahlen?*

3. *Welche relativen Erfolgskennzahlen kennen Sie?*

4. *Weshalb bezieht man in die Berechnung der Rentabilitätskennzahlen den Anfangsbestand und nicht den Schlussbestand des eingesetzten Kapitals ein?*

5. *Was ist die Gesamtkapitalrentabilität? Wie wird sie ermittelt und wie lautet die Formel zu ihrer Berechnung?*

6. *Der Wert des ROI deckt sich mit dem der GKR. Erklären Sie, warum der ROI dennoch eine wichtige Kennzahl ist.*

7. *Was ist das DuPont-Kennzahlensystem? Wozu dient es?*

8. *Die weltweit operierende Bewell Company hat als erfolgreicher Kosmetikanbieter folgende Zahlen aus der Bilanz und der GuV des Geschäftsjahres 2002 entnommen:*

Anfangsbestand Eigenkapital 2002:	*621 Mio. Euro*
Anfangsbestand Fremdkapital 2002:	*1.793 Mio. Euro*
Jahresüberschuss:	*143 Mio. Euro*
verrechnete Fremdkapitalzinsen:	*70 Mio. Euro*
Umsatzerlöse:	*3.390 Mio. Euro*

Berechnen Sie

a) *die Eigenkapitalrentabilität,*
b) *die Umsatzrentabilität bezogen auf den gesamten Kapitalertrag,*
c) *den Return on Investment,*
d) *die GKR,*
e) *die KU bezogen auf das Eigenkapital.*

Runden Sie auf eine Stelle nach dem Komma.

Lösungsvorschläge

Lektion 1

1. Wirtschaft ist das Gebiet menschlicher Tätigkeit, das der Bedürfnisbefriedigung dient.

2. Das ökonomische Prinzip besagt, dass Menschen rational und lediglich zu ihrem eigenen Nutzen handeln.

3. Leistungserstellung (Produktion) und Leistungsverwertung (Absatz).

4. Am Markt treffen Angebot und Nachfrage aufeinander und bilden den Preis.

a) Beschaffungsmarkt *b)* Absatzmarkt

5. Ohne Entscheidungen ist kein Handeln möglich. Das Leben würde erlahmen. Ein Unternehmen könnte also gar nicht bestehen.

6. **Konstitutive Entscheidungen** sind die grundlegenden, zukunftsweisenden Entscheidungen eines Unternehmens. Beispiel: Wahl der Rechtsform für das Unternehmen.

Nicht konstitutive Entscheidungen bestimmen den Alltag im Unternehmen. Beispiel: Terminentscheidungen.

7. ❶ **Handlungsalternativen** sind voneinander unabhängige Lösungsmöglichkeiten, um ein bestimmtes Ziel zu erreichen.

❷ **Umweltbedingungen** bezeichnen reale Sachverhalte, die der Entscheidungsträger nicht beeinflussen kann.

❸ **Ziele** definieren gewünschte Zustände, die als Ergebnis einer Entscheidung eintreffen sollen.

❹ **Ergebnisse** sind Handlungskonsequenzen, die bei der Wahl einer Handlungsalternative und unter dem Einfluss eines bestimmten Umweltzustands eintreten.

Lektion 2

1. Unternehmensführung bezeichnet die Gestaltung, Steuerung und Entwicklung eines Unternehmens unter Berücksichtigung der angestrebten Unternehmensziele.

2. Die Aufgaben des Managements lassen sich in drei Dimensionen einteilen:

❶ **Sachbezogene Dimension**
Entscheidungen aus diesem Bereich betreffen das aktuelle Unternehmensgeschehen, die weitere Entwicklung des gesamten Unternehmens, aber auch einzelne Abteilungen. Damit sind auch Entscheidungen darüber gemeint, wie Strukturen und Abläufe im Unternehmen organisiert werden sollen.

❷ **Personenbezogene Dimension**
Hierbei geht es um die Aufgaben des Managers im Umgang mit Menschen. Er muss Mitarbeiter anleiten, informieren, motivieren und kontrollieren. Kurz gesagt: Der Manager muss dafür sorgen, dass seine Mitarbeiter eine gute Leistung erzielen. Man spricht hierbei auch von Personalführung.

❸ **Öffentlich-soziale Dimension**
Hiermit sind Aufgaben gemeint, die das Management im Rahmen der gesellschaftlichen Verantwortung erfüllen muss, z.B. Umweltschutz oder der Erhalt von Arbeitsplätzen.

3. **Obere Führungsebene:** Diese Führungsebene entspricht der obersten Unternehmensleitung. Man spricht auch vom Top Management. Damit ist z.B. der Vorstand oder der Geschäftsführer gemeint. Aufgabe des Top Managements ist es, die wesentlichen Ziele und Grundsätze eines Unternehmens festzusetzen.

Mittlere Führungsebene: Manager dieser Führungsebene übersetzen die formulierten Ziele und Grundsätze der oberen Führungsebene in Programme, Regeln und konkrete Vorgaben. Beispiele für Manager der mittleren Führungsebene sind Abteilungs- oder Werksleiter.

Untere Führungsebene: Diese Ebene ist das Bindeglied zwischen den oberen beiden Führungsebenen und den ausführenden Mitarbeitern. Aufgabe der unteren Führungsebene ist hauptsächlich, die Mitarbeiter im alltäglichen Ablauf zu führen. Ein Manager der unteren Führungsebene ist z.B. der Teamleiter.

4. Organisation beschäftigt sich mit der bewussten Gestaltung von Beziehungen zwischen den anfallenden Aufgaben, den Mitarbeitern und den unterstützenden Arbeitsmitteln.

5. Die **Aufbauorganisation** gliedert das Unternehmen in organisatorische Teilbereiche und verteilt die im Unternehmen anfallenden Aufgaben. Das heißt, sie legt den Ordnungsrahmen für die Beziehungen der einzelnen Unternehmensmitglieder zueinander fest.

Die **Ablauforganisation** strukturiert die Arbeitsprozesse eines Unternehmens. Ein Arbeitsprozess ist dabei die Folge der einzelnen Arbeitsleistungen, die eine bestimmte Aufgabe verfolgen. Der Arbeitsablauf wird bestimmt vom Arbeitsinhalt, von der Arbeitszeit, dem Arbeitsort und der Zuordnung der Aufgaben auf bestimmte Personen.

6. Information ist zweckorientiertes oder zielgerichtetes Wissen.

7. Um Grundlage für Entscheidungen und Handlungen sein zu können, muss Information:

- die richtige Qualität haben: aktuell, vollständig, verständlich, fehlerfrei sein,
- in der richtigen Menge übermittelt werden: angepasst an Bedürfnisse des Empfängers,
- den Empfänger zur richtigen Zeit erreichen: schnell und rechtzeitig ankommen,
- am richtigen Ort sein: beim richtigen Empfänger ankommen.

Lektion 3

1. Unternehmenspolitik umfasst drei wesentliche Aspekte:

❶ **Leitlinie festlegen:** Das bedeutet, dass das Top Management grundsätzliche Entscheidungen treffen und die wesentliche Unternehmensziele formulieren muss. Damit gibt es den Handlungsrahmen für alle weiteren unternehmerischen Aktivitäten vor.

❷ **Führungsstil bestimmen:** Bei der unternehmenspolitischen Zielsetzung und Entscheidungsfindung gibt es unterschiedliche Verhaltensweisen, die zu unterschiedlichen Entscheidungen führen können. Politik bedeutet deshalb auch immer Konfliktaustragung und Machtausübung.

❸ **Anpassung an die Umwelt:** Das unternehmenspolitische Handeln muss immer an die aktuelle Entwicklung der Umwelt angepasst sein.

2. Ein Unternehmensleitbild ist eine schriftliche Ziel- und Grundsatzerklärung eines Unternehmens, die allgemein zugänglich ist. Es drückt in wenigen Sätzen die Kerninhalte der Unternehmenspolitik aus und zeigt die wesentliche Richtung an, in die das Unternehmen gehen will.

3. Die Unternehmenspolitik muss folgende Einflussfaktoren berücksichtigen:

- den gegenwärtigen Zustand des Unternehmens,
- Prognosen über die künftige Entwicklung der Unternehmensumwelt,
- die Wertvorstellungen der Unternehmensführung,
- die Erwartungen der Stakeholder an das Unternehmen.

Ziel der Unternehmenspolitik ist die Existenzsicherung. Die Unternehmenspolitik muss die vier Einflussfaktoren berücksichtigen, um dieses Ziel zu erreichen.

4. Strategische Erfolgsfaktoren sind Größen, die den zukünftigen Unternehmenserfolg maßgeblich mittragen sollen. Beispiele für Erfolgsfaktoren sind eine hohe Motivation und Qualifikation der Mitarbeiter, ein gutes Unternehmensimage und eine günstige Markt- und Wettbewerbsposition des Unternehmens.

5.
- Aufgabenumfeld
- Gesamtwirtschaftliche Umwelt
- Rechtliche Umwelt
- Gesellschaftliche Umwelt
- Politische Umwelt
- Ökologische Umwelt

6. Stakeholder sind Anspruchsgruppen, die bestimmte Erwartungen an das Unternehmen stellen, z.B. Kunden, Banken, Lieferanten. Sie versuchen ihre Interessen gegenüber dem Unternehmen durchzusetzen und beeinflussen somit auch die Unternehmenspolitik.

Lektion 4

1. Die wichtigsten Ziele eines Unternehmens sind die Oberziele. Diese können nur erreicht werden, wenn zuvor mehrere festgelegte Teilziele erreicht wurden. Oberziele und Teilziele zusammen bilden das Zielsystem eines Unternehmens.

2. **Unternehmensziele** gelten für das gesamte Unternehmen. Beispiele hierfür sind Gewinn-, Umsatz- und Wachstumsziele.

Bereichsziele betreffen Teilbereiche des Unternehmens. Damit sind einzelne Abteilungen, bestimmte Hierarchieebenen oder andere organisatorische Einheiten gemeint, z.B. Teams oder Arbeitsgruppen.

Mitarbeiterziele gelten für den einzelnen Mitarbeiter. Oft sind es Vorgaben von Vorgesetzten, sie können aber auch mit den Mitarbeitern gemeinsam erarbeitet werden.

3. Zu den **monetären Unternehmenszielen** gehören:
Erfolgsziele (z.B. Wirtschaftlichkeit des Unternehmens)
Leistungsziele (z.B. Qualitätsniveau)
Finanzziele (z.B. Erhaltung der Zahlungsfähigkeit)

Zu den **nicht monetären Unternehmenszielen** gehören:
Führungs-/Organisationsziele (z.B. Führungsstil)
soziale Ziele (z.B. gerechte Entlohnung)
ökologische Ziele (z.B. Ressourcenschutz)

4.
- Wettbewerbsfähigkeit
- finanzielle Unabhängigkeit
- Mitarbeiterzufriedenheit
- Erhaltung/Schaffung von Arbeitsplätzen
- Umweltschutz

5. • **Festlegung von Markt oder Geschäftsfeld:** In welcher Region soll das Produkt angeboten werden, welchen Wettbewerbsvorteil hat es gegenüber anderen Produkten?

   • **Verhalten gegenüber Marktteilnehmern:** Wie verhält sich das Unternehmen gegenüber Abnehmern, Konkurrenten und sonstigen Anspruchsgruppen wie Staat, Gesellschaft oder Banken?

   • **Auswahl der Maßnahmen:** welche „Beförderungsmittel" wählt das Unternehmen auf dem Weg zum Ziel? Zusammenstellung des Marketing-Mixes.

6. Strategien sind Wege, über die ein Unternehmen seine Ziele erreichen möchte.

7. Bill Gates, Gründer der Firma Microsoft, hatte die Vision, dass alle Menschen einen PC mit einer einheitlichen Software besitzen, um so die Verwendung von Computern einfacher, kostengünstiger und angenehmer zu gestalten.

8. *a)* Vision *b)* Ziele *c)* Strategien *d)* Maßnahmen

9. Unternehmensplanung ist die gedankliche Vorwegnahme zukünftiger Entscheidungen.

10. **strategische Unternehmensplanung:** langfristige Planung (5–10 Jahre),
    Aufgabe: Entwicklung von Strategien für einzelne Geschäftsfelder

    operative Unternehmensplanung: kurz- bis mittelfristige Planung (1–5 Jahre),
    Aufgabe: setzt Ziele der strategischen Unternehmensplanung in konkrete Maßnahmen um

11. Ein Geschäftsfeld ist eine bestimmte Produkt-Markt-Kombination. Ein Supermarkt kann z.B. verschieden Geschäftsfelder umfassen: Ein Geschäftsfeld ist der Verkauf der Waren. Ein zweites Geschäftsfeld könnte die dem Geschäft angegliederte Bäckerei sein, ein drittes der Fotoentwicklungsdienst und ein viertes der Getränkebringservice.

12. *a)* steigend *b)* steigend *c)* schwach steigend *d)* konstant *e)* rückläufig

13. Absatz-, Produktions-, Finanz-, Personal-, Kosten-, Gewinn-, Investitions-, Beschaffungsplanung

Lektion 5

1. ❶ Soll der Standort meines Unternehmens im eigenen oder in einem anderen Land sein?
   ❷ In welcher Stadt oder Region soll sich das Unternehmen ansiedeln?
   ❸ Wo genau in einer Stadt oder Region soll der Standort sein?
   ❹ Wie wird sich die interne Anordnung des Unternehmens gestalten?

2. *In der Aufgabe wurde nach nur zwei Faktoren gefragt. Hier in der Lösung bieten wir Ihnen alle sechs zum besseren Vergleich mit Ihrem eigenen Lösungsvorschlag:*

   • Lokaler Arbeitsmarkt
     – Gibt es genügend Arbeitskräfte?
     – Haben die vorhandenen Arbeitskräfte die richtige Ausbildung?

   • Rohstoffsituation
     – Sind alle notwendigen Rohstoffe für das Unternehmen in der Nähe zu finden?

   • Verkehrsanbindung
     – Gibt es eine Autobahn, einen schiffbaren Fluss, einen Güterbahnhof oder einen Flughafen in der Nähe des Standorts?

- Marktsituation
  - Gibt es Konkurrenzbetriebe?
  - Wie gestaltet sich die Abnehmersituation?
- Finanzielle Aspekte
  - Wie hoch sind die Grundstückspreise oder die Gewerbesteuer?
  - Gibt es Fördermittel für die gewählte Region?
- Umweltaspekte und gesellschaftliche Einflüsse
  - Darf das Unternehmen am bevorzugten Standort gebaut werden?
  - Wie hoch ist die Lärmbelästigung oder die Umweltverschmutzung?
  - Ist ein Landschaftsschutzgebiet in der Nähe?

3. Die Rechtsform eines Unternehmens bezieht sich auf den betriebswirtschaftlichen, gesellschafts- und steuerrechtlichen Rahmen eines Unternehmens. Die Rechtsform ist frei wählbar.

4. **Personengesellschaften** entstehen durch Gesellschaftsvertrag. Die Gesellschafter selbst übernehmen alle Rechte und Pflichten. Die **Kapitalgesellschaft** wird erst durch den Eintrag ins Handelsregister rechtskräftig. Nach außen tritt immer die juristische Person auf, nicht die einzelnen Gesellschafter.

5. **Personengesellschaften:**

- *Gesellschaft bürgerlichen Rechts (GbR)*
  Die Gesellschafter sind gleichzeitig auch Geschäftsführer. Sie haften persönlich, unbeschränkt und solidarisch. Ein Mindestkapital ist nicht erforderlich. Für die Gründung ist ein Gesellschaftsvertrag und eine Gewerbeanmeldung der Gesellschafter notwendig. In der Firmierung steht der Name von mindestens einem der Gesellschafter sowie der Zusatz GbR. Gewerbliche GbR werden mit Gewerbesteuer, Umsatzsteuer und Einkommensteuer besteuert, freiberufliche GbR nur mit Einkommensteuer. Gewinn und Verlust der Gesellschaft wird unter den Gesellschaftern aufgeteilt.
- *Kommanditgesellschaft (KG)*
  Die geschäftsführenden Komplementäre haften persönlich und unbeschränkt. Es gibt kein Mindestkapital, aber eine Einlage des Kommanditisten und einen Anteil des Komplementärs. Für die Gründung ist ein Gesellschaftsvertrag, die Gewerbeanmeldung der Komplementäre sowie ein Handelsregistereintrag erforderlich. In der Firmierung steht der Name von mindestens einem der Komplementäre und der Zusatz KG. Die KG wird mit Gewerbesteuer, Einkommensteuer und Umsatzsteuer besteuert. Gewinn und Verlust wird unter den Gesellschaftern aufgeteilt. Bei Verlust haftet der Kommanditist bis zur Höhe seiner Einlage.

Kapitalgesellschaften:

- *Gesellschaft mit beschränkter Haftung (GmbH)*
  Die Haftung des einzelnen Gesellschafters ist beschränkt auf seine jeweilige Einlage. Bei Verletzung der Sorgfaltspflicht können die Geschäftsführer jedoch persönlich haftbar gemacht werden. Je nach Gestaltung des Gesellschaftsvertrags haben die Geschäftsführer beschränkt oder unbeschränkt geschäftsführende Gewalt. Das Mindestkapital liegt bei 25.000 Euro, von denen bei Gründung mindestens die Hälfte einzuzahlen ist. Für die Gründung ist ein notariell beurkundeter Gesellschaftsvertrag (Satzung) und ein Handelsregistereintrag erforderlich. Der Name der Firma darf ein Fantasiename sein mit dem Zusatz GmbH. Besteuert wird die GmbH mit Gewerbesteuer, Körperschaftsteuer und Umsatzsteuer. Gewinne und Verluste verteilen sich auf die Gesellschafter.
- *Aktiengesellschaft (AG)*
  Die Haftung ist auf das Gesellschaftsvermögen beschränkt. Bei Verletzung der Sorgfaltspflicht kann der Vorstand, das geschäftsführende Organ einer AG, persönlich haftbar gemacht werden. Abhängig

von der Gestaltung der Satzung hat der Vorstand beschränkt oder unbeschränkt geschäftsführende Gewalt. Das Mindestkapital liegt bei 50.000 Euro. Für die Gründung ist ein notariell beurkundeter Gesellschaftsvertrag (Satzung) und ein Handelsregistereintrag notwendig. Der Name der Firma darf ein Fantasiename sein, der Zusatz AG ist zwingend. Die AG wird besteuert mit Gewerbesteuer, Körperschaftsteuer und Umsatzsteuer. Gewinne und Verluste verteilen sich auf die Aktionäre.

6. Organe einer GmbH: Gesellschafterversammlung, Geschäftsführung, Aufsichtsrat

7. Ein Kartell ist ein Zusammenschluss von Unternehmen, bei dem nur Absprachen erfolgen. Dabei bleibt die finanzielle und rechtliche Selbstständigkeit der beteiligten Unternehmen unangetastet.

Kartelle sollen verhindert werden, weil sie den Wettbewerb behindern. Preis- und Produktionsabsprachen wirken wettbewerbsverzerrend und schädigen die anderen Marktteilnehmer.

8. Ein Konzern ist ein Zusammenschluss rechtlich selbstständiger Unternehmen unter einheitlicher Leitung. Beispiele hierfür sind: Preussag-Konzern, Volkswagen-Konzern, Bertelsmann-Konzern.

9. Eine Fusion ist ein Zusammenschluss, bei dem durch Verschmelzung mehrerer rechtlich selbstständiger Unternehmen eine neue rechtlich selbstständige Wirtschaftseinheit entsteht. Beispiele hierfür sind: Daimler/Chrysler, BMW/Mini.

10. **Horizontale Verbindung:** Zusammenschluss von Unternehmen der gleichen Produktions- oder Handelsstufe. Ziel ist es, Marktmacht z.B. gegenüber Lieferanten oder Abnehmern zu erlangen.

Vertikale Verbindung: Zusammenschluss von Unternehmen aufeinander folgender Produktions- und Handelsstufen. Ziel ist es, sich nicht von Dritten abhängig zu machen und die Rohstoffversorgung oder den Absatz der eigenen Produkte zu sichern. Vertikale Verbindungen führen oft zur Konzentration.

Anorganische Verbindung oder **Konglomerat**: Zusammenschluss von Unternehmen, die weder horizontal noch vertikal verbunden sind, also Unternehmen unterschiedlicher Branchen, Produktions- oder Handelsstufen. Ein typisches Beispiel hierfür ist der Mischkonzern. Der Zweck ist hier die Risikoverteilung oder finanzpolitische Gründe.

Lektion 6

1. Eine Geschäftsidee ist ein innovatives Produkt oder eine neuartige Dienstleistung, die in dieser Form noch nicht auf dem Markt existiert. Eine Geschäftsidee kann auch ein bestehendes Produkt bzw. eine Dienstleistung sein, die erweitert oder verbessert wurde.

2. Ein Businessplan spiegelt die Geschäftsidee und ihre geplante Umsetzung wider. Er ist daher Kontroll- und Planungsinstrument und wird besonders für die Kapitalbeschaffung benötigt. Drei Bestandteile des Businessplans sind z.B.: Personalpolitik, Finanzplan, Darstellung der Geschäftsidee.

3. **Ertragswertmethode:** Die (zukünftigen) Erträge eines Unternehmens stehen im Vordergrund.
Substanzwertmethode: Im Mittelpunkt stehen die einzelnen Vermögensgegenstände eines Unternehmens (z.B. Aktienanteile, Grundstücke, Immobilien, Maschinen).

4. Das **Eigenkapital** wird von den Inhabern oder Gesellschaftern eines Unternehmens unbefristet zur Verfügung gestellt oder als Gewinn erwirtschaftet. Es muss nicht verzinst oder zurückgezahlt werden.

Das **Fremdkapital** wird dem Unternehmen befristet und gegen Rückzahlung von Zins und Tilgung zur Verfügung gestellt.

5. **Bankkredit**

Bei einem Bankkredit leiht sich Herr Meier Geld von der Bank, das er zu einem festgesetzten Zeitpunkt mit Zinsen zurückzahlen muss. Bevor er den Kredit jedoch gewährt bekommt, muss Herr Meier seiner Bank Sicherheiten bieten. Das können ein Grundstück oder Immobilien sein. Ist er nach Ablauf der vereinbarten Tilgungsfrist nicht in der Lage, das Geld an die Bank zurückzuzahlen, gehen die Sicherheiten in das Eigentum der Bank über.

Venture Capital

Um VC zu erhalten, muss Herr Meier eine VC-Gesellschaft von einer innovativen Geschäftsidee überzeugen, die kurzfristig viel Gewinn einbringen kann. Diese Idee und Ansätze von Maßnahmen muss er in einem ausgefeilten Businessplan zusammentragen und der VC-Gesellschaft zur Prüfung vorlegen. Gelingt es Herrn Meier, die VC-Gesellschaft für seine Idee zu gewinnen, kann er von den Managementerfahrungen und den Branchenkontakten der VC-Gesellschaft profitieren. Ein großer Vorteil ist auch, dass das Risikokapital, das ihm die Gesellschaft zur Verfügung stellt, dann zum Eigenkapital seines Unternehmens gehört; es müsste also nicht zurückgezahlt werden, und es fallen keine Zinsen an. Allerdings muss Herr Meier im Falle eines Geschäftserfolgs bis zu 49 Prozent seines Gewinns an die VC-Gesellschaft abgeben.

Bürgschaft

Verfügt Herr Meier nicht selbst über Sicherheiten, die er einem Fremdkapitalgeber (z.B. Bank) als Sicherheit für einen Kredit bieten könnte, kann er sich einen Bürgen suchen. Dieser bürgt dann mit seinen eigenen Sicherheiten für die Verbindlichkeiten von Herrn Meier. Eine Möglichkeit wäre hier eine Bürgschaftsbank, die Ausfallbürgschaften übernimmt, wenn zuvor geprüft wurde, dass das Vorhaben wirtschaftlich sinnvoll ist.

Factoring

Besonders kleine und mittelständische Unternehmen können vom Factoring profitieren, denn es bietet Sicherheit vor Zahlungsausfällen seitens der Abnehmer, indem das Factoringinstitut Geldforderungen des Kunden aufkauft.

Für die Beschaffung seines Krans wird Herrn Meier diese kapitalschonende Form der Finanzierung wenig nützen. Er könnte sich aber zukünftig durch das Factoring seine Liquidität sichern, weil er sich dann nicht mehr um säumige Zahler kümmern müsste. Denn das übernimmt ja das Factoringinstitut.

Leasing

Leasing bedeutet, dass Herr Meier den Kran nicht kaufen muss, sondern für einen bestimmten Zeitraum mieten kann. Das hat den Vorteil, dass er den Kran nach Ablauf des besagten Zeitraums zurückgeben und z.B. durch einen moderneren – ebenfalls geleasten – Kran ersetzen kann. Ist Herr Meier zufrieden mit dem Kran, kann er ihn auch für einen verhältnismäßig günstigen Preis kaufen, sodass er vollständig ihm bzw. seinem Unternehmen gehört.

Beteiligung

Herr Meier müsste sich nach einer Person oder einem Unternehmen umsehen, das daran interessiert wäre, eine vorübergehende oder auch dauernde Kapitaleinlage in die Firma „Hoch und Tief GmbH“ zu investieren. Das könnte z.B. die Firma Sand und Stein GmbH sein. Die beiden Firmen teilen dann Gewinne und Risiken. Vorteil einer Beteiligung ist die Erhöhung des Eigenkapitals, welches ja nicht verzinst wird und nicht zurückgezahlt werden muss. Nachteil ist allerdings, dass die Firma Sand und Stein GmbH Einfluss auf Herrn Meier und sein Unternehmen nehmen kann, z.B. was den Einkauf der Baurohstoffe angeht. Herr Meier müsste sich evtl. verpflichten, die Rohstoffe zu einem großen Teil bei Sand und Stein einzukaufen.

1. Die Wertschöpfungskette beschreibt den Wertschöpfungsprozess eines Unternehmens, also den Transformationsprozess von Inputfaktoren (z.B. Arbeitskraft, Material, theoretisches und praktisches Knowhow) in Outputfaktoren (fertiges Produkt, z.B. Computer). Dabei müssen die Outputfaktoren am Ende einen höheren Wert gewonnen haben als die Inputfaktoren am Anfang hatten.

2. Die Materialwirtschaft stellt sicher, dass ein Unternehmen mit allen Materialien versorgt ist, die es für die Produktion seiner Erzeugnisse benötigt. Zu den Aufgaben der Materialwirtschaft gehören Beschaffung, Lagerung, Verteilung und Entsorgung der Materialien.

3. **Rohstoffe** sind die Hauptbestandteile eines Produktes, bei Benzin ist das z.B. Mineralöl.

Hilfsstoffe sind Bestandteile des Produktes, die nur einen geringen wert- und mengenmäßigen Anteil daran haben. Ohne sie könnte das Produkt jedoch nicht hergestellt werden. Ein Pkw würde ohne Schrauben auseinander fallen.

Betriebsstoffe werden für die Herstellung des Produktes benötigt. Sie sorgen dafür, dass der Betrieb läuft. Dazu gehört z.B. elektrischer Strom.

4. ❶ Was soll beschafft werden?

❷ Welche Menge muss beschafft werden?

❸ Wann soll spätestens beschafft werden?

❹ Zu welchen Konditionen und von wem soll das Material beschafft werden?

5. **A-Güter** haben einen hohen Wert, aber nur einen geringen Mengenanteil an einem Produkt. Der Wertanteil liegt bei 80 Prozent, der Mengenanteil bei 10 Prozent.

C-Güter haben einen geringen Wert, aber einen hohen Mengenanteil. Der Wertanteil liegt bei 5 Prozent, der Mengenanteil bei 70 Prozent.

B-Güter liegen zwischen den A- und C-Gütern. Sie haben einen Wertanteil von 15 Prozent und einen Mengenanteil von 20 Prozent.

6. Bei großen Beschaffungsmengen fallen hohe Lagerhaltungskosten an. Die Bestellkosten jedoch sind niedrig. Bei kleinen Beschaffungsmengen fallen geringe Lagerhaltungskosten an, aber die Bestellkosten sind hoch.

7. Der Meldebestand ist eine bestimmte Materialmenge, die als Signalgeber fungiert. Sinkt der Bestand an Material auf den Meldebestand ab, ist dies das Signal für die Materialbeschaffung, dass der Materialvorrat aufgefüllt werden muss.

8. Logistik im industriellen Bereich umfasst alle Prozesse, die der Bereitstellung von Materialien und Produkten in der richtigen Anzahl, zur richtigen Zeit, am richtigen Ort und der benötigten Art dienen.

9. Unter der Fertigungsbreite versteht man die Zahl der Varianten eines Produktes. Eine Brauerei kann verschiedene Biersorten anbieten, z.B. Pils, Weißbier, Altbier, alkoholfreies Bier. Je mehr Biersorten die Brauerei anbietet, desto größer ist ihre Fertigungsbreite.

10. **Werkstattfertigung**

Vorteile:
- hohe Qualifikation/Spezialisierung der Mitarbeiter
- flexibel bei Nachfrageänderungen

Nachteile:
- hoher Planungsaufwand
- hohe Transportkosten innerhalb des Unternehmens

Reihenfertigung

Vorteile:
- verkürzte Durchlaufzeiten
- optimierter Produktionsablauf, dadurch Vereinfachung der Produktionsablaufplanung
- kaum Transportkosten innerhalb des Unternehmens

Nachteile:
- geringere Flexibilität
- monotone Arbeitsabläufe
- hohe Bereitstellungskosten, weil Mitarbeiter und Betriebsmittel permanent verfügbar sein müssen

11. Bei der Just-in-Time-Fertigung werden die Güter exakt zu dem Zeitpunkt geliefert, an dem sie benötigt werden. Vorteilhaft ist die lagerlose Lieferung. Dieses System soll unnötige Lagerkosten und Bestände vermeiden, erfordert jedoch gleichzeitig eine genaue Abstimmung zwischen Zulieferer und Kunden. Wenn das System nicht reibungslos funktioniert, kommt es zur Stagnation der Produktion und finanziellen Verlusten.

12. Spricht man von **Absatz**, so geht es nur darum, die Güter und Dienstleistungen an den Markt abzugeben und dort zu verwerten.

Spricht man dagegen von **Marketing**, so steht die marktorientierte Unternehmensführung im Mittelpunkt. Alle betrieblichen Funktionsbereiche sollen am Markt, also an den Kundenbedürfnissen, ausgerichtet werden.

13. Der „Werkzeugkasten Marketing" zeigt die Instrumente des Marketings im Überblick. Als Fächer des Werkzeugkastens kann man die verschiedenen Bereiche der Marketingpolitik verstehen. Die Werkzeuge in den Fächern sind die Marketinginstrumente.

Bereiche der Marketingpolitik	**Marketinginstrumente**
Produktpolitik	Legt das Produktprogramm fest, d.h. Qualität, Sortiment und Marke des Produkts sowie das dazu gehörende Serviceangebot.
Kontrahierungspolitik	Legt Preis und Konditionen fest, zu denen das Produkt oder die Dienstleistung angeboten werden soll (z.B. Rabatte, Skonti, Liefer- und Zahlungsbedingungen).
Distributionspolitik	Bestimmt Absatzlagerung, Wahl der Transportmittel und -wege. Legt den Absatzweg fest. Möglich ist ein direkter oder indirekter Absatzweg.
Kommunikationspolitik	Legt die Maßnahmen fest, mit denen das Produkt oder das Unternehmen der Öffentlichkeit bekannt gemacht werden sollen. Darunter fallen u.a. Öffentlichkeitsarbeit, Product Placement, Verkaufsförderung und Werbung

Lektion 8

1. **Sicherung der Liquidität:** ein Unternehmen muss jederzeit in der Lage sein, offene Forderungen termingerecht zu begleichen.

Wahren des Wirtschaftlichkeitsprinzips: Unternehmerische Entscheidungen müssen ein angemessenes Verhältnis von Aufwand und Nutzen haben.

Sicherung der finanziellen Unabhängigkeit: Um Kontroll- und Mitbestimmungsrechte von Kapitalgebern zu vermeiden, ist es sinnvoll, die finanzielle Unabhängigkeit anzustreben.

2. *a)* Außenfinanzierung
b) Innenfinanzierung
c) Eigenfinanzierung (Eigenkapital)
d) Fremdfinanzierung (Fremdkapital)
e) Beteiligungsfinanzierung
f) Selbstfinanzierung (Gewinne)
g) Kredite
h) Rückstellungen

3. **Sachinvestitionen**, z.B. Maschinen, Personal, Gebäude
Finanzinvestitionen, z.B. Aktien, Wertpapiere
Immaterielle Investitionen, z.B. Patente, Lizenzen, Schutzrechte

4. Über einen Kapitalbindungsplan kann festgestellt werden, welcher Kapitalbedarf langfristig vorliegen wird. Der Kapitalbindungsplan enthält eine Planung über mehrere Perioden hinweg.

5. Phase 1: Kapitalbeschaffung über Einnahmen
Phase 2: Kapitalverwendung über Ausgaben
Phase 3: Kapitalrückfluss durch Desinvestition und Kapitalneubildung durch Gewinnerzielung
Phase 4: Kapitalabfluss, z.B. über Gewinnausschüttung

Lektion 9

1. Die Handlungsfelder des Personalmanagements beschreiben die einzelnen Bereiche eines Unternehmens, in denen personelle Entscheidungen anfallen. In dieser Lektion wurden die folgenden Handlungsfelder vorgestellt:

- Personalplanung
- Personalentlohnung
- Personalentwicklung
- Personalabbau
- Personalführung
- Personalbeschaffung

2. Die Personalplanung soll sicherstellen, dass das Personal in der richtigen Anzahl, mit den notwendigen Qualifikationen, zur richtigen Zeit am richtigen Ort verfügbar ist.

Es muss **genügend Personal** vorhanden sein, damit Aufträge zeitnah ausgeführt werden können und keine unnötigen Wartezeiten entstehen.

Die Mitarbeiter müssen die **notwendigen Fähigkeiten, Fertigkeiten und das Wissen** mitbringen, um ihre Aufgabe angemessen erfüllen zu können.

Die Mitarbeiter müssen genau **zum richtigen Zeitpunkt** verfügbar sein.

Die Mitarbeiter müssen an dem **Ort** einsatzbereit sein, wo sie gebraucht werden.

3. Bei der **internen Personalbeschaffung** wird der Personalbedarf gedeckt, ohne dass zusätzliches Personal eingestellt wird. Bei der **externen Personalbeschaffung** werden neue Mitarbeiter eingestellt. Dadurch erhöht sich der Personalbestand.

4. Assessmentcenter gehören zu den Personalauswahlverfahren. Der Bewerber muss verschiedene Situationen bewältigen, um so seine Eignung für eine bestimmte Stelle zu beweisen.

5. In der Bundesrepublik Deutschland findet die Berufsausbildung nach dem Dualen System statt. Dabei werden den Auszubildenden die theoretischen Inhalte in der Berufsschule vermittelt und die praktischen Inhalte im Betrieb.

6. Beim **internen Personalabbau** werden die Personalüberkapazitäten reduziert, ohne dass sich der Personalbestand verringert. Beispiele sind Überstundenabbau und Kurzarbeit. Beim **externen Personalabbau** wird der Personalbestand verringert. Beispiele sind Fluktuation und Kündigung.

7. Die **Grundvergütung** richtet sich nach der durchschnittlichen wöchentlichen Arbeitszeit und bleibt immer gleich. Bei der **leistungsabhängigen Vergütung** erhalten die Mitarbeiter zu ihrer Grundvergütung eine leistungsabhängige Zahlung dazu. Sie bestimmen also zum Teil mit über die Höhe ihrer Gesamtvergütung. Beispiele hierfür sind der Akkordlohn oder die Mitarbeiterbeteiligung, bei der die Mitarbeiter am Unternehmenserfolg beteiligt werden.

8. Die zentrale Aufgabe der Personalführung ist die zielgerichtete Steuerung der Mitarbeiter. Diese sollen so motiviert werden, dass sie ihr Bestmögliches tun, um die Ziele des Unternehmens zu erreichen. Die Personalführung unterstützt die Mitarbeiter, indem sie für bestimmte Rahmenbedingungen sorgt. Diese können organisatorischer, technischer und rechtlicher Art sein. Eine erfolgreiche Personalführung ist somit ein bedeutender Erfolgsfaktor und darum für ein Unternehmen unverzichtbar.

Lektion 10

1. Der Jahresabschluss eines Unternehmens setzt sich zusammen aus der Bilanz, der GuV, dem Anhang und dem Lagebericht. Der Jahresabschluss verdeutlicht die finanzielle Gesamtsituation eines Unternehmens.

2. ***a)*** Aktiva
b) Passiva
c) Anlagevermögen
d) Sachanlagen
e) Immaterielle Anlagen
f) Finanzanlagen
g) Vorräte
h) Wertpapiere
i) Zahlungsmittel
j) RAP
k) Eigenkapital
l) Fremdkapital
m) kurzfristige Verbindlichkeiten

3. Jeder Geschäftsvorfall hat eine Buchung und eine Gegenbuchung zur Folge und zwar im Soll bzw. im Haben des jeweiligen Kontos und Gegenkontos.

4. Die Kontogleichung sagt, dass Soll- und Haben-Seite einander entsprechen müssen:
Anfangsbestand (AB) + Zugänge = Abgänge + Endbestand (EB)

5. ***a)*** Bankguthaben wird vermindert um 3.000 Euro
Lieferantenverbindlichkeiten werden vermindert um 3.000 Euro

S	Bankguthaben	H
		Lief.verb. 3.000

S	Lieferantenverb.	H
Bankguth. 3.000		

Buchungssatz: Lieferantenverbindlichkeiten an Bank 3.000 Euro

b) Kasse wird vermindert um 500 Euro
Waren wird erhöht um 500 Euro

S	Kasse	H
		Waren 500

S	Waren	H
Kasse 500		

Buchungssatz: Waren an Kasse 500 Euro

c) Bankguthaben wird vermindert um 12.000 Euro
langfristige Bankverbindlichkeiten werden vermindert um 12.000 Euro

S	Bankguthaben	H
		langfr. Bankv. 12.000

S	langfr. Bankverb.	H
Bankg. 12.000		

Buchungssatz: langfristige Bankverbindlichkeiten an Bankguthaben 12.000 Euro

d) Maschinen wird erhöht um 300.000 Euro
langfristige Bankverbindlichkeiten werden erhöht um 300.000 Euro

S	Maschinen	H
langfr. Bankv. 300.000		

S	langfr. Bankverb.	H
		Maschinen 300.000

Buchungssatz: langfristige Bankverbindlichkeiten an Maschinen 300.000 Euro

6. Das **Inventar** ist ein Verzeichnis, das alle Vermögensgegenstände und Schulden eines Unternehmens enthält. Über die Inventur wird das Inventar ermittelt. Die **Inventur** ist eine körperliche Bestandsaufnahme.

7. Die **Bilanz** ist eine Zeitpunktrechnung zum Stichtag. Sie ermittelt den Erfolg eines Geschäftsjahres, indem sie Vermögen und Kapital einander gegenüberstellt.

Die **GuV** hingegen ist eine Zeitraumrechnung. Sie erklärt den Gewinn oder Verlust eines Geschäftsjahres, indem sie Aufwendungen und Erträge einander gegenüberstellt.

Das Ergebnis der GuV, also der Jahresüberschuss oder der Jahresfehlbetrag, wird auf das Eigenkapitalkonto auf der Passivseite der Bilanz eingebucht. Insofern ist die GuV auch ein Teil der Bilanz.

8. Der Lagebericht soll den Jahresabschluss leichter nachvollziehbar gestalten. Darum enthält er zusätzliche Informationen über die gesamte Entwicklung des Unternehmens im Geschäftsjahr.

Lektion 11

1. Kalkulatorische Kosten sind Kosten, die nicht zugleich auch Aufwendungen sind. Derartige Kosten dürfen im externen Rechnungswesen nicht verwendet werden, da hier das Prinzip gilt, dass nur tatsächlich angefallene Kosten in der tatsächlichen Höhe angesetzt werden.

2. **Einzelkosten** sind einer Bezugsgröße direkt zurechenbar, wie z.B. die Rohstoffe, die in ein Produkt einfließen.

   Gemeinkosten sind einer Bezugsgröße nicht direkt zurechenbar, weil sie mehrere Bezugsgrößen betreffen, z.B. das Gehalt der Verwaltungsangestellten.

3. Kostenartenrechnung Kostenstellenrechnung Kostenträgerrechnung

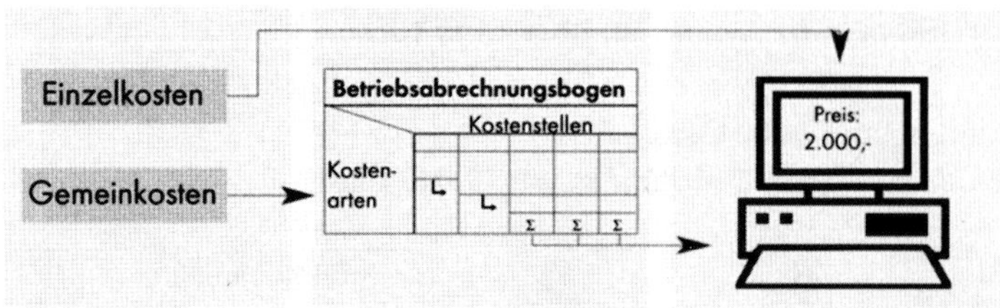

Welche Kosten sind angefallen? **Wo** sind die Kosten angefallen? **Wofür** sind die Kosten angefallen?

4. **Materialkosten** sind Kosten, die insbesondere in Industrieunternehmen relevant sind. Rohstoffkosten gehen als Einzelkosten direkt in die Kostenträgerrechnung ein, Hilfs- und Betriebsstoffkosten als Gemeinkosten über die Kostenstellenrechnung.

   Personalkosten sind Lohn- und Gehaltskosten sowie Personalzusatzkosten.

   Fremdleistungskosten sind Kosten, die durch Leistungen von unternehmensfremden Dienstleistern entstehen, z.B. Reparaturkosten von einem unternehmensfremden Handwerker.

   Kalkulatorische Kosten sind Kosten, die nicht gleichzeitig auch Aufwendungen sind, z.B. kalkulatorische Miete oder kalkulatorischer Unternehmerlohn.

5. Der BAB ist ein Instrument der Kostenstellenrechnung. Es handelt sich dabei um eine Tabelle, in der Kostenarten und Kostenstellen enthalten sind. Der BAB dient der Verteilung der Gemeinkosten auf die Kostenstellen. Diese Verteilung läuft in drei Schritten ab:

   ❶ Bildung von Kostenstellen und Verteilung der Gemeinkosten auf diese Kostenstellen
   ❷ Innerbetriebliche Leistungsverrechnung (Abrechnung der Kosten untereinander)
   ❸ Ermittlung der Gemeinkostenzuschlagssätze als Grundlage für die Kostenträgerrechnung

6. Bei der **Kostenträgerstückrechnung** werden die Kosten je Leistungseinheit ermittelt.

   Bei der **Kostenträgerzeitrechnung** werden die Kosten eines bestimmten Zeitraums erfasst und den Leistungen dieses Zeitraums gegenübergestellt. Sie ist somit eine zeitraumbezogene Erfolgsrechnung.

7. *a)*

$$\textit{Kosten je Leistungseinheit} = \frac{\textit{Gesamtkosten}}{\textit{Leistungsmenge}}$$

$$= \frac{455.000}{700} = 650{,}00 \text{ Euro}$$

b)

$$\textit{Selbstkosten je Leistungseinheit} = \frac{\textit{Herstellkosten}}{\textit{Produktionsmenge}} + \frac{\textit{Verwaltungskosten + Vertriebskosten}}{\textit{Absatzmenge}}$$

$$= \frac{335.000}{700} + \frac{120.000}{350}$$

$$= 478{,}57 + 342{,}86 = 821{,}43 \text{ Euro}$$

Lektion 12

1. Das Controlling ist ein Instrument der Unternehmensführung, das der Planung, Steuerung und Lenkung des Unternehmens dient. Es betrachtet insbesondere Zukunftswerte.

2.

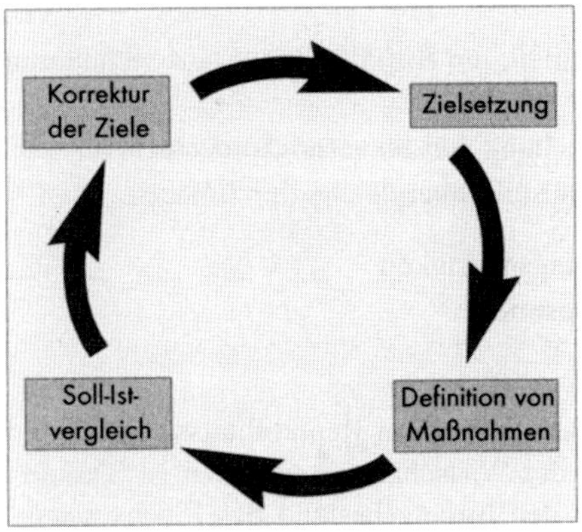

3. Aufgabe des strategischen Controlling ist es, auf Basis der strategischen Unternehmensplanung Kernkompetenzen des Unternehmens zu stärken und strategische Geschäftsfelder mit Erfolgpotenzial aufzubauen.

4. **Lahme Hunde** sind Geschäftsfelder mit geringem Marktanteil und geringem Marktwachstum und haben darum eine schwache Wettbewerbsstellung. Das Unternehmen sollte sich überlegen, ob es sich von diesen Geschäftsfeldern nicht besser trennte.

Melkkühe sind Geschäftsfelder mit geringem Marktwachstum, aber hohem Marktanteil. Es handelt sich dabei um eingeführte und erfolgreiche Produkte, die hohe Umsätze und Gewinne bringen.

Fragezeichen sind Geschäftsfelder mit geringem Marktanteil, die jedoch ein hohes Marktwachstum versprechen. Produkte aus diesem Bereich sollten gefördert und zu Sternen ausgebaut werden.

Sterne sind Geschäftsfelder mit hohem Marktanteil und hohem Marktwachstum. Produkte aus diesem Bereich sind das Aushängeschild des Unternehmens, in die investiert werden muss, damit ihre Position gestärkt und gehalten werden kann.

5. Drei Controlling-Instrumente sind z.B. Benchmarking, Investitions-Controlling und Reporting

6. Wird Controlling in den einzelnen betrieblichen Funktionsbereichen betrieben, werden die Stärken und Schwächen in den einzelnen Bereichen deutlicher ersichtlich als bei einem „unternehmensweiten“ Controlling.

7. Die Budgetierung ist eine Vorschau auf die geplanten Ein- und Auszahlungen einer Periode. Ihre Aufgabe ist es, die finanziellen Mittel sinnvoll einzuteilen, das finanzielle Gleichgewicht aufrechtzuerhalten und die Kosten zu überwachen.

Lektion 13

1. Kennzahlen bereiten die erfassten Daten des Controllings für die jeweiligen Entscheidungsträger auf. Sie berichten schnell, prägnant und aussagekräftig über betriebliche Sachverhalte für die ein umfangreiches Zahlenmaterial vorliegt, dessen Auswertung für bestimmte Informationsbedürfnisse aber zu zeitintensiv und aufwändig ist.

2. Kennzahlen erfüllen folgende Funktionen:

   a) **Operationalisierungsfunktion:** Kennzahlen machen die Ziele des Unternehmens greifbar und messbar.
   b) **Vorgabefunktion:** Kennzahlen geben kritische Zielwerte für unternehmerische Teilbereiche oder das ganze Unternehmen vor.
   c) **Anregungsfunktion:** Kennzahlen werden laufend ermittelt, um Auffälligkeiten und Veränderungen frühzeitig zu erkennen.
   d) **Steuerungsfunktion:** Kennzahlen werden zur Vereinfachung von Steuerungsprozessen verwendet.
   e) **Kontrollfunktion:** Anhand von Kennzahlen lassen sich Soll-Istvergleiche durchführen.

3. a) Eigenkapitalrentabilität
   b) Gesamtkapitalrentabilität
   c) Umsatzrentabilität
   d) Kapitalumschlagshäufigkeit
   e) Return on Investment

4. Der Schlussbestand des eingesetzten Kapitals ist für die Berechnung der Rentabilitätskennziffern nicht geeignet, da im Schlussbestand der Gewinn als Ergebnis des Wirtschaftens enthalten ist. Darum verwendet man zur Berechnung der Rentabilitätskennziffern den Anfangsbestand des Eigenkapitals, der dem Schlussbestand des Vorjahres entspricht.

5. Die Gesamtkapitalrentabilität zeigt auf, wie hoch das Gesamtkapital des Unternehmens verzinst wurde. Man bezeichnet sie auch als Unternehmensrentabilität, denn sie bezieht sich auf das gesamte Unternehmen. Ermittelt wird die GKR, indem nicht nur der Gewinn sondern auch die Fremdkapitalzinsen ins Verhältnis zum Gesamtkapital gesetzt werden. Es ergibt sich folgende Formel:

$$GKR = \frac{\{Gewinn\ (Jahresüberschuss) + Fremdkapitalzins\} * 100}{Gesamtkapital}$$

6. Beim ROI wird im Unterschied zur GKR der Umsatz in die Betrachtung miteinbezogen. Diese wird aus zwei unterschiedlichen Perspektiven vorgenommen: aus der Perspektive der UR und aus der Perspektive der KU. Durch die Einbeziehung des Umsatzes wir die Aussagekraft des ROI enorm verstärkt.

7. Das DuPont-Kennzahlensystem ist eines der bekanntesten Kennzahlensysteme. Es bringt die Größen des ROI in einen geordneten und hierarchischen Zusammenhang. Bekannt wurde es, weil es den ROI zu einem Planungs- und Steuerungsinstrument ausbaute. Der ROI wird dabei über die Umsatzrentabilität sowie über die Kapitalumschlagshäufigkeit gesteuert.
   Durch die schrittweise Analyse der aufgeschlüsselten Einflussfaktoren des ROI und durch die Gegenüberstellung der Analyseergebnisse mit Soll- bzw. Vergleichswerten können Schwachstellen erkannt und entsprechende Gegenmaßnahmen eingeleitet werden.

8. a) **Berechnung der EKR:**

$$EKR = \frac{Gewinn\ (Jahresüberschuss) * 100}{Eigenkapital}$$

$$EKR = \frac{143 * 100}{621} = 23\%$$

Antwort: Die Bewell Company erzielte im Geschäftsjahr 2002 eine Verzinsung des Eigenkapitals von 23%.

b) **Berechnung der UR bezogen auf den gesamten Kapitalertrag:**

$$UR_{GKE} = \frac{\{Gewinn\ (Jahresüberschuss) + Fremdkapitalzins\} * 100}{Umsatzerlöse}$$

$$UR_{GKE} = \frac{\{143 + 70\} * 100}{3.390} = 6{,}3\%$$

Antwort: Die Bewell Company erwirtschaftete bei einem Umsatz von 100 Euro einen Ertrag für das gesamte Kapital von 6,3 Euro. Der Kapitalertrag beläuft sich also auf 6,3% der Umsatzerlöse.

c) **Berechnung des ROI:**

$$ROI = \frac{\{Gewinn\ (Jahresüberschuss) + Fremdkapitalzins\} * 100}{Umsatzerlöse} * \frac{Umsatzerlöse}{Gesamtkapital}$$

$$ROI = \frac{\{143 + 70\} * 100}{3.390} * \frac{3.390}{\{621 + 1.793\}} = 8{,}8\%$$

Antwort: Der ROI der Bewell Company beläuft sich auf 8,8%.

d) **Berechnung der GKR:**

$$GKR = \frac{\{Gewinn\ (Jahresüberschuss) + Fremdkapitalzins\} * 100}{Gesamtkapital}$$

$$GKR = \frac{\{143 + 70\} * 100}{621 + 1.793} = 8{,}8\%$$

Antwort: Im Geschäftsjahr 2002 wurde eine Verzinsung des Gesamtkapitals von 8,8% erreicht.

e) **Berechnung der KU bezogen auf das Eigenkapital:**

$$KU_{EK} = \frac{Umsatzerlöse}{Eigenkapital}$$

$$KU_{EK} = \frac{3.390}{621} = 5{,}5\%$$

Antwort: Das Eigenkapital der Bewell Company ist 5,5 mal in Form von Umsatzerlösen zurückgeflossen bzw. 5,5 Euro Umsatz wurden mit 1,00 Euro Eigenkapital erreicht.

L

Register

ABC-Analyse 64f.
Ablauforganisation 20, 23
Absatz 11, 73ff.
~leistungen 120
~markt 11, 79
~wege, direkte/indirekte 76
Abteilungsleiter 22
Akkordlohn 96
Aktiengesellschaft (AG) 49f.
Aktiva 100, 102
Aktivkonto 104
Aktivtausch 105
Anderskosten 113
Anfangsbestand 104
Angebot 11
Anhang 100, 110
Anlagevermögen 101f.
Anregungsfunktion 132
Anteilskennziffer 135
Arbeitgeberkündigung 94
Arbeitsmarkt, lokaler 45
Arbeitnehmer, gewerbliche 95
Arbeitsgemeinschaft 52
Arbeitsplatz 21, 23
Arbeitsteilung 20
Arbeitsvertrag 95
Arbeitszeit 23
Assessmentcenter 91
Aufbauorganisation 20f.
Aufsichtsrat 49
Aufwand 80, 108, 112f.
Aufwendungen 110
Ausbildungsbereiche 92
Außenfinanzierung 80

Bankkredit 59
Bareinlage 81
Barzahlung 84
Bedarf 8
~sanalyse 45
Benchmarking 127, 131
Bereichsziele 32
Bereitstellungsplan 70
Berufsausbildung 92
Beschaffungskosten 65
Beschaffungslager 68
Beschaffungsmarkt 11, 79
Beschaffungspolitik 122
Beschaffungszeitpunkt 66
Bestandsbewertung 122
Bestandskonten 104
Bestandsrechnung, zeitpunktbezogene 109
Bestellbestand (Bestellpunktbestand) 66
Bestellkosten 65
Bestellmenge, optimale 65
Beteiligung 57, 61
Betrieb 10, 46, 92
Betriebsabrechnungsbogen (BAB) 119ff.
Betriebsvergleich, externer/interner 131, 135
Betriebszweck 112
Bezugsgröße 120
Bilanz 100, 104f.
~, ordentliche 102
~stichtag 109
~verkürzung/~verlängerung 105
~wahrheit 102
Bonität 60, 81
Börse 49
Boston-Matrix 126
Buchführung 100
~, doppelte 104
Buchhaltung, kaufmännische/pagatorische 103
Buchungssätze 105ff.
Budgetierung 128f.
Bundeskartellamt 51, 53
Bürgschaften (Ausfallbürgschaften) 60
Businessplan 56, 59

Controlling 124ff.
~-Regelkreis 124
~, strategisches 128

Darlehen 81
Deckungsbeitrag 131
Dienstleistungen 11f.
Distributionspolitik 76
Divisionskalkulation, einfache/zweistufige 122f.
Duales System 92
DuPont-Kennzahlensystem 138

Eigenbedarf 12
Eigenkapital 58, 80f., 101f., 133f., 136
~rentabilität (EKR) 132f.
Eigenleistungen 120
Eigentumsvorbehalt 82
Eingangslager 68
Einkaufsgemeinschaft 52
Einkommensteuer 50
Einstandspreise 65
Einzelfertigung 72
Einzelkosten 115
Einzelunternehmen 46f., 50

Endbestand 104
Endstellenkosten 119
Entscheidungen 10, 12ff.
~, alltägliche/grundlegende 14
~, Ergebnisse 15
Folgen von ~ 21
Entscheidungsfaktoren/-kriterien 14f.
Erfolgsbeteiligung 96
Erfolgsfaktoren, strategische 29
Erfolgskennzahlen 132
Erfolgskonto 108
Erfolgspotenzial 38
Ertrag 80, 108 110, 114
~swertmethode 58
Erzeugnislager 68
Existenzgründung 55ff.

Factoring 60
Fähigkeiten/Fertigkeiten 92
Fertigung 69
~sbreite 70
~sprogramm 64
~stiefe, 70
Filiale 43
Finanzanlagen 102
Finanzbuchhaltung 103
Finanzfluss 79
Finanzinvestitionen 84
Finanzplanung 56f., 83
Finanzstatus 84
Finanzwirtschaft 79
Firmierung 50
Fließfertigung 71f.
Fluktuation 94
Fremdbedarf/~sdeckung 12
Fremdkapital 58, 80f., 102, 134
Fremdleistungskosten 117
Führungsebene, mittlere *(Middle Management)* 19
~, obere *(Top Management)* 19
~, untere *(Lower Management)* 19
Führungskräfte 13, 97
Führungsstil 27, 97f.
autoritärer ~ 98
demokratischer ~ 98
kooperativer ~ 98
Laissez-faire-Stil 98
Fusionen 52

Gemeinkosten 115
Gemischtfertigung 71
Gesamtkapital 136f.
~rentabilität (GKR) 134
Gesamtplan 41
Geschäftsfelder, strategische 37
Geschäftsführung 47ff.
Geschäftsidee 55
Geschäftsvermögen 48
Geschäftsvorfälle 103, 105
erfolgsunwirksame ~ 104ff.
erfolgswirksame ~ 108f.
Gesellschaft bürgerlichen Rechts (GbR) 48, 50
Gesellschaft mit beschränkter Haftung (GmbH) 48ff.
Gesellschafter 48, 50
~versammlung 49
Gesellschaftsvermögen 50
Gesellschaftsvertrag 48, 50
Gewerbeanmeldung 50
Gewerbesteuer 50
Gewinn 17, 46, 75, 135
Gewinn- und Verlustrechnung (GuV) 100, 108ff.
Grundbuch 104
Grundkapital 49, 58
Grundkosten 113
Grundleistung 114
Grundsätze ordnungsgemäßer Buchführung (GoB) 102f.
Grundvergütung 96
Gruppenfertigung 71
Güter, freie/wirtschaftliche 8
Güter, materielle 11

Haftung 47ff.
beschränkte ~ 48f., 50
solidarische ~ 48
unbeschränkte ~ 48, 50
Halbfertigerzeugnisse 63
Handel 44, 76
Handelsbilanz 102
Handelsgewerbe 103
Handelsrecht 103
Handelsregister 48, 50
Handlungsalternativen 13ff.
Handlungsrahmen 26
Hauptkostenstellen 118f.
Hauptversammlung 49
Hilfskostenstellen 118f.
Höchstbestand 66
homo oeconomicus 9

Illiquidität 80
Informationsbedarf 24
Informationsmanagement 23f.
Informationsprozess 24
Innenfinanzierung 80, 82
Insolvenz 80
Interessengemeinschaft 52
Inventar 109

Inventur 103, 109
Investitionen 79, 84f.
Investitionsgüter 11
Investitionswirtschaft 79
Istkostenrechnung 116

Jahresabschluss 100, 107, 133
Jahresfehlbetrag 110
Jahresüberschuss 110, 132
juristische Person 47
Just-in-Time-Fertigung 72

Kalkulation 122, 128
Kalkulationssatz 120
Kalkulationsverfahren 122
Kapital 55, 79, 100
  gebundenes ~ 65
Kapitalbeschaffung 58ff.
  Möglichkeiten der ~ 59f.
Kapitalbeteiligung 96
Kapitalbindungsplan 83
Kapitalertrag 135
Kapitalgeber 49, 80
Kapitalgesellschaften 46, 48ff.
Kapitalmarkt 49
Kapitalüberlassung 82
Kapitalumschlagshäufigkeit (KU) 136f.
Kartell 51
Käufermärkte 73
Kaufkraft 8
Kennzahlen 124, 131ff.
Kleingewerbe 47
Kommanditgesellschaft (KG) 48, 50
Kommunikation 18, 76f., 98
Konditionenpolitik 75
Konglomerat 53
Konsumgüter 11
Kontrahierungspolitik 75
Kontrollfunktion 100, 132
Konzentrationen 52
Kooperationen 51f.
Körperschaftsteuer 50
Kosten 113
  aufwandsgleiche ~ 113
  fixe/variable ~ 115
  kalkulatorische ~ 112f., 117
Kosten- und Leistungsrechnung (KLR) 100, 112
Kostenartenrechnung 117f.
Kostenaufwand 15
Kostendeckung 46
Kostenführerschaftsstrategie 125
Kostenrechnungssysteme 116
Kostenstellen 118f.
  ~plan 118
  ~rechnung 118ff.
  ~umlage 120
Kostenträger 116
  ~rechnung 120ff.
  ~stückrechnung 122
  ~zeitrechnung 122
Kostentreiber 130
Kredite 61, 81
Kreditleihe 82
Kreislauf finanzieller Mittel 85
Kundenkredite 81
Kündigung 94f.
Kurzarbeit 94

Lagebericht 100, 110
Lageraufträge 64
Lagerbestand 66f.
Lagerhaltungskosten 65
Lagerstufen 68
Leasing 61
Leistungen, immaterielle 11
  ~, innerbetriebliche 120
  ~, kalkulatorische 112, 114
Leistungserstellung 10
Leistungskompetenzen 21
Leistungsstrom, güterwirtschaftlicher 79
Lenkungsfunktion 124
Lieferantenkredite 81
Liquidität 80
Liquiditätsüberwachung 127
Logistik 68
Lohn 95

Make-or-Buy-Entscheidung 70
Management 13, 17ff.
Marketing 73ff.
  ~logistik 76
  ~-Mix 36, 56, 73f.
Markt 11, 36
  ~analyse 45
  ~situation 56
  ~teilnehmer 36
Massenfertigung 72
Materialbeschaffung 64ff.
Materialentsorgung 69
Materialfluss 67
Materialkosten 117
Materiallagerung 67f.
Materialverteilung 68
Materialwirtschaft 63ff.
Maximalprinzip 9
Meldebestand 66

Mindestkapital 48, 50
Mindestnennbetrag 49
Minimalprinzip 9
Mischkonzern 53
Mitarbeiterbeteiligung 96
Mitarbeiterziele 32

Nachkalkulation 121
natürliche Person 47
Nebenkostenstellen 118
Normalkostenrechnung 116

Oberziel 32
Offene Handelsgesellschaft (OHG) 48, 50
Öffentlichkeitsarbeit *(Public Relations)* 77
ökonomisches Prinzip 9f.
Operationalisierungsfunktion 131
Ordnungsmäßigkeit, formelle/materielle 103
Ordnungsrahmen 26
Organigramm 22
Outsourcing 70

Passiva 100, 102
Passivkonto 104
Passivtausch 105
Personalabbau 88
    externer ~ 94
    interner ~ 93f.
Personalabteilung 87
Personalbeschaffung 88ff.
Personalentwicklung 92f.
Personalführung 18, 97
Personalkosten 117
Personalmanagement 87
Personalpolitik 56, 97
Personalüberkapazitäten 93
Personengesellschaften 46, 48
Plankostenrechnung 116
Portfolio 126
Präferenzstrategie 125
Preis 67
    ~politik 75, 122
Primärbedarf 64
Primärkosten 117
Product Placement 77
Produktion 10f.
    Organisationstypen der ~ 71f.
    Prozesstypen der ~ 72
Produktionsfaktoren 10, 69f.
Produktionsprozess 10, 69ff., 79
Produktionswirtschaft 69ff.
Produktlebenszyklus 38f., 126
Produkt-Markt-Kombination 37
Produktpolitik 74f.
Produktprogrammplanung 38
Programmpolitik 122
Prozesskostenrechnung 129f.

Qualität 67
Quotenkennziffer 135

Rechnungsabgrenzungsposten (RAP) 101f.
Rechnungswesen, externes 100ff.
    ~, internes 112ff.
Rechtsformen 46ff., 56
Reihenfertigung 71f.
Reinvermögen 101
Rentabilität 80, 132ff.
Reporting 128
Return on Investment (ROI) 137
RHB-Stoffe (Roh-, Hilfs-, Betriebsstoffe) 63
Risikokapital 59
Rückstellungen 82

Sachanlagen 102
Sacheinlagen 48, 81
Sachinvestitionen 84
Sachkredite 82
Satzung 49f.
Sekundärbedarf 64
Sekundärkosten 117
Serienfertigung 72
Servicepolitik 75
Sicherheitsbestand 66
Skontren 109
Spezialisierungsstrategie 125
Stakeholder 30
Stammkapital 48, 58
Standortwahl 43ff.
Stellen 20ff.
    ~anzeige 89f.
Steuerbilanz 102
Steuerungsfunktion 124, 132
Stücklisten 64
Substanzwertmethode 58
Subventionen, staatliche 45

Teilkostenrechnung 116
Teilziele 32, 124
T-Konten 104
Total Quality Management (TQM) 130

Umlaufvermögen 101f.
Umsatz 75
    ~rentabilität (UR) 135, 137
    ~steuer 50

Umsetzungskompetenzen 21
Umweltbedingungen 14f.
Umweltfaktoren 29
Unternehmen 7, 12ff., 28
Unternehmensplanung, strategische 37ff.
Unternehmensentscheidungen 55ff.
konstitutive ~ 14, 43ff.
nicht konstitutive ~ 13f.
Unternehmensführung 17ff., 29f., 124
Unternehmensgründung 43
Unternehmenskapital 58
Unternehmenskultur 34f.
Unternehmensleitbild 27, 34, 36
Unternehmensnachfolge 57f.
Unternehmensplanung 37ff., 83, 100
operative ~ 39ff.
strategische ~ 125
Unternehmenspolitik 26ff.
Unternehmenssteuerung 100
Unternehmensstrategie 35f.
Unternehmensteilplanungen 40f., 87
Unternehmenswert 57
Unternehmensziele 26, 32
Unternehmenszusammenschluss 53
Unternehmer 55
Unterziel 32

Venture Capital 59
Vergütungsmodelle 96
Verkäufermärkte 73
Verkaufsförderung *(Sales Promotion)* 77
Vision 36, 56
Vollkostenrechnung 116
Vorgabefunktion 131f.
Vorkalkulation 121
Vorräte 102
Vorstand 49
Vorstellungsgespräch 91

Wagniskapital 59
Warenumschlag 136
Weiterbildungsmaßnahmen 93
Werbung 77
Werkstattfertigung 71f.
Werkstattlager 68
Wertschöpfung 62
Wertverbrauch 112
Wertzuwachs 108, 114
Wettbewerbsstellung 51
Wiederbeschaffungszeitraum 66
Wirtschaftlichkeitsprinzip 80

Zahlungsausfälle 60
Zahlungsbedingungen 67
Zahlungsmittel 84, 102
Zahlungsstrom 79
Zahlungsunfähigkeit 80
Zahlungsverkehr 84
Zeitraumrechnung 109
Ziele 15
monetäre/nicht monetäre ~ 33f.
Zielerreichungsgrad 35
Zielfunktion 32
Zielgruppe 77
Zielsystem 32
Zielvorstellungen 33f.
Zusatzkosten 114
Zweckaufwand 113
Zweckertrag 114
Zwischenkalkulation 122